教育部职业教育与
成人教育司推荐教材

五年制高等职业教育旅游类
专业教学用书

彭萍 主编

旅游市场营销

第三版

高等教育出版社·北京

内容提要

　　本书是五年制高等职业教育旅游服务与管理专业教学用书，是教育部职业教育与成人教育司推荐教材，在 2011 年第二版的基础上修订而成。

　　全书由九个项目组成，主要内容包括：绪论、旅游市场分析、旅游市场调研与预测、旅游市场细分及市场定位、旅游产品策略、旅游产品定价策略、旅游产品营销渠道策略、旅游产品促销、旅游市场营销管理。

　　本书配有学习卡资源，详细说明见本书"郑重声明"页。

　　本书可作为职业院校旅游服务与管理专业的教学用书，也可作为旅游行业的岗位培训用书。

图书在版编目（CIP）数据

旅游市场营销/彭萍主编. -- 3版. -- 北京：高等教育出版社，2021.7
　　ISBN 978-7-04-055932-3

　　Ⅰ.①旅… Ⅱ.①彭… Ⅲ.①旅游市场–市场营销学–高等职业教育–教材 Ⅳ.①F590.82

　　中国版本图书馆CIP数据核字(2021)第049688号

Lüyou Shichang Yingxiao

策划编辑	王江华	**责任编辑**	曾　娅	**特约编辑**	王　悦	**封面设计**	张　楠
版式设计	张　楠	**责任校对**	陈　杨	**责任印制**	耿　轩		

出版发行　高等教育出版社　　**社址**　北京市西城区德外大街4号　　**邮政编码**　100120
购书热线　010-58581118　　　**咨询电话**　400-810-0598
网址　http://www.hep.edu.cn　　http://www.hep.com.cn
网上订购　http://www.hepmall.com.cn　　http://www.hepmall.com　　http://www.hepmall.cn

印刷　固安县铭成印刷有限公司　　　　**开本**　889mm×1194mm　1/16　　**印张**　16.75
字数　330 千字　　**版次**　2005年12月第1版　2021年7月第3版　　**印次**　2021年7月第1次印刷
定价　39.00 元

第三版前言

本书是五年制高等职业教育旅游类专业教学用书，是在 2011 年第二版的基础上修订而成。

本书曾在 2009 年荣获"全国旅游院校优秀教材奖"。伴随着我国互联网和科技的飞速发展，旅游营销领域在不断地创新与探索，为适应新形势，满足职业院校的教学需要，也为了进一步提高本书的质量，我们对全书进行了第二次修订。修订后的教材具有以下三方面特色。

第一，深入浅出，体现职教特色。本书结构完整，取材广泛，资料翔实。针对旅游市场营销领域的最新发展成果构建理论体系，方便职业院校的学生系统学习。

第二，凸显时代特征，选取最新经典案例。本次修订与时俱进，本着贴近行业实际、关注教材实用性的原则，删除了一些过时的内容，吸收了一些新的旅游市场营销案例来充实本书的内容。

第三，一体化设计，配套数字化资源。本书配有教学设计、演示文稿资源，线上线下相结合，方便教师和学生使用。

修订后的教材仍为九个项目，包括绪论、旅游市场分析、旅游市场调研与预测、旅游市场细分及市场定位、旅游产品策略、旅游产品定价策略、旅游产品营销渠道策略、旅游产品促销、旅游市场营销管理，总学时为 52。

具体参考学时安排如下：

项目	内容	学时安排
项目一	绪论	6
项目二	旅游市场分析	6
项目三	旅游市场调研与预测	6
项目四	旅游市场细分及市场定位	6
项目五	旅游产品策略	4

项目	内容	学时安排
项目六	旅游产品定价策略	6
项目七	旅游产品营销渠道策略	4
项目八	旅游产品促销	6
项目九	旅游市场营销管理	4
	实践课	4
合计		52

本书由武汉武昌理工学院彭萍担任主编，负责统稿和最后定稿。具体修订工作分工如下：项目一、二由彭萍修订编写；项目三、四由湖北大学职业技术学院王明强修订编写；项目五、六由湖北大学职业技术学院刘婷修订编写；项目七由湖北大学职业技术学院韦燕生修订编写；项目八由湖北省旅游学校刘佳修订编写；项目九由武汉市仪表电子学校王东明修订编写。

本次修订要特别感谢武汉花山希尔顿酒店、武汉泛海喜来登酒店、武汉香格里拉大酒店和武汉黄鹤楼假日旅行社，对本书的支持和帮助。同时借此机会，向使用本书的广大师生，给予我们关心、鼓励和帮助的同行、专家学者致以由衷的感谢。

由于时间和水平所限，书中难免存在疏漏之处，敬请读者批评指正。读者意见反馈邮箱为 zz_dzyj@pub.hep.cn。

编　者

2020 年 10 月

第一版前言

本书是五年制高等职业教育旅游服务与管理专业教材，是教育部职业教育与成人教育司推荐教材。

本书根据市场营销的规律，总结我国旅游市场营销的最新研究成果，对我国在转轨时期旅游企业市场营销的基本规律作了一系列的论述。全书共分九章，主要内容包括：绪论、旅游市场分析、旅游市场调研与预测、旅游市场细分与市场定位、旅游产品策略、旅游产品定价策略、旅游产品营销渠道策略、旅游产品促销、旅游市场营销管理等。

本书的具体特色如下：

▲ 结构完整。本书根据市场营销活动的一般规律来组织内容结构。这种内容结构不仅把握了科学的内在逻辑性，而且也有利于学生系统地掌握旅游市场营销的理论体系。

▲ 取材广泛。吸收国内外教材的优点，重视用图表、模型等表现手法直观说明观点；案例贯穿全书，描绘了众多旅游企业的成功运作方式及采用的营销技巧；链接的内容通俗易懂，能够激发学生对各章内容学习的兴趣。

▲ 资料翔实。编者引用的资料得益于长期积累的旅游市场营销教学经验；得益于理论和实践相结合的教学方法；得益于在国外进行访问时，国外兄弟院校的先进经验与方法；得益于在编写过程中参考和阅读的国内外大量的相关文献。许多最新的外文资料在国内是第一次引用，新资料为教材的长时间使用奠定了基础。

▲ 针对性强。本书具有较强的可读性和针对性，除可作为中职、高职旅游专业的教材外，还可供旅游业在职人员学习、参考。

本书的每章结尾都提出了供学生讨论的问题，旨在帮助学生检查他们是否已经理解旅游市场营销最重要的理论知识，培养他们的旅游市场营销意识。

本书总学时为 64 学时，章节学时具体安排如下：

章节	内容	学时安排
第一章	绪论	6
第二章	旅游市场分析	8
第三章	旅游市场调研与预测	6
第四章	旅游市场细分及市场定位	6
第五章	旅游产品策略	6
第六章	旅游产品定价策略	8
第七章	旅游产品营销渠道策略	6
第八章	旅游产品促销	6
第九章	旅游市场营销管理	4
	实践课	4
	机动	4
合计		64

本书同时配套学习卡资源，按照本书最后一页"郑重声明"下方的学习卡使用说明，登录 http://sve.hep.com.cn，上网学习，下载资源。

本书由彭萍担任主编，负责统稿和定稿，韦燕生协助统稿工作。本书的编写分工如下：第一、二章由湖北大学职业技术学院彭萍编写；第三、八章由南京金陵旅馆管理干部学院杨青编写；第四、六章由湖北大学职业技术学院王明强、刘婷编写；第五、九章由河北秦皇岛职业教育中心王佳编写；第七章由湖北大学职业技术学院韦燕生编写。

本书由华中师范大学胡静副教授和华东师范大学胡平副教授担任主审，在此表示衷心的感谢。同时对在编写过程中参考和阅读的国内外相关文献的作者表示真诚的谢意。

由于时间仓促，书中难免存在不足之处，恳请读者批评指正。

编　者

2005 年 8 月

目 录

项目一

绪　论

学习目标

1. 理解市场营销的相关概念
2. 掌握旅游市场营销的概念、内容体系和作用
3. 了解市场营销理念的发展历程和内涵
4. 掌握旅游市场营销理念在行业中的运用

案例导入

洲际酒店的营销

对洲际酒店来说，要建立以客户为中心的营销策略依赖于以下各不相同、却又相互联系的三个方案，即投资技术开发；拓展新的营销领域；建立集中管理的客户关系组织架构。

1. 投资技术开发

（1）建立新的数据库和实时数据库（Real-time Data Mart），让洲际酒店可以把来自酒店本身和第三方的数据与现有的客户信息进行匹配。

（2）扩大除电子邮件以外的其他对外营销活动。（利用Unica进行的）技术升级让内部营销活动流程变得自动化。同时，技术升级可以通过对外的营销活动管理来对呼叫中心数据和活动进行整合。

（3）协调多渠道。洲际酒店计划把日渐增多的渠道进行整合优化，以实现回报率和客户相关性的最大化。

2. 拓展新的营销领域

学会"考虑预订以外的事情"，即如何让互动营销产生更多不同的方式以增加收入、提高顾客忠诚度和满意度。洲际酒店找到了以下5个新的营销领域。

（1）适时营销（Right-time Marketing）。通过对外发布信息（如电子邮件）来跟进有价值的客户行动。如在客人成为黄金会员时马上通过邮件祝贺他，让客人意识其权益已经提高，促进客人日后的入住以及与洲际酒店品牌的互动。

（2）非会员营销（Non-member Marketing）。洲际酒店只有40%的业务来自洲际优悦会（Rewards Club）会员。因此，洲际酒店现在利用cookie数据和客人上网行为等新的数据环境，来寻找和划分有价值的非会员客户。洲际酒店还推出了生命周期营销活动、定制的现场产品展示和针对非会员的定向媒体采购。

（3）全球本土化（Glocal）沟通。不是全球化（Global），而是全球本土化（Glocal）。洲际酒店鼓励其特许经营酒店针对具体的酒店和客户资源，合理地利用其全球的酒店资源。

（4）对传统营销活动进行延伸。利用互动工具来发布即将进行的传统媒体营销活动信息，或者利用定向的互动工具来跟进营销活动，以提高参与客人的转化率。

（5）渠道的协同作用。洲际酒店巧妙地利用自身渠道来对其他渠道进行推广。如他们优化了PIN码提醒邮件的内容和布局（也就是网站的找回密码邮件），把与个人用户档案相关的动态产品信息添加进去。

3. 建立集中管理的客户关系组织架构

把洲际酒店的产品、渠道和销售团队统一交给一位管理人员（客户执行副总裁，EVP of the Customer）负责。虽然这三个团队之间偶尔会出现不同的利益取向，但他们对各自的工作更为了解，从而可以更容易地制定相互协调的目标。

制定并实施企业重新教育计划，努力让所有员工意识到，每次与客户的互动都是一次机会。这个机会可以让洲际酒店：销售客房；销售其他有价值的东西；改变消费者对洲际酒店的看法；积累经验。

洲际酒店敢为人先，勇于接受各种挑战，为客户带来难以忘却的美好体验，至今发展成为酒店业的佼佼者。

 想一想

1. 洲际酒店从哪些方面进行了成功的营销？
2. 结合案例讨论市场营销理念的能动作用。

任务一
市场营销与旅游市场营销

一、市场

市场一词英文为 Market。从经济学角度看，市场指人们交换商品的场所。如我国较早出现的"赶集"或"集市"，简称为市场。随着商品经济的发展，市场的概念也出现了狭义和广义之分。狭义市场指商品交换的场所，它体现了商品买卖双方和中间商之间的关系。而广义的市场则体现为影响、促进商品交换的一切机构与商品买卖双方的关系，即某一特定产品的供求关系。如上所述，经济学家研究的"市场"一词，涉及供求双方，而在市场学中，买卖双方进行交换时，卖方构成行业或企业，而买方则构成市场。美国的著名市场学家菲利普·科特勒（Philip Kotler）从卖方角度定义市场，认为一个市场是由具有特定的需要和愿望，愿意并能够通过交换来满足这种需要或愿望的全部潜在消费者所构成的。如图1-1所示，市场上卖方（企业）和买方（市场）通过四条通道联系在一起，组成一个简单的营销系统。

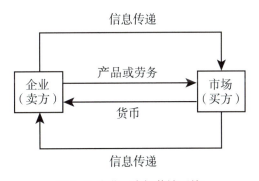

图1-1 企业—市场营销系统

在图1-1中，企业把自己的产品或劳务信息传递给市场，并搜集市场的需求信息，作为指导企业经营决策的依据。若企业的产品或服务符合消费者的需要，而市场又有一大批具有购买能力的消费者，双方就可以通过货币对产品或服务进行等价交换。由此构成企业与市场、卖方与买方、经营者与消费者之间的营销系统。

二、市场营销

市场营销一词的英文为Marketing，对这个概念，有些人片面地将它等同于推销。推销并非是营销，推销仅仅是市场营销的内容之一。

著名管理学家彼得·德鲁克（Peter F. Drucker）曾经指出："可以设想，某些推销工作总是需要的，然而营销的目的就是要使推销成为多余，营销的目的在于深刻认识和了解消费者，使产品或服务能完全满足消费者的需要，从而形成产品的自我销售。理想的营销会产生一个已经准备来购买的消费者，剩下的事就是如何便于消费者得到产品或服务。"菲利普·科特勒认为，营销最重要的内容并非是推销，推销只不过是营销冰山的顶点。"如果营销者把认识消费者的各种需求，开发适合的产品，以及定价、分销和促销等工作做得很好，这些产品就会很容易地销售出去。"

美国市场营销协会（American Marketing Association，简称AMA）对市场营销最新定义为："市场营销是在创造、沟通、传播和交换产品中，为顾客、客户、合作伙伴以及整个社会带来价值的一系列活动、过程和体系。"

英国营销协会认为："一个企业如果要生存、发展和赢利，就必须有意识地根据用户和消费者的需要和潜在的需要来安排生产。"

日本企业界人士认为："研究如何适应市场需求，提供商品和服务的整个企业活动，就是市场与营销。"

菲利普·科特勒的定义是："市场营销是致力于通过交换过程满足人们的需要和欲望的活动。"

彼得·德鲁克认为："市场营销是如此基本，以致不能把它看作一个单独的功能。从它的最终结果来看，也就是从消费者的观点来看，市场营销是整个企业的活动。"

尽管以上有关市场营销的定义表述不尽相同，但从这些定义中可以归纳出以下三点：

（1）市场营销使企业以满足消费者需求为中心来组织其活动，从而实现其制定的目标；

（2）市场营销以整体性的手段来适应和影响市场需求；

（3）市场营销不是企业某方面的活动，而是贯穿企业经营活动的始终。

市场营销是一种极为复杂、综合的过程，包括市场调查与预测、选定目标市场、产品开发、定价、促销、分销和售后服务等一系列活动。

企业想要开展有效的市场营销，首先必须要了解市场，进行市场调研，了解消费者的需求和购买习惯，并根据市场需要设计卖得出去的产品，不要盲目追求高端和精英，要尊重市场变化的客观规律；其次要控制生产的过程、节奏，保证生产出的产品符合市场要求，产品生产出来后，要让消费者了解产品，并放心地买到产品；最后，产品售出之后，要考虑提供必要的售后服务，让消费者满意。营销活动不是企业活动的某一方面，它始于产品生产之前，并一直延续到产品售出以后，贯穿企业经营活动的全过程。

三、旅游市场营销

旅游市场营销是市场营销的分支学科，是市场营销在旅游业的具体运用。

（一）旅游市场营销的概念

旅游业是一个特殊的行业。它是以旅游市场为对象，为旅游活动创造便利条件并提供其所需商品和服务的综合性产业。依据从事旅游经营的部门分析，旅游业由旅行社、住宿业、交通客运业、餐饮业、景区游览业、旅游娱乐业和旅游购物经营业构成。旅游产品是一种特殊的产品，它既不可以储存、留待出售，也不可以转移、搬运到另一个地方。因此，旅游市场营销与一般市场营销相比，有着自己的特殊规律。

我们可以这样理解旅游市场营销：由于旅游营销主体、旅游产品或者服务存在差异，旅游营销分为两个层次，一是微观层面基于企业视角的旅游营销，如景区、旅行社、酒店、OTA企业等；二是宏观层面或者中观层面基于旅游目的地视角的旅游营销，如国家、区域、城市、休闲旅游度假区等。旅游市场营销是企业或组织对产品、服务的策划、预测、开发、定价、促销和分销以及售后服务的计划和执行过程，它以旅游者需求为中心，适应旅游市场环境的变化，实现旅游产品价值的交换。

伴随着社会经济发展、科学技术进步，旅游营销实践也在不断地变革，展现了精彩纷呈的旅游营销世界。

（二）旅游市场营销的特点

旅游业所提供的产品包括有形的产品和无形的服务，旅游服务产品具有不可预知性、不可分离性、差异性、不可储存性、缺乏所有权等特征，导致了围绕旅游服务产品而展开的旅游市场营销也有别于传统的市场营销，具有如下的特征。

（1）旅游产品营销的外延更加广泛。同实体产品相比，旅游服务产品更关注服务提供者的行为、旅游景点的环境卫生、设施的安全等内容。因为，旅游者对旅游产品的感知和效果判断主要源于旅游的项目设计、服务人员态度、设施及环境等相关因素。

（2）营销管理的目标以人为主。因旅游企业与旅游者的参与性、互动性非常强，使得旅游服务的效果不仅取决于服务人员的素质，还与旅游者本身的行为密切相关，所以旅游市场营销人性化色彩浓郁，服务提供者和旅游者成为旅游市场营销的两大目标。

"看人下菜"

有一位小饭店老板做生意，最先进来一位拉板车的力夫，要了一大碗烩面，老板给他做了满满一大碗，中间面条多得鼓了起来，吃完饭力夫付钱走人。过一会儿又来一位精瘦的生意人，精明干练，老板给他端上来不到一碗烩面，量不大但料多味美，生意人满意地吃完走了。老板笑眯眯地总结成四字"看人下菜"：拉板车的力夫饭量大，量足吃饱最重要；生意人精细，最关心味道鲜美，量多也吃不完。

"看人下菜"是一种营销管理境界，不同人有不同的需求，同一个人也会有多种需求，因此，营销管理需要因人、因事、因时、因地、因势而宜。

（3）旅游产品质量的整体控制较为复杂。由于旅游市场营销存在个人主观性，使得旅游产品的质量控制较为复杂，不像有形产品可以用统一客观标准来衡量质量的好坏。旅游产品质量的控制需要技术质量（旅游服务的操作规程）和功能质量（旅游者的感受和满意度）两方面来控制，是全面意义上的旅游产品质量控制，对企业内外部各种营销关系进行全面管理。

（4）旅游市场营销的时效性强。旅游产品是不可储存的。一方面，旅游产品供过于求会造成资源浪费，供不应求又会使旅游者不满意，因此，如何在时间上能够使波动的市场需求与旅游企业的资源保持一致，是旅游企业市场营销研究的主要课题。另一方面，旅游企业对旅游者提供的新产品或其他承诺，必须及时、快速地兑现。因为时过境迁，在旅游产品消费过程中，时间是第一要务，它对令旅游者满意、提高企业绩效起着重要的作用。

（5）分销渠道的特定化。由于旅游产品不可分离，使得旅游企业不可能像有形产品的生产企业那样通过批发、零售等分销渠道，把产品从生产地送到旅游者手中，而只能借助特定的分销渠道推广旅游服务产品。如餐厅、酒店、旅游景点、旅游交通、网络等，在与旅游者的接触当中展示形象，促进销售。

任务二
旅游市场营销的产生和发展

一、生产者导向的旅游市场营销观念

（一）旅游生产观念

旅游生产观念的特点：旅游企业只关注自身产品的生产，能生产什么就销售什么，批量生产、提高效率，不考虑旅游者的需求。

（二）旅游产品观念

旅游产品观念的特点：旅游企业认为只要产品物美价廉，就能吸引旅游者，旅游者会自动找上门来，"酒香不怕巷子深""皇帝女儿不愁嫁"。旅游企业致力于不断改进旅游产品，追求质量好、价位高的产品，忽视旅游者的需求特征。

（三）旅游推销观念

旅游推销观念的特点：注重旅游产品生产的同时，大力开展推销活动，通过广告和促销刺激旅游者的购买兴趣，奉行"我生产什么，我就卖什么，你就得买什么"。

链接

游客变了

近年的"十一"黄金周期间，全国由各大旅行社组织出游的人数在逐渐减少。但不跟旅行团出游并不意味着旅游不红火，相反，许多游客纷纷将目光盯上了短线游。各大旅游景区游人如织，其中相当一部分都是自由行游客。过去一直备受推崇的旅行社组团为何不"火"了？"上车睡觉、下车拍照"，有人这样形容跟随旅行团出游的情景。确实，旅行社数十年不变的旅游经营模式，越来越难吸引对旅游有着更高要求的人群。而与此同时，中国游客的旅游方式开始由"快餐型旅游"悄然向休闲度假游、农业生态游、探险游、个性游等迈进。交通便捷及私家车的增多，是人们能够选择多样度假旅游的原因之一。"吃农家饭、干农家活、赏农家景"的"入住农家院、享受田园乐"式的农业旅游度假活动，越来越受到游客们的喜爱。旅行社组团不火了，暴露了旅游行业深层次的问题。说明旅行社的某些旅游产品对游客不再有吸引力，旅行社应该根据环境的变化以及游客喜好的变化，及时调整旅游产品，开发适合游客需要的新产品。如果旅行社不改变旅游产品经营模式和服务，将会失去越来越多的客源。

二、市场导向的旅游市场营销观念

市场导向的旅游市场营销观念指旅游企业以旅游者的需求为出发点，以销定产，先销后产，产销平衡，企业既满足了旅游者的需求，又获得了利润。最具有代表性的市场导向的营销观念是旅游市场营销观念和旅游社会营销观念。

（一）旅游市场营销观念

旅游市场营销观念流行于20世纪50～80年代，是第二次世界大战后在西方买方市场形势下形成的全新的旅游企业经营理念，后又盛行于日本和西欧各国。旅游市场营销观念认为：实现旅游企业目标的关键，是掌握目标旅游者的需求和欲望，并以此为中心生产旅游产品，为旅游者提供各种售后服务，满足旅游者需要的同时实现旅游企业经营目标。

（二）旅游社会营销观念

旅游社会营销观念是20世纪90年代以来出现的。旅游社会营销观念认为：旅游企业在进行经营活动时，要以旅游者的需求和社会利益为重点，在满足旅游者需求的同时，考虑到社会公众的长远利益，从而达到谋求企业利润的目的。所以，旅游社会营销观念的实质是在旅游市场营销观念的基础上，综合考虑旅游者、旅游企业和社会三者利益的统一。

旅游社会营销观念是对旅游市场营销观念的修正和发展。因为，旅游企业在执行旅游市场营销观念开展经营活动的过程中，在满足旅游者需要的同时，其行为或旅游产品可能与社会公众利益发生矛盾，导致社会利益或道德的损害。例如一些旅游景区的人造旅游景点，为了满足旅游者求奇、求新的心理需要，不惜以破坏环境为代价，危害人类健康。又如餐饮行业使用的一次性木筷子，虽然满足了消费者安全、卫生、使用方便的需要，但却造成了社会资源的浪费。因此，旅游社会市场营销观念的产生，摒弃了旅游市场营销观念的片面性，提出重视社会公众利益的主张，受到社会的广泛认可。

三、旅游市场营销新观念

20世纪90年代以后，随着市场经济和现代市场环境的变化，旅游市场又催生了许多新型的现代市场营销观念。

现代市场营销观念是伴随着经济全球化的大潮产生和发展起来的，它与传统的营销观念存在着本质区别，其出发点是一切以旅游者为中心。在顺应时代的需求的过程中，建立良好的消费需求关系，植入新的旅游消费理念，不断创新，通过自身的努力与社会各方建立良好而长期的合作关系。代表性的有生态营销、服务营销、主题营销、体验营销、内容营销和新媒体营销等。

（一）生态营销

生态营销是旅游企业在不断满足旅游者需要的同时，具备长远眼光，注重发挥本企业的特长和比较优势的旅游营销观念。在市场导向的旅游营销观念的支配下，个别旅游企业一味地追求最大限度地满足旅游者的利益和需求，忽视企业优势的短期行为，会造成社会资源的巨大浪费。生态营销则要求旅游企业以环境保护为经营理念，以绿色消费为出发点，在满足旅游者需求的基础上，实现企业、旅游者、社会与生态环境的健康、协调和可持续发展。

（二）服务营销

服务营销是企业在充分认识消费者需求的前提下，为充分满足消费者的需求，在营销过程中所采取的一系列活动。服务营销要求旅游企业不仅需要注意提供优质的实体产品，同时也需要注意提供上乘的服务，从而实现旅游企业经营目标。

完美的服务永远是旅游景区赢得市场的关键

游客出游质量的高低，不仅与名山大川的风景有关，更在于游览过程中，其身心能否得到最大的愉悦。为此，华山提出了"不让一位游客在华山受委屈"的庄严承诺。去年，以上海的姚某为首的上海老年团游览西安时，遭到"黑导"的不良服务，返回上海后，老人们给陕西省领导写信反映了情况。今年夏天，华山景区特意邀请了这个老年团赴华山旅游，感受华山的服务。游览结束后，老年团全体成员对景区服务质量十分满意，并将游览过程拍摄制作成光盘，在上海广为宣传。同时，还给景区写来了感谢信，寄来了锦旗。

（三）主题营销

主题营销指通过有意识地发掘、利用或创造某种特定主题来实现企业经营目标的一种营销方式。主题营销将原本简单的旅游产品，赋予某种主题，可以更好地挖掘旅游产品的卖点，提高旅游产品的吸引力，从而激发旅游者的购买欲望。如主题产品营销、主题品牌营销和主题文化营销。

上海迪士尼度假区——每个小孩子心中的童话梦

迪士尼出品的每一部动画都堪称经典，从早年设计的米老鼠、唐老鸭到现在的冰雪公主等卡通形象，一直广为流传且经久不衰。因此，迪士尼在业内成了不可超越的神话。上海迪士尼度假区近期投放了一则口号为"点亮心中奇梦，开启你的秋日童话"的主题宣传视频广告。人们在视频中可以看到由工作人员扮演的各个时期经典的迪士尼卡通人物和动画里曾出现过的奇幻城堡等卡通元素，还能够和迪士尼公主们进行互动。广告片以童话为主题，通过视频呈现给人们一个现实版的童话世界，让迪士尼游乐园成为人们与童话世界近距离接触的桥梁，借此勾起了人们对童话王国的憧憬，激发人们的出游意愿，进而达到营销目标。

（四）体验营销

体验营销又称"体验式营销"。指以消费者为中心，通过为目标消费者提供感官、情感、行为等方面的体验，去影响消费者的决策过程与结果，最终创造满意交换的营销理念或营销方式。其中的一个基本假定是，消费者在进行消费决策时，不仅单纯依靠理性认识，还会融入感性因素。与之相呼应，营销人员可让目标消费者采用观摩、聆听、试用等方式体验其产品或服务，进而使消费者赋予该产品或服务更高的主观感知价值。旅游从本质上讲就是一种"体验性消费"，因此体验营销在旅游市场营销工作中受到关注。

如希尔顿酒店集团与旅游消费者通过多个接触点（面）取得关联，从而进行信息、服务和产品的交换，使消费者获得良好体验。希尔顿酒店集团的互动项目中，首先确认出产品购买前后的17个主要接触点，包括预订、品牌沟通、销售和顾客管理的沟通、到达和入住、叫醒和留言、礼宾服务、客房送餐、商务中心等。立足于接触点，实现服务的个性化，将品牌带进生活，培养消费者忠诚度。

（五）内容营销

内容营销是企业通过有价值的内容，来传播自己的产品和服务，吸引特定的人群主动关注，并最终形成转化，是一种把人作为主体，以情感转化为主的营销方式。内容营销的重点是企业通过生产优质内容来吸引消费者主动关注，而不是强推。

（六）新媒体营销

新媒体营销指利用新媒体平台进行营销的方式。新媒体即利用数字技术、网络技术、卫星渠道等资源出现的媒体形态，如数字杂志、在线报纸、网络广播、移动设备终端、移动电视、移动网络等。近年来，无线智能终端技术、虚拟现实技术、物联网技术、区块链技术、云计算技术、大数据技术及人工智能技术等新兴互联网技术和应用的爆发，催生了互联网经济的繁荣兴盛。以抖音、快手、微博、微信为代表的新媒体的广泛使用，增大了用户的话语权，要求媒体传播信息更及时、更全面、更透明、更公正，成为媒介市场的支配力量，使得新媒体不断符合当今用户的需求，不断走近用户。而这些变化也正在不断地改变人们的思维方式、时空观念和行为习惯，深刻地影响了旅游企业与旅游者的沟通方式和互动关系。

链接

重庆洪崖洞——现实中的"千与千寻"

洪崖洞是重庆传统吊脚楼建筑的典型代表，依山就势，沿江而建，以美丽的夜景而闻名。洪崖洞精准巧妙地借助了"千与千寻"这一文化IP①，将自己的形象与动漫联系在一起，把洪崖洞构建成具有魔幻色彩的神秘世界。

2018年五一假期，重庆洪崖洞景区在网络上爆红，成为仅次于故宫的第二大旅游热门景点，年轻人争相恐后来到这个网红景点，在社交平台上晒出精心拍摄的图片或视频。洪崖洞完美地利用了新媒体实时分享互动这一优势。当游客在洪崖洞拍摄完好看的照片、视频，立即就能在新媒体平台上分享，并且凭借像风一样的传播速度，迅速裂变、极速传播，达到了理想的市场营销效果。

任务三
旅游市场营销的研究内容和方法

一、旅游市场营销的研究内容

（1）分析旅游者的特征，如旅游者的社会文化背景、价值观念、宗教信仰、年龄特点、职业、经济收入、消费水平、购买习惯、旅游兴趣和偏好等，根据旅游者的需求和旅游企业的资源状况来确定旅游企业的目标市场。

（2）设计能满足旅游者需求的旅游产品，制定合适的竞争价格，建立高效的分销网络，采取有效的促销措施，以达到扩大销售量，提高旅游经济效益和社会效益的目的。

（3）制定营销战略，具体包括现有业务投资组合战略、新业务投资战略、市场竞争战略、目标市场战略。

（4）制定营销策略，包括旅游产品策略、旅游价格策略、旅游销售渠道策略、旅游产品促销策略。

（5）研究如何策划营销及如何对营销进行管理。

---

① IP，全称为Intellectual Property，原指知识产权，现今IP的概念被泛化应用，特指一种文化产品之间的连接融合，是有着高辨识度、自带流量、强变现穿透能力、长变现周期的文化符号。其核心在于内容和流量。

二、旅游市场营销的研究方法

研究旅游市场营销需要科学的方法，以下三种方法值得借鉴。

（1）宏观分析和微观分析相结合。分析影响旅游宏观环境和旅游微观环境的因素。既研究市场和市场环境，又研究市场里的旅游消费者。

（2）定量分析和定性分析相结合。定量分析是建立在数学、统计学、系统论、控制论、信息论、运筹学等多门学科的基础之上，运用方程、图表、数字、模型和电子计算机等进行数量分析。定性分析是建立在经验和逻辑思维的基础上，运用分析法、描述法、交叉影响分析法等对态度、行为、动机、趋势进行的分析。

（3）动态分析。动态分析是相对于静态分析而言的。动态分析指分析影响市场营销的内外因素，一定要随着市场客观情况的变化进行。即影响市场环境因素，如政治、经济、社会、文化、法律、技术等市场环境是经常变动的。竞争对手的战略、策略、市场占有份额等情况，客观上是经常变动的；影响营销的内在因素，如企业的市场营销组合策略、产品策略、促销策略、价格策略、渠道策略等因素的调整要与客观变化相适应。需要指出的是，在进行旅游市场营销研究的时候，有时要综合运用多种方法进行研究。

项目小结

认识市场、适应市场、驾驭市场，使企业活动与社会需求协调起来，是市场营销活动的核心和关键。市场的基本经济内容是商品供求和商品买卖。可供交换的商品、买卖双方、合理的价格，是市场形成的基本因素。旅游市场营销观念的发展，经历了从生产者导向到市场导向，再到市场营销新观念的演进过程。市场营销的本质是以消费者为中心，关注市场的需求，整体营销并获得长远利益。而推销是以产品为中心进行推销，获得短期利润。旅游市场营销以旅游者需求为中心，以旅游商品的供求关系、周围环境及旅游产品生产者的生产经营管理活动为研究对象，采用宏观、微观、定量、定性、动态分析相结合的方法进行研究。

案例分析

香格里拉：亚洲式待客之道

香格里拉集团总部位于香港特别行政区。目前已经从单一酒店业务发展为涵盖优质地产和投资物业、健康与生活设施的全球性多元化综合业务。如今，香格里拉集团拥有、运营和管理着100余家酒店，包括四大品牌：香格里拉酒店与度假酒店、嘉里酒店、JEN酒店和盛贸酒店。

香格里拉始终秉承亚洲文化的根基，将传统与现代的设计完美融合，让顾客体验极致的亚洲式热情好客，领略亚洲多彩的文化与美食的魅力。

作为亚洲式待客之道的开创者，对顾客至上的服务永葆热忱成就了香格里拉的品牌故事。在香格里拉的待客哲学中，顾客为尊，员工利益及领导行业潮流是其重要的组成部分。为了使其经营理念融入经营体系中，香格里拉集团开展了系列的培训活动，包括"超值服务""殷勤好客亚洲情"等。配合这些理念，酒店又针对住店顾客的需求，推出了"服务中心"的概念以及客房优惠、免费接送机、免费洗衣等服务。

在香格里拉的营销理念中，保持与顾客的联系、建立长期稳定的业务是其最根本的内容。香格里拉集团认为，当顾客的合理需求与酒店现实服务程序和政策发生矛盾时，酒店应以满足顾客的需求为原则；当满足顾客需求会给酒店带来一定的经济损失时，酒店员工考虑的不仅是顾客此次为酒店创造的价值，更主要的在于赢得顾客忠诚所带来的顾客的终身价值。

 问题讨论

1. 你认为香格里拉具体在其经营中采用了什么营销理念？
2. 现代酒店业为什么必须运用这种营销理念？

 复习思考题

一、想一想

1. 分析市场营销观念的演变过程及其相应特征。
2. 怎样理解市场营销和旅游市场营销的含义？
3. 推销和营销有哪些区别？

二、练一练

把全班学生分成若干组，每组4～6人，谈谈对旅游营销观念和导向的理解和认识。最后在老师的支持下，推荐出2个小组向全班展示本组的认识和看法。

项目二

旅游市场分析

学习目标

1. 了解旅游者购买行为的含义
2. 熟悉旅游者购买行为模式
3. 熟悉旅游市场营销的环境要求
4. 掌握旅游者购买的过程

案例导入

酒店微博订房的新花样

　　喜迎劳动节，为增加吸引力，某酒店推出了"微博时代，订房立减"的优惠活动，活动期间，凡通过微博订房，即可享受立减50元现金，免费加床1张，餐饮9折等多重惊喜特惠。微预订上线之后，引来了不少宾客的咨询和互动，预订中心也开始陆续接到微预订的单子。通过微预订成功入住的林小姐表示："微博订房非常方便，能在浏览酒店微博，了解酒店后进行预订。在这个过程中，还可以与酒店进行互动，微博小编还会帮你规划行程并告知一些合适的店内活动。"

想一想

结合案例，分析旅游市场营销受哪些因素影响。

任务一
旅游市场营销环境分析

一、旅游市场营销环境的含义及特点

　　旅游市场营销环境指影响企业营销能力和达到目标的不可控制的因素和力量，这些因素和力量是与企业营销活动有关的、影响企业生存和发展的外部条件。

　　企业营销活动的这些外部环境始终处于不断变化之中，企业要主动地去适应环境，要通过营销去努力影响外部环境，使环境有利于企业的生存和发展，有利于提高企业营销活动的实效性。因此，重视研究市场营销环境及其变化，是旅游企业营销活动的基本课题。

　　市场营销环境包括微观环境和宏观环境。微观环境指与旅游企业紧密相连，直接影响企业营销能力的各种参与者，包括企业本身、营销中间商、旅游者、竞争企业和社会公众。宏观环境主要指人口、经济、政治、法律、科学技术、社会文化及自然生态等因素。微观环境直接影响与制约企业的营销能力。宏观环境一般以微观环境为媒介去影响和制约企业的营销活动。宏观环境因素与微观环境因素共同作用于旅游企业。

二、旅游市场营销环境分析

　　通过前面的介绍，我们已对旅游市场营销环境有了初步的了解。下面侧重从竞争、法律环境、经济环境、科学技术、社会文化环境、组织目标和资源六个方面进行分析。

（一）竞争

　　在旅游业快速发展的今天，行业竞争也日趋激烈。随着知识经济一体化，各旅游企业业务拓展的国际化，竞争也进入了全球化。因此旅游企业必须认清竞争形势，识别并关注竞争对手，建立自身的优势，做到知己知彼，百战不殆。

　　在争夺旅游者的过程中存在三个层次的竞争：① 直接竞争。直接竞争指各种组织提供类似的服务以满足旅游者群体的需求。② 提供替代品或服务。第二层次的竞争来自提供某些特定产品和服务的替代品。例如，一个家庭如果不去度假旅游，可以留在家中看电视，或在互联网上冲浪。电话会议可以代替在一个固定地点开会。③ 间接竞争。第三层次的竞争指其他一些组织和非营利机构，与旅游服务业一起争夺旅游者的消费。例如，分期付款购房、房屋装修费、购车费、保险费等都属于间接竞争，对单个旅游者的可支配收入（税后）

的争夺是异常激烈的。企业内部的旅游和娱乐经费之间的竞争也同样激烈。此外，削减旅游经费，会比其他直接的行业竞争造成更严重的后果。因此，旅游企业最好是建立一个能连续收集竞争信息的情报系统，经常将自己的产品价格、渠道、传销手段及效果与竞争对手进行比较，确定企业主要的竞争对手，并要了解竞争对手的战略和目标、优势与劣势、反应模式等。在此基础上，做出相应的决策，采取有效的防卫措施。总之，旅游企业必须领先于竞争对手的行动，并随时应对各种变化做出灵活的反应。

（二）法律环境

法律是国家制定或认可，体现统治阶级意志，并以国家强制力保证实施的各种行为规范。旅游企业的营销活动应以各种法律法规为行为准则，在开展国际营销活动时还要了解和遵守客源国的法律制度及相关的国际法规、国际惯例和准则。

某些法律法规对行业的发展影响很大。目前，我国出台的《旅游法》《价格法》《反不正当竞争法》就是可以规范旅游市场竞争的法律法规，使旅游企业在市场中做到合法、规范地经营。再如，《消费者权益保护法》《旅游投诉处理办法》《在线旅游经营服务管理暂行办法》《旅行社条例》等可以保护旅游消费者权益。《风景名胜区条例》《中华人民共和国自然保护区条例》《国家级文化生态保护区管理办法》可以维护社会利益。在国际上，《可持续旅游的发展宪章》和《可持续旅游发展行动计划》，已成为世界范围内指导旅游市场可持续营销的行为准则。

旅游企业的营销人员都应该很好地学习、了解相关法律法规，使企业的营销在合乎法律法规的前提下进行。

（三）经济环境

经济环境是影响旅游市场营销的重要因素，它直接关系到市场的状况及其变动趋势。一般来说，影响旅游市场营销活动的经济环境主要包括旅游者的购买力和国家经济发展水平。

1. 旅游者的购买力

旅游市场需要的是有购买能力的旅游者。而购买能力主要与旅游者的收入水平、支出模式、储蓄和信贷水平有关。

（1）旅游者的收入水平。旅游者对旅游产品的购买能力主要取决于旅游者的收入。旅游者不会将所有的收入都用于购买旅游产品。与旅游市场关系十分密切的是实际个人可任意支配的收入，即个人可支配收入减去用于维持个人与家庭生存的支出（如衣、食、住等基本开支）后剩余的部分，即可以随消费者的兴趣、爱好任意支配的收入。这部分收入用于购买基本生活需要之外的产品，比如旅游产品。这是旅游营销活动应考虑的因素。

（2）旅游者的支出模式。旅游者的支出模式会随着旅游者收入的变化而发生变化，并影响一个国家和地区的消费。西方经济学中常用恩格尔系数来反映这种变化。恩格尔定理说明，在一定条件下，当家庭的个人收入增加时，收入中用于食物支出的增长速度要小于用于教育、医疗、享受等方面支出的增长速度。食物支出占家庭收入的比重越大，恩格尔系数越高；反之，越低。依据联合国划分富裕程度的标准，恩格尔系数在60%以上为贫困；在50%~60%为温饱；在40%~50%为小康。只有恩格尔系数在40%以下的家庭才会对购买旅游产品感兴趣。我国正进入全面建设小康社会的关键时期，这表明，随着我国经济的发展，旅游者的收入将提高，旅游市场有巨大的发展潜力。旅游业的前景较为乐观。

旅游者支出模式除受旅游者的收入影响之外，还与家庭的生命周期和家庭所在地点有一定的关系。如年轻夫妇组成的无子女家庭与一般有子女家庭、有子女家庭和子女已经独立家庭，城市家庭与农村家庭，其收入支出安排不同，对旅游产品的消费支出也不同。

（3）旅游者的储蓄和信贷水平。一般情况下，人们不会把个人可任意支配的收入都用于旅游消费，而是除了基本生活必须消费外，一部分用于投资（购买股票、国债、债券等）、储蓄，一部分用于旅游消费。在我国，人们长期以来都有较高的储蓄倾向，使得企业实现产品价值有一定困难。对这部分有潜在购买力的群体，营销工作的任务就应该努力转变人们的观念，扩大对旅游产品的宣传，引导人们合理安排旅游支出，将潜在的购买力转化成为现实的购买力。

旅游者信贷是旅游者通过提前支取未来收入的方式提前购买产品。目前，在我国贷款购房、购车已经非常普遍。随着经济的不断发展，人们消费观念的转变，配套机制的完善，旅游消费信贷将会得到发展，旅游购买能力将会得到提高。

2. 国家的经济发展水平

一个国家或地区的经济发展水平会制约旅游企业的市场营销活动。经济发展的高低影响居民收入的多少。居民收入多少会导致对旅游产品的需求不同，最终对旅游企业的营销活动产生影响。

在经济发展水平较高的国家和地区，可营销品牌产品；而在经济发展水平较低的国家和地区，可选择经济型产品进行营销。

中华民族即将迎来全面建成小康社会的伟大荣光，届时中国人的基本生活需求总体上得到满足，消费结构将向发展型、享受型升级，旅游已经成为国民生活的重要内容。旅游企业应该抓住这个机遇，做好宣传和引导工作，实现企业的进一步发展。

（四）科学技术

科学技术是现代生产力发展中最活跃和具有决定性的因素。对于经济发展、社会进步、生活方式的变革都起着巨大的推动作用。同样作为一个重要的营销环境因素，与其他环境因素一起影响着企业的营销活动。

技术环境对营销活动产生两方面的影响：

（1）新技术的出现导致旅游市场竞争更加激烈。随着移动互联网的飞速发展，社交电商、网络直播、短视频等在线新经济形式的出现使旅游者可以迅速获得大量信息，因此，旅游企业之间的竞争也日趋激烈。

（2）新技术为旅游者提供了方便。如网络预订系统，一改传统的营销手段，使旅游者可以便捷地购买旅游产品。互联网的问世加快了旅游营销信息的传递，旅游者可以随时随地通过手机上网获得自己所需的旅游产品和服务信息。另外，互联网推动了旅游者和旅游目的地的国际化，一方面旅游者来自世界各地，另一方面，他们所选择的旅游目的地也是世界各地。总之，互联网加快了世界旅游业的发展，同时，也给旅游企业的营销活动带来巨大的影响。

（五）社会文化环境

社会文化环境较为复杂，内容广泛，包括价值观念、文化教育程度、民俗宗教习惯等。社会文化环境关系通过旅游者的思想和行为来影响企业市场营销活动。

旅游者的价值观念会影响其对旅游产品的评价，符合其价值观念要求的旅游产品会被认为是好产品，受到欢迎，相反，则会遭遇冷淡和抵制。

民俗宗教是人们长期形成的习惯性的行为模式，被大多数人共同遵守。风俗习惯遍及社会生活的方方面面，如婚丧习俗、节日习俗、饮食习惯、宗教直接影响人们的生活态度、价值观念和风俗习惯，从而影响人们的消费行为。在营销旅游产品时可穿插适当的庆祝活动，让旅游者领略异国节日的喜庆。进行旅游营销活动时，要注意不同国家、地区的文化程度及宗教习惯差异，进行区别性营销，但要注意"入境问禁，入国问俗，入门问讳"。如藏族人行至寺院、佛塔，必须从左到右绕行，如果走错方向会被认为有罪过；日本人忌绿色，泰国人忌红色，美国人忌食动物内脏；同日本人合影，一般不能三人，否则认为这是不幸的预兆……这些习惯风俗是旅游企业设计产品、制定营销策略的重要参考。

除了价值观念、民俗宗教习惯外，针对不同文化程度的旅游者，营销方式也会有所不同。文化程度高的旅游者，易于接受文字宣传影响，对报纸杂志、电视广播、网络平台接触多，旅游企业营销应多在品牌、包装、广告上下功夫。而在教育欠发达的国家，一般不宜采用文字宣传，而应较多地使用广播、电视、电影、图片等直观形式进行营销活动。

（六）组织目标和资源

组织目标的实现，必须注重资源的最优配置。人力资源是企业最宝贵的资源，优秀企业应建立完善的人力资源机构。当今，行业内资源整合、强强联合使市场竞争日趋激烈。建立高素质的企业员工队伍，是企业在市场竞争中获胜的关键，同时也是决定营销活动有序、高效地进行的重要因素。旅游企业拥有足够的资金和配套设施，也是营销活动不可缺少的物质基础。

设置科学、合理的组织机构，建立专业化的营销队伍，各部门间职能分明又相互协作，都为营造有效的营销环境提供保证。

企业文化对规范员工思想、行为，建立和谐、协调一致的工作环境，提高员工积极性，增加凝聚力，提升企业形象，推动营销活动有效开展起着重要的作用。

三、市场风险分析

市场风险指企业在营销活动过程中客观存在的不利因素。旅游营销人员应注意对风险的防范和管理，并结合企业的经营目标，减轻风险对企业的影响。

对风险分析，一般着重于两方面。一是分析风险损失发生的概率，即出现的可能性；二是分析风险损失的严重程度。其分析矩阵见图2-1。

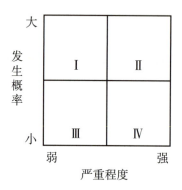

图2-1 市场风险矩阵

在图2-1中，区域Ⅰ的风险出现概率大，但影响程度较小，必须充分重视企业营销；区域Ⅱ为风险出现的概率和影响程度都大，此时要特别重视并制定相应对策；区域Ⅲ为风险出现概率和影响程度均小，企业不必过于担心，但应注意其发展变化；区域Ⅳ为风险出现概率小，但影响程度大，企业必须密切监视风险的出现与发展。

除了对上述风险的评估外，在对风险进行评估时还要注意以下三点：① 风险损失具有相对性，即除测量绝对损失外还要考虑企业承受风险的能力。② 风险损失具有综合性，同一风险事件可能会产生多种类型的损失，包括直接损失和间接损失，有形损失和无形损失。③ 风险损失具有时间性。有些风险的损失是立竿见影的，有些则是要经过一段时间才能体现其损失产生的程度。

旅游企业还须对风险进行控制。企业一般可采用风险隔离、风险结合、风险转移和损失回避、损失控制等方式来减轻风险损失。

一、旅游市场营销信息的概念及作用

旅游市场营销信息是反映旅游组织内部营销环境、外部营销环境以及市场营销活动的实际状况、特征及相关关系的各种资料、数据和情报等的总称。它具有复杂多样和不断变化的特点。

旅游市场营销内部环境信息包括：企业的资源，如人、财、物的状况；企业的管理状况，如管理组织、管理人员、管理水平等；企业营销组合方面的信息，如产品、服务、定价、分销及促销等方面的状况。旅游市场营销外部环境信息包括与企业经营活动相关的人口信息、经济信息、政治法律信息、社会文化信息、技术信息、市场竞争信息、市场的需求信息等。

对于旅游企业而言，市场营销信息不但影响其营销活动，而且对整个企业未来的发展都具有重要的导向作用。旅游企业营销战略的确定、营销策略的运用以及营销计划的制订，都要依赖于不断变化的市场信息。因此，获得营销信息是旅游市场营销管理的必要环节，也是成功营销的关键。

二、旅游市场营销信息系统的概念及构成

（一）旅游市场营销信息系统的概念

旅游市场营销信息系统指旅游企业内部由旅游营销人员，信息处理设备以及运作程序构成的相互影响的系统。它的任务是准确、及时地对有关的信息进行收集、分析、加工、储存和传输，为旅游营销管理人员对营销活动的决策和管理提供支持。

（二）旅游市场营销信息系统的构成

营销管理人员所需的信息一般来自企业的内部报告系统、营销情报系统和营销调研系统，再经过营销分析系统对所获得的信息进行处理，使之对营销决策更为适用和有效。旅游市场营销信息系统的运作方式见图2-2。

1. 内部报告系统

内部报告系统提供企业内部信息，由企业的财务部、人力资源部、营销部等共同建立，集中反映订单、销售客源、价格、库存、现金流量等信息，收集应付账款等数据资料。通过分析这些信息，可以发现新的问题及新的机会，及时比较实际与预测目标的差异，采取切实可行的改进措施。

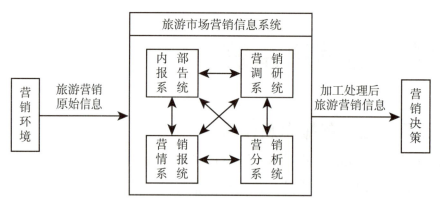

图2-2　旅游市场营销信息系统的运作方式

2. 营销情报系统

营销情报系统指营销管理人员用以了解有关外部环境发展趋势的各种信息来源，是提供当前正在发生的数据。

内部报告系统主要是向管理人员提供内部运营"结果资料"，而营销情报系统则用于提供外部环境的"变化资料"，如通过统计部门，行业协会、新闻媒体、咨询公司、专业网站、主要中间商、消费者协会等组织机构提供资料，用以帮助前者并指明未来机会等问题。

收集外部信息的方式主要有四种：① 营销管理者自己收集。通过专业的报纸、杂志、电视、广播、旅游者、供应商、销售员、各种旅游行业活动，获得的信息。② 销售人员收集。销售人员有针对性地收集外部信息。③ 通过代理商收集。旅游代理商一方面联系企业，另一方面联系旅游者，由于涉及面广，可获得大量关于旅游者、竞争者的信息，因此，可以通过代理商搜集外部信息。④ 从企业自建的情报机构获得信息。这类信息的针对性强，准确性高。

3. 营销调研系统

营销调研系统就是系统地设计、收集、分析与旅游企业有关的某些特定旅游营销问题的信息，并报告调查研究结果。在旅游企业的营销决策中，除了要充分利用内部报告系统和市场营销情报系统提供的内外信息外，有时还要针对企业的特定问题进行全面、深入地研究，这种专门研究依靠营销调研系统来进行。由于涉及的内容多而复杂，本书将在项目三做具体介绍。

4. 营销分析系统

营销分析系统指旅游企业以一些先进技术分析市场营销数据和问题的营销信息系统。它由营销信息和分析技术构成，常用的技术主要包括统计库和模型库两个部分。见图2-3。

营销调研系统获得的大量信息，如销售、预订、财务资料和政府资料、行业资料、市场研究资料等信息经统计库的一系列统计过程，提取有意义的信息，再交模型库用数字模型进行模拟，如模拟产品价格、广告预算、营销组合预算等，最终帮助营销人员确定和预测市场变化程度，预测旅游者的消费偏好与市场供求关系等。

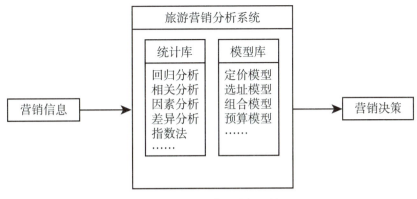

图2-3　旅游营销分析系统

任务三
旅游者购买行为分析

旅游者购买行为分析指科学地确定产品服务的对策，有针对性地制定产品、价格、渠道和促销策略，以提高市场营销的效率，在充分满足旅游者需求的前提下最终实现企业的发展目标。

一、旅游者购买行为的概念

旅游者购买行为指旅游者购买旅游产品的活动及与这种活动相关的决策过程，它包括旅游者为什么购买、购买什么样的旅游产品、购买多少、如何购买、何时购买、何地购买、由谁购买以及旅游者的购买决策过程。

二、旅游者购买行为的类型

旅游者的购买行为由于受旅游者的个性、心理、社会因素以及环境因素的影响，表现为不同的购买行为，常见的分类有以下四种。

（一）按旅游购买决策单位分类

按此标准可分为旅游者购买和组织机构购买两种。前一种购买行为主要是个体旅游者单独出游的旅游购买行为。后一种购买行为是组织机构内众多的个体旅游者结伴而行。

（二）按旅游者购买的参与程度分类

按旅游者购买的参与程度不同，旅游者购买可分为当日往返旅游购买行为、短程旅游购买行为和远程旅游购买行为。进行当天往返和短程旅游购买行为时，旅游者的决策简单、信息水平要求较低；进行远程旅游购买行为时，由于时间消耗长、价格高，旅游者会投入较大精力收集信息，慎重地做决策，因而，这种购买行为要复杂得多。

（三）按照旅游者购买项目分类

1. 自由行

自由行是一种新兴的旅游方式。与团体旅游相同的是由旅行社安排住宿与交通，但不同之处在于自由行没有导游随行，饮食也由旅游者自行安排。自由行产品是以度假和休闲为主要目的的一种自助旅游形式，产品以"机票+酒店+签证"为核心，精心为旅游者打造的系列套餐产品。自由行为旅游者提供了很大的自由性，旅游者可根据时间、兴趣和经济情况自由选择希望游览的景点、入住的酒店以及出行的日期，但在价格上一般要高于旅行社的跟团产品。

2. 半自由行

半自由行指旅游者花一部分时间跟导游旅游，同时还可以享受自由时光，按照自己的节奏去做感兴趣的事。半自由行的特点在于，旅游者省去了自己订车票、酒店的麻烦，只要专心去考虑如何在旅游目的地游览即可。

3. 跟团游

跟团游，即团体全包价旅游，多由旅游者组成团体，采取一次性预付旅费的方式，由旅行社预先安排行程，提供或者通过履行辅助人提供交通、住宿、餐饮、游览、导游或者领队等旅游服务。与前两种形式相比，跟团游更省心，但旅游者的自由性最低。

（四）按旅游者的性格特点分类

旅游者的性格千差万别，此种分类比较复杂，种类也多，主要包括以下四种：

1. 习惯型

这类旅游者往往根据自己的习惯而购买某种旅游产品。这类产品大多比较廉价，需求量大，旅游者对这些产品非常熟悉，有着较好的印象，一旦需要，就会想起它。

2. 经济型

这类旅游者特别重视旅游价格，对价格的变动特别敏感，只有当价格变得较低时，他们才购买。

3. 知识型

这类旅游者在购买之前会对所要购买的旅游产品进行分析、研究，实际购买时会精心挑选，按需购买，不受外界干扰。一般老年旅游者的购买行为大多属于此类。

4. 冲动型

这类旅游者以年轻人居多。其购买行为大多由于情感的冲动，易受外界广告宣传、现场情境等因素的影响。他们在购买时，喜欢追求新、奇、刺激，不太注意价格，只要旅游产品符合个人兴趣就会购买。

三、旅游者购买行为的模式

　　旅游者购买行为是各种各样的，既受主观因素的影响，也受客观因素的影响。从哪里入手进行分析？营销专家们归纳以下6个问题：① 产品的市场由哪些人构成？② 目前市场需要什么样的产品？③ 旅游者为什么购买这样的产品？④ 哪些人会参与产品的购买？⑤ 旅游者怎样购买这种产品？⑥ 旅游者在何处购买这种产品？经研究，在旅游者购买行为模式中最有代表的是刺激—反应模式，见图2-4。

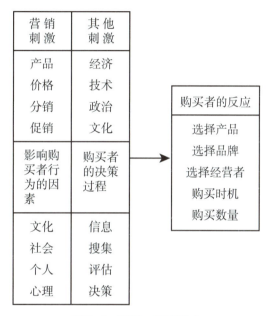

图2-4　刺激—反应模式

　　在刺激—反应模式中，市场营销因素和市场环境文化因素的刺激进入购买者的意识，购买者根据自己的特性处理这些信息，经过一定的决策过程导致购买决定。

四、影响旅游者购买行为的因素

　　旅游者的购买行为受到多种因素的影响。要把握消费者的购买行为，有效地开展市场营销，必须分析影响其购买行为的因素。

（一）文化因素

　　文化指人类从生活实践中建立起来的价值观念、道德观念、理想、风俗习惯等。文化对旅游者的影响是多方面的，但从购买角度来讲，文化决定旅游者的购买动机和对购买方案的选择。不同民族、不同国家、不同地区的文化不同，从而消费行为也不同。如中国旅游者习惯吃中餐，享用西餐的购买行为相对较少。西欧旅游者追求差异性文化审美，来中国的目的就是为了感受东方的文化，消除神秘感等。因此，深入调查、了解旅游者文化背景，是制定产品开发和营销策略的基础。

随着经济、技术、环境、政治和社会的变化，文化也在改变。这种变化必然导致旅游购买行为的变化，旅游营销人员要审时度势，调整自己的营销战略，掌握市场的主动权。

（二）社会因素

社会是由人组成的，人的行为必须受到社会因素的制约，旅游者在决定自己的旅游行为时，同样受到各种社会因素的影响。

1. 社会阶层

任何社会都存在一定的社会阶层。它不同于阶级，主要是根据人们的地位、声望、价值观及生活方式等划分而成的相对稳定的团体。不同阶层的人具有不同的价值观念、生活习惯和消费行为；同一阶层的人在上述方面均有相似之处，其购买行为也有相似性。不同阶层不但导致其购买能力不同，而且形成消费观念的差异。一般来说，教育程度高、社会阶层高的人比较开放自信，愿意接受新事物，对旅游的态度积极。该旅游细分市场是旅游企业的主要目标市场。相反，社会阶层较低的人相对封闭，不愿冒险，对旅游持谨慎态度，更乐于将收入花在耐用消费品上。但旅游营销人员也不能忽视这部分市场，而应该有针对性地开发一些费用低、时间短的旅游项目，提高他们参与旅游的积极性。

2. 相关群体

相关群体指对一个人的态度、意见和价值起影响作用的群体，包括家庭成员、同事、职业协会、大学生联谊会和其他对旅游购买行为有较大影响的群体。如政界人士光顾过的酒店，电影明星、体育明星们喜欢下榻的酒店等，对于旅游者的购买行为起到较强的引导和示范作用。相关群体与旅游者的关系越密切，对旅游者购买行为的影响程度就会越深，也就越容易影响旅游者对旅游产品的选择。因此，重视售后服务、信息反馈、专家的宣传都是利用社会群体的影响扩大营销效果的必要手段。

需要指出的是，家庭是最重要的影响群体，对购买行为的影响不仅是直接的，而且是潜在的。经研究，营销专家把家庭决策类型分为4种：① 各自做主型。指每个家庭成员对自己所需的产品可独立作出购买决策，不受他人干涉。② 丈夫支配型。指家庭购买决策权掌握在丈夫手中。③ 妻子支配型。指家庭购买决策权掌握在妻子手中。④ 共同支配型。指大部分购买决策由家庭成员共同协商作出。随着社会政治、经济、文化状况的变化，家庭的权威中心也在发生变化，许多家庭由"丈夫支配型"转变为"妻子支配型"或"共同支配型"。

分析家庭消费群体，要善于抓住关键人物开展营销活动，这样有助于提高营销的效率。

（三）经济因素

经济因素指旅游者可支配的收入、储蓄、资产和信贷的能力。经济因素决定能否发生购买行为以及发生何种规模的购买行为，决定购买产品的种类，是决定旅游者购买行为的首要因素。当经济处于衰退时期，旅游者的收入水平有不同程度的下降，不可避免地限制了出游率。若有较高的通货膨胀出现于目的地国家，则会使客源国货币相对坚挺，出游率上升。利息率和通货膨胀决定一个人的储蓄能力和水平，间接影响可自由支配收入及旅游消费，因而影响人们的旅游购买行为。

（四）心理因素

旅游者的购买行为受需要和动机、知觉、学习以及态度等心理因素的影响。

1．需要和动机

人的行为是由动机支配的，而动机又是由需要引起的。旅游需要是一个人的多种需要之一。

现在人们普遍按马斯洛需要层次理论分析人类需要变化的一般规律。马斯洛将人的需要分为五个层次，从低级到高级依次为：生理需要、安全需要、社交需要、尊重需要和自我实现的需要。见图2-5。

图2-5　马斯洛需要层次图

（1）生理需要。指为了生存而必不可少的基本生活需要，如衣、食、住、行的需要。

（2）安全需要。指维护人身安全与健康的需要，包括工作条件的好坏、工作强度的大小、财产及人身的安全等。

（3）社交需要。指参与社会交往，取得社会承认和归属感的需要。

（4）尊重需要。指在社交中自尊和受人尊敬的需要。

（5）自我实现的需要。指发挥个人的最大能力，实现理想和抱负的需要，这是人类的最高需要。

马斯洛需要层次可将需要概括为两大类：第一大类是生理的、物质的需要，包括生理需要和安全需要；第二大类是心理的、精神的需要，包括社交需要、尊重需要和自我实现的需要。马斯洛认为，一个人同时存在多种需要，但在某一特定的时期，每种需要的重要性并不相同。人们首先追求满足最基本的需要，并作为一种动力支配人们的行为。然后转向另一相对重要的需要。一般而言，人类的需要是由低层次向高层次发展的，低层次的需要得到满足以后才追求高层次的需要。例如，一个食不果腹、衣不蔽体的人可能会因生理需要铤而走险而不考虑安全需要，可能会向人乞讨而不考虑尊重需要。

针对不同层次旅游者的需要，营销人员应制订不同的营销方案。

2. 知觉

知觉就是人们通过感觉器官，对客观刺激物的反应，这是一个有选择的心理过程，分为三种：

（1）选择性注意。人们每天都会受到大量外部信息的刺激，但是由于不可能对所有的信息都加以注意，所以只会注意到与目前需要有关的。

（2）选择性曲解。人们有把从外部输入的信息与头脑中原有的信息结合在一起的倾向。如某人偏爱住A酒店，当别人向他介绍其他酒店的优点时，他总是设法挑出这些酒店的毛病或加以贬低，以维持自己已有的对"A酒店"的倾向。

（3）选择性记忆。指人们只会记住那些符合自己信念的信息。如向往大海的旅游者多选择海滨旅游目的地，甚至注意并记住与海有关的旅游地名等。在购买旅游产品时，会优先考虑这些地方。

由于旅游产品的质量不易让旅游者提前了解，因此，旅游企业应注意提高自身形象和服务质量，抓住旅游者的心理需要，将信息快速传递给旅游者，增强其购买信心。

3. 学习

学习指个人通过某种新体验所产生的一种相对持久的行为变化，是一种具有社会性和实践性的过程。旅游者的行为大多数都是通过后天的学习和领会，只有少数行为由本能反应而产生。

旅游者的学习过程模式见图2-6。

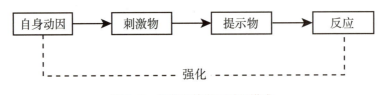

图2-6　旅游者的学习过程模式

动因指人们促使自己采取行动的内在因素，当这种因素与刺激物相互作用时，内在的因素就成为动机。提示指人们在决定如何对外界刺激作出反应时的指导线索。当人们的行动结果与其预期结果相一致时，人们的行为就会得到强化，产生明显的反应。

旅行社、酒店的回头客就是通过这种学习过程而确定下来的。因此，要吸引更多的回头客，旅游经营者应努力提供让旅游者满意的产品和服务，使旅游者有更多的学习机会。

4. 态度

态度指一个人对某些事物或长期持有的好与坏的认识评价、情感感受和行动倾向。态度使人对相似的事情产生相当一致的行为。按照已有的态度对新接触的事物作出反应和解释能节省时间和精力。如某人对入住酒店的态度是："商务酒店"交通便利、服务周到、设施完善，而"度假村"则是远离闹市、环境优美。基于这种态度，他总是入住商务酒店而拒绝入住度假村。由于人们的态度一般是稳定、一致的，所以改变态度是十分困难的。旅游企业最好是使自己的产品和营销策略符合旅游者的既有态度，而不是试图去改变，当然，如果因为改变一种态度带来的利润大于为此耗费的成本，则值得尝试。

五、旅游者购买决策过程

旅游者的购买决策包括简单的购买决策过程和复杂的购买决策过程。简单的购买决策有习惯型购买决策、冲动型购买决策。复杂的购买决策过程包括五个阶段：认识需要、收集信息、评估判断、购买决策、购后评价（图2-7）。

图2-7 复杂购买决策过程

在实际旅游购买决策过程中，旅游者往往会省去几个步骤或颠倒其中几个步骤。旅游购买行为始于实际购买行为之前，并延伸到实际购买以后，这就要求营销人员注意购买过程的各个阶段，而不仅仅注意销售阶段。

（一）认识需要

引起需要一方面是人体内部的刺激，另一方面是人体外部刺激或"接触诱发"（如在某短视频平台看见某地很美），引起需要后，需要上升到一定程度就成为行动力量。

引起需要阶段，旅游营销人员应注意以下两方面。第一，必须要了解所有与本旅游企业产品有关的现实的和潜在的需要。在价格和质量等因素既定的条件下，一种旅游产品如果能满足旅游者多种需要或多层次需要，就能吸引更多的旅游者购买。第二，旅游者对某种旅游产品的需要强度会随时间的推移而变化。企业必须做好营销工作的调整和需求趋势的预测。

（二）收集信息

一个被唤起需求的旅游者可能会去寻找更多的信息。这时，四种信息来源会被查询：① 商业来源（广告、经销商、推销等）；② 社交来源（亲友、邻居、熟人等）；③ 大众来源（大众传播媒体、各种评审组织等）；④ 经验来源（自身的旅游经验）。一般来说，商业来源是旅游者获得旅游信息的主要渠道。大众来源、社交来源及经验来源，在旅游购买决策中也起到重要作用。

收集信息的过程

链接

　　根据旅游者寻找信息的积极性，可将信息收集过程分为两种情况：加强注意和积极收集。加强注意状态是指旅游者只是更加关心旅游产品的信息，旅游者会适当地留意有关旅游产品的广告，注意同朋友谈论这方面的话题。积极收集状态是指旅游者会主动寻找各种资料，打电话询问旅游机构，并向朋友同事询问有关产品的情况。旅游企业应该关注目标旅游者信息收集过程的不同阶段，在加强注意阶段，应该让旅游企业的促销活动引起旅游者的注意；在积极收集阶段，旅游企业应该加强对相关平台和群体的使用，例如使用形象大使，还可以加强优惠力度，来影响旅游者的信息选择。

　　一般而言，对于某种特定的产品，旅游者接触最多的信息来源是旅游营销人员控制的市场营销活动，而对旅游者决策起最重要作用的则是社交来源、大众来源以及经验来源。商业来源一般起到通知的作用，而其他几种信息来源能起到评价和证实的作用。因此，旅游营销人员及企业应注重产品质量，以便使社交来源和大众来源的信息发挥良好的口头宣传作用，同时保证旅游者能获得满意的旅游经历。值得注意的是，由于受文化因素的影响，不同文化背景下的旅游者在信息的收集和使用方面存在着明显的差异。例如，对于南美国家的旅游者来说，除了在线收集信息外，宣传小册子、宣传画是他们接收信息的重要途径；但是对于西欧国家的旅游者来说，线上收集信息和相关群体来源和商务来源的效果也许会更好一些。

（三）评估判断

　　旅游者在获得全面的信息后会根据所得信息，用一定评估方法对其产品进行评价和选择。一般消费的评价行为是围绕产品的属性而展开的。

　　产品的属性指这种产品所具有能够满足旅游者需要的特性，如酒店应具备的特性是洁净、舒适、用品齐全、服务周到、交通方便、收费合理。在价格不变的条件下，一个产品如有更多的属性，将更能吸引旅游者购买，但是会增加企业的成本。营销人员应了解旅游者主要对哪些属性感兴趣。如在选择酒店时，他们是倾向于选择清洁的酒店，还是交通便利的酒店？他们是选择辅助设施完备的酒店，还是选择价格便宜的酒店？从而可以更好地设计满足旅游者需要的酒店产品。

（四）购买决策

这是消费购买行为过程中的关键性阶段，因为只有作出购买决策后，才会产生实际的购买行为。旅游者经分析比较和评价后，便产生了购买意图。但在购买意图与决定购买之间还介入了两个因素：一是"他人的态度"。指他人对某项购买决策的否定程度和他人意见对旅游者的影响力。他人对某项购买决策的否定程度越强，对旅游者的影响力越大，那么旅游者容易改变其购买意图。二是"意外情况"。指与产品相关的突发因素，也可以是与产品无关的突发因素。如发现旅行社的欺骗行为，使得路线和计划不可能实现或旅游者突然生病，被迫取消计划。因此，在旅游者的购买决策阶段，营销人员一方面要向旅游者提供更多的有关产品的详细情报，便于旅游者比较产品的优缺点；另一方面，则应通过各种销售服务，创造条件，加深旅游者对企业和产品的良好印象，促使旅游者作出购买本企业产品的决策。

（五）购后评价

旅游者在完成购买行为和消费行为之后，一般会有三种感觉：满意、不满意和疑虑。每一种体验都会伴随着特定的购买行为，并影响到下次购买行为及他人的购买行为和决策。因而对旅游企业来讲，旅游者的购后评价是不可忽视的。

购后的满意程度是由产品实际质量和旅游者期望的产品质量之间的差距决定的，二者相符则满意。如果产品和服务期望质量高于实际质量，则旅游者不会感到满意。这就要求营销人员在做宣传时，要合理地降低旅游者的预期，给旅游者意外的惊喜，这将收到意想不到的效果。而决不能做虚假宣传，欺骗旅游者。

旅游者在购买行为发生后产生的不满，主要是由于旅游者购买行为发生之前考虑不充分或旅游产品中不尽如人意的地方引起的。旅游营销人员可以通过信息资料的发送，增加旅游者对产品的认同和满意，同时虚心接受旅游者投诉，尽量化解旅游者的不满情绪，提高旅游者的满意程度。

 项目小结

旅游企业的营销活动受周围复杂的宏观环境和微观环境的影响，营销工作者适应环境变化则有利于旅游企业的自身发展，反之则会给旅游企业带来不利的影响。宏观环境影响因素有人口、经济、政治、法律和社会文化等。旅游市场营销活动只有适应这些不可抗拒的宏观环境变化，才能使企业得以生存和发展。旅游企业的微观环境由企业本身、营销中间商、旅游者、竞争企业和社会公众构成。这些力量与企业形成协作、竞争、服务、监督的关系，形成旅游企业的市场营销系统，直接地影响和制约着企业的服务目标和市场能力。旅游市场营销信息系统由内部报告系统、营销情报系统、营销调研系统和营销分析系统四部分组成。这些系统负责收集旅游企业内部和外部环境的各种营销信息，经分析、加工、处理后，为营销决策和管理提供支持。了解旅游者购买行为的概念、类型、模式，掌握文化因素、社会因素、经济因素、心理因素等影响旅游者购买行为的因素，分析旅游者购买决策过程，有利于旅游企业有针对性地制定产品、价格、渠道和促销策略，提高市场营销的效率。

 案例分析

新冠肺炎疫情对旅游的影响

受新冠肺炎疫情影响，2020年旅游休闲消费需求发生了转变，自驾、亲子、近程、安全和品质成为旅游消费的关键词，也是旅游市场日益增长的核心诉求。出不了远门，人们就在近程休闲，欣赏身边的美丽风景，体验日常的美好生活。参加不了旅行团，人们就和家人一起自驾远行。一项关于疫情过后计划和谁一起出游的专项调查表明：42%的受访者选择和家人一起出游，23%的受访者选择与好友结伴旅游，22%的受访者愿意和单位、班级、社团等集体出游，11%的受访者计划独自旅游或与驴友一起自助游。出游动机中，休闲度假需求首次超过观光游览，占比达29%。疫情期间，居民出游以放松休闲为主，基于自驾、自助方式的家庭及亲友休闲娱乐成为市场头部产品，"无接触"旅游备受青睐。清明、五一、端午、国庆、中秋等节假日期间，游客对个性化和品质化旅游产品的需求进一步增长，度假型酒店价格上升明显。一单一团、专车专导的"私家团"服务人次同比增长四成以上。前三季度全国游客满意度综合评价指数明显提升，达到80分以上的满意水平，散客市场表现更为明显。

疫情影响下，数字化驱动的智慧旅游有效拓展了国民旅游休闲空间，旅游治理水平得到了明显提升。以互联网、大数据、人工智能为代表的科技创新让旅游目的地从线下走上云端，直播催生的"云旅游"极大丰富了人们日常旅游休闲活动，满足了旅游消费对内容创新的需求。互动、沉浸、立体的数字科技与文化艺术结合，极大丰富了旅游消费场景。"预约、限量、错峰、有序"成为旅游出行新常态，旅游治理水平加速提升。国庆、中秋节假期，94%的5A级旅游景区实施了分时预约制度，82.8%的游客不同程度体验了预约，"无预约不出游"已经成为游客普遍共识。扫码入园、刷脸通行、无接触服务等数字技术在行程安排、游客分流和疫情防控等方面发挥了积极而有效的作用。

过去的一年中，避暑旅游、冰雪旅游、夜间旅游、亲子旅游、美食旅游、研学旅游、自驾旅游等新型消费需求潜力加速释放。游客更加倾向去人少一点的地方旅游，空间广阔、生态环境良好、交通基础设施完善的西部旅游目的地渐成旅游市场热点，青海、甘肃、云南和海南等地区成为最受欢迎的自驾旅游目的地。全国5A级景区夜间开放率达22.8%，4A级景区夜间开放率为20.4%。8月份，旅游景区的夜间游客量是1月份的1.76倍。[①]

 问题讨论

1. 新冠肺炎疫情让旅游者购买行为发生了哪些变化？

2. 案例中影响旅游者购买行为的因素有哪些？

3. 试述旅游企业应如何应对这些变化。

复习思考题

一、想一想

1. 经济环境对旅游者的消费选择会产生什么影响？

2. 旅游市场营销信息包括哪些内容？

3. 试述旅游市场营销信息系统的含义及构成。

4. 旅游者购买行为的含义是什么？

5. 相关群体有哪些类型？它对消费行为的影响有哪些？

6. 马斯洛需要层次理论将人的需要分为哪些层次？

7. 旅游者的购买决策过程主要包括哪几个阶段？营销人员需相应采取哪些营销措施？

二、练一练

全班学生以4~6人为一组分成若干小组，选择当地一处旅游区，通过对其接待旅游者构成的分析，帮助旅行社提出目标市场策略，并尝试为其设计一条特色的旅游线路。

---

① 戴斌.在产业变局中开新局[N].经济日报，2020-12-27.

项目三

旅游市场调研与预测

学习目标

1. 了解旅游市场营销调研的意义
2. 掌握旅游市场营销调研的内容及含义
3. 掌握旅游市场营销调研的方法和程序

案例导入

强调市场调研的马里奥特公司

马里奥特先生非常理解"倾听客户需求"的重要性。他亲自阅读来自快速扩大的连锁旅馆中客户的抱怨卡片，这说明马里奥特是以市场营销为导向的。万豪国际集团的前身马里奥特公司遵循马里奥特的理念来发展事业，使用市场营销调研来指明新的市场营销机会，是市场营销研究的一个经典实例。

在1980年以前，马里奥特公司调研了成千上万的人，以确定旅馆业的扩充空间。在亚特兰大开始建造庭院旅馆前，马里奥特建造了一个墙壁可以移动的旅馆客房，并向所选择的旅游者展示不同的构造形态，然后调研他们对不同的房间构造的观点。调研分为四步：实验（通过在亚特兰大建造庭院旅馆来检验市场营销情况），观察（观察客人对于模拟房屋的反应），调研（包括对主要的市场细分部分的研究和使用聚类分析来调研客户所喜欢的产品特征）以及模拟（房屋模拟）。

经过几年的研究和分析之后，马里奥特得出了主要的结论：市场需要新型的旅馆。经常性的旅游者愿意住在这样的旅馆中，比如有一个比较大的前厅，食物和饮料种类广泛，有较好的客房，多居所的"感觉"等，哪怕因此多支付一些额外的费用也可以接受。

马里奥特继续进行其他旅馆概念的研究检测和介绍，包括马里奥特套房、小间客房旅馆和平价客栈，它们都是以经济实惠为定位的旅馆概念。后来，从自身所进行的全国性调查结果中得到启示，开始着重促销周末的旅馆套餐。调查表明来美国的73%的旅游者只停留三天或更短的时间，这些短期旅行中将近60%属于周末旅行。基于这些调查结果和其他的发现，公司开始推出"两份早餐"的服务。马里奥特大部分旅馆，平均每个房间每晚的费用低到69~89美元，包括周末连续两个早晨为两个人准备的整套早餐。马里奥特的研究证实了当时美国人的生活方式已从传统的两到三周的度假转变成时间更短、更频繁的旅行。马里奥特也从市场调研中抓住了更多的市场机会，取得了巨大的成功，为后来的万豪国际集团奠定了基础。

 想一想

1. 旅游企业为什么要进行市场调研？
2. 旅游企业应该如何进行市场调研？

任务一
旅游市场调研

一、什么是市场调研

市场调研是发现和提出企业营销的问题与需求，系统地、客观地识别、收集、分析和传播信息，从而提高与修正企业营销决策的过程。

市场营销的关键是发现和满足消费者的需求（图3-1）。为了判断消费者的需求，实施满足消费者需求的营销策略，营销人员需要对消费者、竞争者和市场上的其他力量有一定的理解。特别是近年来许多因素的出现，促使对信息的质和量的需求有了更大的提高。随着经济全球化的发展，国际化营销促使企业对信息有更高更广的需求；随着消费意识的不断提高，企业的营销决策人员需要对消费者的消费习惯和趋势有更准确和更深入的了解；由于市场竞争的加剧，市场变化的速度加快，就必须对营销策略和工具有更深层次更快速的了解和反应（图3-2）。

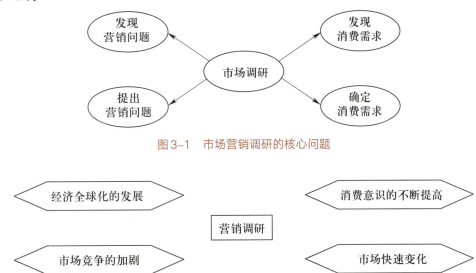

图3-1 市场营销调研的核心问题

图3-2 营销调研促进因素

市场调研是一个科学性很强、工作流程系统化很高的工作。它由调研人员收集目标材料，并对所收集的材料加以整理统计，然后对统计结果进行分析以便为企业的决策提供正确预测的依据市场调研必须围绕一个主题并依照严格合理的工作程序进行。

二、旅游市场调研内容

旅游市场调研的内容是非常广泛的。一般情况下旅游市场调研的主要内容应包括旅游营销环境、旅游市场需求、旅游产品和竞争对手四方面的调研。

（一）旅游营销环境调研

旅游营销环境调研涉及所有可能影响旅游业发展的方方面面，包括政治与社会文化环境调查和经济环境调查。

1. 政治与社会文化环境

政治与社会文化环境是指全面地、间接地影响企业长远发展的外部因素，主要包括政治环境、法律环境、社会文化环境。对这些环境因素进行充分的调查研究，可以帮助企业把握大的发展趋势，利用环境因素的变化，抓住由此产生的机会，使企业得以发展。同时任何企业的经营活动都必须在国家的有关政策、法律法规的指导下进行。因此，企业在规划其经营活动时，要对国家及地方的方针、政策、法律、法规有深入的了解，明确什么可行，什么禁行，使企业的经营活动合理、合法。

（1）政治环境。要关注国家和地方各级政府不断出台的一些新的改革措施和方针政策，尤其是产业发展政策、金融政策、能源政策及人口政策等。这些政策的出台将直接影响企业的营销活动，例如，我国很多地区已将旅游业作为重点发展产业，甚至将其视为支柱型产业，这就预示着政府将给予旅游业更多、更好的扶持政策，应该充分利用这些政策所给予的机会，寻求本企业新的发展机遇。

（2）法律环境。随着我国法制建设的不断深入和完善，企业的营销活动越来越多地受到有关法律、法规的规范和制约，企业既应当运用法律武器维护自身的正当权益，同时也应当深入了解相关法律条文，使企业的营销活动符合法律规定。

（3）社会文化环境。社会文化环境主要指社会阶层、相关群体、家庭结构、教育水平、风俗习惯、宗教文化与价值观等，这些因素影响着每一位旅游者的日常生活、工作以及购买行为。

2. 经济环境

经济环境通常指旅游者的收入变化、支出变化及储蓄与信贷变化等。

以上的调研内容，可以帮助企业找出经营中的不利因素，及时调整经营手段，从而适应市场的变化需求。相关内容由于在本书项目二已经介绍过，此处不再赘述。

（二）旅游市场需求调研

旅游市场需求调研包括现实需求和潜在需求的调研。主要包括对旅游市场需求规模、结构、发展趋势的调研和旅游者购买动机及购买行为的调研等。

1. 旅游市场需求规模、结构和发展趋势的调研

主要包括调研当地政府在未来几年对旅游业发展的具体规划；当地旅游企业普遍的经营状况和经营特色；当地旅游业投资者的数量，投资结构、规模；主要客源城市情况，来本地的旅游者人数、构成，客源市场发展趋势。

2. 旅游者购买动机及购买行为的调研

旅游者购买动机包括健康娱乐动机，如旅游度假；文化动机，如了解当地的文化、宗教、艺术、风俗；交际动机，如探亲访友；地位与声望动机，如考察、参加会议。对旅游者购买动机的调研包括对旅游者的分类情况，即团队、散客、会议、旅游度假等旅游者所占比例的调研；对旅游者受教育程度和文化水平、职业、宗教信仰、风俗习惯、爱好等的调研。对旅游者购买行为的调研包括对旅游者的个人购买能力、消费结构、价格的承受能力的调研；旅游者对本地旅游产品的了解程度、评价和要求的调研；对旅游者的购买习惯的调研；对旅游者喜欢在本地逗留的季节、时间长短和周边环境的调研等。

链接

旅游市场调研的途径

▲ 互联网，尤其是万维网和电子邮件，是收集调查数据的方法。

▲ 美国调研组织协会（CASRO）整理出一套进行线上调研的调查所需的常见问题。

▲ 完成线上调查的三种类型，包括：① 电子邮件调查；② 网页形式的调查；③ 下载文件类调查。

▲ CASRO认为，比起其他类型的调查，尤其是邮寄调查问卷，线上调查可以快速完成。

▲ CASRO预测了完成线上调研到公布数据所需的时间，电子邮件调查是1~10天，网页形式的调查是3~15天，下载文件类调查是7~20天。

▲ CASRO建议线上调查至少要做足20分钟。

（三）旅游产品调研

旅游产品是旅游企业赖以生存的物质基础，旅游企业只有不断地推出能满足旅游者需求的旅游产品，才能在激烈的旅游市场竞争中求得生存和发展。旅游产品调研包括：旅游产品的质量、数量、品种，价格，销售手段和销售渠道等。

1. 对旅游产品的质量、数量、品种的调研

调研已有旅游产品的改进和新产品的开发情况，各类旅游产品的社会评价如何；旅游者对旅游产品的意见要求；现有旅游产品有哪些不足；现有旅游产品中有哪些正在着手改进或重新组合，这些变化针对的是什么样的客源市场；各类旅游产品的经营情况；各类旅游产品

的生命周期；旅游者需要什么样的新产品，对本地旅游产品有哪些不满意的地方；本地或本企业的旅游产品在质量和服务上有何特色；本地或本企业的旅游产品的市场寿命和生命周期；旅游产品的市场占有率和销售潜力等。

2. 对旅游产品价格的调研

在旅游营销活动中，价格直接影响着旅游者的选择。旅游企业的盈亏与旅游产品销售的价格有很大的关系，价格的高低、波动，都直接影响和决定着旅游企业的盈利能力，影响着旅游企业能否实现其各阶段经营发展的目标。因此，旅游企业要想盈利就必须制定出正确的产品价格策略。首先必须要做好旅游产品价格的调研，包括旅游产品的定价情况；旅游新产品的定价策略；旅游产品价格的变化趋势；替代品的供求和价格如何调整；运用价格变动促进销售的情况；旅游产品的供给价格弹性和需求价格弹性的调研等。

3. 旅游产品的销售手段与销售渠道的调研

旅游促销是刺激旅游销售的有效手段，而旅游分销渠道是提高销售效率、降低销售费用的关键。对销售手段和渠道的调查涉及销售量、销售范围、销售渠道、市场份额等方面，不仅要对当前的销售手段和渠道进行调查，还应对新的销售手段和渠道进行可行性的研究，对各种促销手段的有效性进行测试和评估。对旅游产品分销渠道与旅游销售手段调研包括：对促销对象、方法和效果的调研；对公共宣传、广告促销的调研；对人员推销与营业推广的调研；对销售渠道的选择的调研等。如：旅游者对本地区各大旅行社形象的评价；各个旅游企业销售旅游产品所采用的方式，他们开展了哪些促销活动，采用了哪些手段开展销售推广；各旅游企业是否采用人员推销，如采用，人员推销效果如何；销售人员的素质、分工及报酬分配形式；促销方式是否为旅游者所接受并取信于旅游者；销售手段和形式是否有针对性；广告的费用和效果如何；本地区的大公司、大型消费团体与各旅游企业的业务往来、协议签订、优惠政策的情况；销售渠道的数量、分布和销售业绩情况；中间商的资信、经营能力和销售实绩；销售渠道策略的实施、控制和评估；本企业销售机构和销售网点的业绩等。

（四）竞争对手调研

所谓竞争对手是指那些与本企业提供的产品和服务相同或类似，规模和档次较为接近，目标市场基本一致的企业。

在进行竞争对手调查时，应主要集中在对竞争对手的产品、价格、销售渠道、促销策略、公共关系和广告宣传等方面的调查，通过长期对上述竞争对手进行全面的了解，分析对方的优劣，寻找本企业可以利用的机会，以求扬长避短，充分发挥自身优势，巩固已有市场，开拓新市场。

1. 对竞争对手产品的调研

该项调研内容包括：产品数量（容量）和种类，产品及服务的质量和特色、社会评价，产品的不足，正在着手改进或重新设计的产品所针对的细分市场。

2. 对竞争对手价格策略的调研

该项调研内容包括：竞争对手的各类产品门市价及其定价的依据，竞争对手的各类优惠价格及相应的优惠对象和优惠政策，竞争对手向市场提供各种优惠的手段和方式，竞争对手的产品质量和价格之间的关系及形成的原因，竞争对手产品组合的价格系列，竞争对手新产品进入市场的促销价格及其中长期价格策略。

3. 对竞争对手销售渠道的调研

该项调研内容包括：竞争对手拥有哪几类销售渠道，其中哪些是主要销售渠道；竞争对手的代理商名单，各代理商的情况如何；竞争对手加入销售网络的情况，该网络的销售情况如何；在竞争对手的代理商中有无同时代理本企业产品的，若有，代理商对双方的评价如何；竞争对手的分配政策如何，对代理商有无长期、有吸引力的奖励方案，本企业相应的政策及方案有无竞争力；竞争对手采取哪些主要手段进行直接销售，成效如何。

4. 对竞争对手促销策略的调研

该项调研内容包括：竞争对手促销的对象主要有哪些，竞争对手给予代理商的佣金及进销差价的情况，竞争对手主要采取哪些促销手段，竞争对手的促销目的在于刺激哪些产品的销售，这些产品目前在产品生命周期中处于哪个阶段，通过营业推广，竞争对手的销售情况发生了什么变化；对本企业的同类或类似产品的竞争影响如何，是否利用互联网做促销。

5. 对竞争对手公关与广告的调研

该项调研内容包括：竞争对手的广告策划由什么人或机构负责完成、质量如何、有无新意；竞争对手的广告着重介绍其哪些产品，是否为新产品或最具竞争力的产品；竞争对手的广告主要通过哪些方式和渠道发布；竞争对手广告宣传针对的是哪些市场；竞争对手选择的公关对象有哪些；竞争对手的公关策略是什么；竞争对手公共关系工作的开展情况如何，有哪些具体成效；竞争对手与新闻媒体的关系如何，与本企业相比，竞争对手有哪些优势。

以上所列旅游市场调研内容是就一般情况而言的。不同的旅游企业在不同的地区和时期针对各自的需要，营销调研内容应有所不同。

三、旅游市场调研过程

市场调研一般包括三个阶段：调研准备阶段、调研实施阶段及调研分析和总结阶段。旅游市场调研也不例外。只有采用规范的步骤并重视细节，才能确保调研数据的准确性以及调研报告的指导性。

（一）调研准备阶段

在这个阶段，最重要的工作是将经营决策问题，或者是市场营销问题转换成具体的、可以清晰表述的市场调研问题。例如，某旅游企业需要了解什么样的价格对家庭旅游群体最具有吸引力。这个问题的答案将直接影响到该企业对家庭旅游产品的设计和销售策略。调研准备阶段正是为企业解决这一难题，确定回答这一决策问题所涉及的各个方面，进而采用何种方式寻找答案。市场调研准备阶段是要明确此次市场调研的问题、调研活动的范围以及此次市场调研要达到的目的。

1. 确定调研课题，明确调研目的

调研前应认真、仔细研究本次调研要解决的问题，并据此确立调研目标，如果问题抓不住，目标不明确，调研工作会由于"无的放矢"而成为无效劳动。

2. 调研方案和工作计划

调研方案包括调研的目的、要求、范围、对象、内容、方式等。调研方案应当对所要调研的问题有清晰的表述、对调研的产品或服务有准确的界定，明确调研的主要范围，调研所采用的方式，有关调研的成本、时间安排和所面临的调研环境等。

工作计划包括：组织领导、人员配备、工作程序、所需时间、费用预算等。

如果企业采取聘请专业调研公司完成某项调研任务的方式，那么在正式授权开始调研之前，企业的经营管理者必须和调研者就调研内容、调研方法、调研范围等方面的问题进行充分、深入的探讨，双方应对计划的细节都达成一致意见。这就要求经营管理者要做好准备，花相当多的时间和调研公司交流和沟通。这项工作是必不可少的，因为它关系到调研工作的顺利实施并最终取得令人满意和实用的结果。

3. 拟定调研提纲，设计调研表格

这是将调研内容具体化的关键一步，为使调研工作有成效，应事先准备好要调研的具体问题以及要收集的数据。本项目任务三将专门介绍调研表格的设计。

（二）调研实施阶段

1. 建立调研小组，组织调研人员学习培训

调研资料是否准确与调研人员的素质、理解程度和被调研的状况有关，要使调研人员学会善于接触各种被调研对象，认真、严肃对待调研工作。如有可能也可以请专家指导或参与以保证调研质量。

2. 组织调研人员收集第二手资料

第二手资料即现成资料。主要来源有两个：内部资料和外部资料。

（1）内部资料。包括企业保存的各种数据、历年的经营状况、各类经营报表和统计分析、主要竞争对手的资料等。挖掘每一项记录与调研目的之间的联系应是企业管理者必须经常做的"功课"。内部资料存在于企业日常的每一份记录中，只要稍稍留心就可以从中提取出极具价值的市场营销数据。例如，通过对参团旅游者资料进行统计、分析，可以轻松获得

以下信息：旅游者的年龄结构、旅游者所属地区、旅游者的文化层次、旅游者的平均逗留时间及相应的比例等。这些信息，对于企业研究旅游者需求、开发新产品、改进现有产品等工作均具有极强的指导作用。

（2）外部资料。外部资料可以由多种渠道获得。

① 政府资料。我国中央和地方政府每年均会出版大量较为全面、系统的信息资料。如人口、商业、住房等方面的统计资料；普查资料、各类年鉴、政府报告、党政领导人讲话、国家会议资料等；党和国家的重要决议，颁布的方针、政策、法律、法规，党报、党刊的重要社论等。寻找这些资料信息的主要途径是我国出版的各种综合性年鉴资料汇编，如《中国统计年鉴》《中国百科年鉴》。

② 行业内部资料。指大量用来为行业内部服务的信息源，包括行业文献、专业杂志、各种行业协会出版物等。如：文化和旅游部、各省市旅游饭店协会等发布的统计报表、通报，市场调研机构的年报、调研专辑等。对于企业而言，一旦准备开发某一行业内的客户市场，首先应该了解和研究该行业的特点，此时行业内部资料就格外重要。

③ 文献目录与行业名录等。文献目录可以为文案调查者提供资料来源指南；工商业名录可以为旅游企业提供潜在旅游者的详细信息，同时也可以使旅游企业了解在某一特定区域中竞争对手的情况，并预测竞争压力。

④ 图书馆和各种研究机构。图书馆一般都存有大量有关国内外市场情况的资料。公共图书馆能提供相关的市场背景资料（材料和文件），有些专业图书馆则不仅能提供统计数字和有关市场的基本资料，而且能提供有关调研课题的大量资料。

3. 广泛、全面地收集第一手资料

组织调研人员进行广泛、深入、细致的实地调研，现场收集资料，即收集第一手资料。第一手资料和实地搜集的信息相关，对特定的调研而言，它是独一无二的。第一手数据的获取方法主要有实验法、观察法和问卷调查法等。其中，问卷调查法是获取第一手数据经常采用的基本方法。对于重要的调研，单一的调研方法不可能获得充分的数据，同时会出现偏差，此时，运用多种调研方法是弥补这一缺陷的有效办法。

（三）调研分析和总结阶段

1. 整理、分类、汇总调研所获的资料

调研人员应将所收集到的信息和资料加以整理、筛选、分类和汇总，以保证其系统性和真实性。

（1）编辑。在整理调研所获得的资料时，要检查资料是否完整、是否需要修订和补充；要审核记录的一致性，发现有前后矛盾的答案，应剔除不用或要求重新调研予以补救。

（2）编码。调研资料一经核实校订，要按调研提纲的要求进行分类、汇编，以文字或

数字符号编号归类，以便归档查找和使用。

2. 研究、分析调研所获材料

为了使已收集的信息准确、真实、系统和有针对性，必须对其进行加工和分析，在对信息进行分析时，应采用一些先进的统计技术和决策模型，从繁杂的数据中提炼更多的调研结果，并得出正确的结论。

（1）分析。调研人员应在资料整理和汇总的基础上，运用恰当的统计分析方法对资料进行分析，以便找出调研结果。

（2）制表。对于调研所获得的数据，运用各种统计方法将其制成统计表或统计图。对于调研中发现的情况和问题，可以通过研讨加以分析论证，弄清调研对象的实际情况，从中得出合乎实际的结论。

3. 撰写调研报告，提出调研结论和建议

调研报告是调研成果的体现，经过认真分析调研所获的资料，应对所调研的问题做出书面结论，并提出实现调研目标的建设性的意见和建议，供管理层决策时参考。

调研报告应包括：

（1）题目。

（2）内容提要。

（3）目录。

（4）调研报告正文。包括：调研的目的；调研的对象和范围；调研使用的方法；调研情况分析。

（5）调研结论和建议。

还可有附录和必要的附件，如表、图、参考资料。

四、旅游市场调研的方法

旅游市场调研方法主要有四种，即文案调研法、询问法、观察法和实验法。

（一）文案调研法

文案调研法就是通过收集各种旅游统计资料，从中提取与此次旅游市场调研有关的信息，再对这些信息进行统计、分析的一种调研方法。与其他调研方式相比较而言，这一方法的优点在于：所花费的时间少，费用不高，而所获得的信息资料比较多，获取也较为方便、容易，能够为企业提供广泛、大量的信息。但由于文案调研所使用的资料大多是为其他目的而收集的二手资料，因此在被使用于某个特定的目的时，常会产生一定的局限性。资料的完整性和时效性可能存在缺陷，如：报刊、文章上所引用的数据、结果等完全有可能随着时间的推移而已经过时或失效；使用这类资料往往会对调研结论产生副作用；资料在转载、翻译

等过程中可能会出现错误或人为臆断成分，以讹传讹现象时有发生。因此，文案调研若想取得成功，关键在于怎样才能找到所需资料的来源并判断其有效性，在引用资料中的结论时尤其应该进行一定的分析、判断，尽可能做一些查证。

（二）询问法

询问法指旅游市场调研人员以口头或书面询问被调研者的方式收集与市场调研有关信息的一种方法。询问法在行业中是最流行的一种研究方法，因为它较灵活，而且容易使用。但要注意的是，如果用不好这种方法，那么调研会毫无效果。

许多人已经对此调研方法很熟悉了。或许你在商店购物时被人叫住，问你最喜欢的香水品牌是什么；或许你接到了从学校打来的电话，问你对课程的设置有何意见；或许你在餐馆的餐桌上会看到一些评论卡片让你填写。这都是询问法的具体形式。询问法常用的五种调查方法分别是：面谈式询问、电话式询问、邮寄式询问、留置式问卷调查和网络式询问。

1. 面谈式询问

面谈式询问是旅游市场调研人员采用直接当面访问被调研者的方法获取有关信息。具体形式有个别访谈、小组交谈，也有一次性面谈或多次面谈等。面谈式询问让被调研者很难拒绝回答问题。邮寄的调查表可以很容易地被客户扔到垃圾桶里；打给客户的调研电话可以很容易被客户挂断。相比较而言，面谈的优点是：

（1）获得相对较高的回答比率，几乎100%的被调研者都会对调研者的问题进行回答。

（2）调研人员能直接获取被调研者的意见，得到第一手的真实资料。

（3）面谈有较高的灵活性，该方法可以针对不同的被调研者采取不同的询问方法。调研者可以全面地解释特定问题的含义。他们通过阐述问题和进一步的询问，收集到更完整、准确的答案。

该方法的缺点是：

（1）相对比较昂贵，调研的时间长、费用大，因而调研成本高。

（2）调研结论受调研者和被调研者的主观因素影响比较大。如在提问中，可能存在调研人的偏见；回答者可能不愿意回答个人问题；回答者可能由于当时较紧张，因而答案可能不够确切等。

2. 电话式询问

电话式询问指旅游市场调研人员根据抽样要求，选取样本，用电话询问被调研者，以此获取有关信息的方法。该种方法的优点与面谈的优点有许多类似的地方。

（1）它适用于那些工作繁忙，不愿接待来访者的被调研者。由于被调研者不受调研人员在场的心理拘束，对于那些当面不便回答的敏感问题，不失为一种好的调研方法。

（2）他们比邮寄调研更具灵活性，因为调研者可以更换词语以使问题更清晰明了，也可以跳过那些不适用的问题。

（3）获取信息的速度快，经济省时。调研者可以很快收集到信息且节省交通时间。

（4）如果是由经过专门训练的电话调研者进行的调研，会达到很高的回答比率。

该方法的缺点：

（1）电话调研比邮寄方式显得更为冒失。许多人认为电话调研是在侵入他们的私人领地，并且很快就会挂断电话。与面谈相比，电话调研更可能让人产生一种不信赖的感觉。

（2）调研询问受通话时间的限制，提问不能太多，不能做深入的交谈，因此，很难判断所获信息的真实性。

3. 邮寄式询问

邮寄式询问指旅游市场调研人员将设计好的调查表邮寄给被调研者，请他们根据要求填写调研表，填好后按时寄回的获取有关信息的方法。

该方法的优点是：

（1）如果回答率较高的话，那么这种调研方式就比较便宜；可以调研大量的客户，调研面广，成本低。

（2）可以避免调研人员的主观偏见；被调研者有思考、讨论的余地，较适合敏感性问题的调研。

（3）回答者可以选择最方便的时间来回答问题。

该方法的缺点是：

（1）问卷回收率低，信息反馈时间长，尽管面谈和电话调研通常仅能产生50%的回答率，但对于邮寄调研来说，30% ~ 40%的回答率就已经很不错了。低于这个范围的回答率是相当普遍的。这种调研方法和直邮广告一样都可能被人丢到垃圾桶里。

（2）代表性和准确性难以把握，只适用于有一定文化程度的调研对象和简单、易于回答的调研。

可采用一些步骤帮助提高此方法的回答率。步骤包括：避免成批邮寄（例如，信封上写明个人地址，信的开头写上亲切的寒暄话，信的内容要多次提到被调研者的名字，用邮票邮寄，而不要采取邮资总付的方式）；在最初的一批邮寄完成后，要跟上几次追踪问候，以提醒回答者完成问卷表；对完成问卷表的回答者要允诺某些东西（例如，给其一份研究结果或给予某种奖励）；避免使用较长的问卷表；用精确和快捷的邮寄方式；邮寄时附带邮资和已经写好回信地址的信封等。

4. 留置式问卷调查

留置式问卷调查是旅游市场调研人员把调查表送交被调研者，请他们填写，再定期收回填写好的调查表获取有关信息的方法。它包括酒店餐桌上的征询意见卡片、客房中的调查表以及游轮前厅中的意见簿等。这种调研的优点是有助于确定旅游者对服务质量及设施的满意度。但它的缺点与邮寄调查的缺点有些类似，回答率很低。如酒店放置在客房里的意见书回答率都小于1%。许多客人认为没有人会对他们的评价感兴趣，并且在许多情况下，也没有什么其他的鼓励措施，让人们花费时间来表达他们的观点。现在有些酒店邀请客人在结账时，将他们的答案输入前台的计算机中；或者在电视荧屏上留置问卷，请客户按动鼠标填写信息，随即输进酒店管理系统，既方便又省钱；还有一些酒店的市场调研者则为完成调查表的客人提供免费的甜品或其他的小奖品以鼓励客人参与调研。

5. 网络式询问

网络式询问也称网络调研法，指在网络上发布调研信息，并在互联网上收集、记录、整理、分析和公布网民反馈信息的调研方法。这种资料搜集方法包括两种形式，一是在网上直接用问卷进行调研，二是通过网络来搜集统计调研中的一些二手资料。网络调研法是一种新兴的调研方法，它的出现是对传统调研方法的一个补充，随着我国互联网技术的进一步发展，网上调研将会被更广泛地应用。

该方法的优点是：

（1）组织简单，费用低廉，客观性好，辐射范围广，不受时空与地域限制。

（2）信息反馈及时，问卷回收快。依托移动互联网和大流量的门户网站，每天可回收上千份以上问卷。而传统发放问卷的方式，则需要耗费大量的人力和时间成本。

（3）统计速度快。网络调研的数据是直接存入数据库的，传统的问卷回收之后还需要进行录入，录入过程中也难免出错。

（4）匿名性很好。对于一些不愿在公开场合讨论的敏感性问题，被调研者可以在网上畅所欲言。

该方法的缺点是：

（1）只能进行定量调研，定性调查效果不够理想。

（2）网民的代表性存在不准确性，无法深入调查，针对性受影响。由于调查样本局限于网民，但网民的年龄构成、教育程度的比例都与现实的人群有所差别，所以调查结果严格地说，只能反映网民的意见。

（3）难以调动被调研者的积极性。被调研者容易被中断，认真完成问卷的被调研者往往对调研问题感兴趣，这一特点使调研无法得到对调研问题较为中立的人群的意见。

（4）网络的安全性不容忽视，真实性受质疑。调研结果的可靠性受被调研者影响大，不合作的态度会降低调研结果的有效程度。

（三）观察法

观察法指旅游市场调研人员在现场观察具体事物和现象的一种收集资料的方法。旅游业可以使用机械的观察方法，它可以提供旅游者数量或销售信息。主题公园的旋转门和其他"设门"的旅游景点都是使用机械观察方法的典型例子。现金记录器，尤其是由电脑系统支持的电子设备，是客户购买行为强有力的"监测者"。扫描仪被广泛地使用在零售商店中，机械观测设备也被用来追踪电视收视率，检测广告和其他促销活动的有效性。

观察法的优点是：由于被调研者处于"无意识状态"，被调研者没有感觉到自己正在被调研，没有相互交流，没有个人主观影响，因而所取得的资料真实性较高。该方法的不足在于：观察所需时间较长，并且只能观察到表面的信息，而很难了解其内在原因。他们也无法解释被调研者的行为，无法表示出被调研者的动机、态度、观念和感知。

观察法一般可分为以下四种：① 亲身经历法，即调研人员通过亲自参与旅游活动获取旅游市场信息；② 直接观察法，即调研人员亲自或派人到现场观察调研对象，获取有关市场信息；③ 行为记录法，即调研人员用特定的装置在调研现场记录调研对象在一定时间内的有关行为；④ 痕迹观察法，即调研人员通过观察调研对象所留下的痕迹来收集有关旅游市场的信息。如：计算竞争对手停车场中的车辆数；观察有多少人从架子上拿了本企业的宣传册；观察在一天的不同时间里使用游泳池的人员数量；计算客人在酒店里就餐的平均时间。如有的酒店在宣传册设计制作阶段，通过将几种方案放在员工食堂或大厅供员工和客人取阅，观察记录员工和客人的反应来决定采用何种宣传册。不少酒店在推出食品节、美食节或了解竞争对手情况时往往采用此方法。他们派人实地品尝菜肴，观察其服务状况、菜肴价格和客人反应。

（四）实验法

实验法指旅游市场调研人员通过特定的小规模实验获取相关信息的一种方法。实验法通过小规模的营销活动实验来测试某一种产品或某项营销措施的效果，以决定是否要进行推广。实验法的具体做法有两种。

1. 在实验室做实验

即实验在特定控制的环境下进行，这种方法常用于传播媒介的选择和广告效果的研究。例如，某旅游企业在进行传播媒介选择时，就可以请一批旅游者，听取他们的意见。

2. 在现场做实验

即在市场上进行小范围的实验，把旅游新产品先投放到有代表性的旅游市场进行试销，由此了解旅游者的反映，收集相关的信息资料，再进行分析、预测，最后决定是否进行全面推广。

实验法的优点：客观性较强，有很好的实际应用价值。旅游企业在改变其产品种类、外观造型、包装装潢、价格手段、广告宣传、分销渠道和陈列方式等时均可进行实验。通过实验，能直接了解引起某一旅游市场问题变化的原因和结果，并能直接检验营销活动的效果。

实验法的不足之处是：时间较长，费用较高，选择合适的实验对象较难。但总的说来，实验法是一种科学的方法，经过精心安排的实验所得的结果具有较高的参考价值。

五、旅游市场调研报告

市场调研报告是市场调研人员以书面形式，反映市场调研内容及工作过程，并提供调研结论和建议的报告。市场调研报告是市场调研研究成果的集中体现，其撰写的好坏将直接影响到整个市场调研工作的成果质量。一份好的旅游市场调研报告，能给旅游企业的市场经营活动提供有效的导向作用，能为旅游企业的决策提供客观依据。

（一）市场调研报告的一般格式

从严格意义上说，市场调研报告没有固定不变的格式。撰写不同的市场调研报告，主要依据调研的目的、内容、结果以及主要用途。但一般来说，各种市场调研报告在结构上都包括标题、导言、主体和结尾四个部分。

1. 标题

标题即市场调研的题目。标题必须准确揭示调研报告的主题思想。标题要简单明了、高度概括、题文相符。如《××市居民旅游消费需求调研报告》《关于修学旅游产品市场调研报告》，这些标题都很简明，能准确反映主题。

2. 导言

导言是市场调研报告的开头部分，一般说明市场调研的目的和意义，介绍市场调研工作基本概况，包括市场调研的时间、地点、内容和对象以及采用的调研方法及方式。这是比较常见的写法。也有调研报告在导言中，先写调研的结论是什么，或直接提出问题等，这种写法能增强读者阅读报告的兴趣。

3. 主体

这是市场调研报告中的主要内容，是表现调研报告主题的重要部分。这一部分的写作直接决定调研报告的质量和作用。主体部分要客观、全面阐述市场调研所获得的材料、数据，用它们来说明有关问题，得出有关结论；对有些问题、现象要做深入分析、评论。总之，主体部分要善于运用材料，来表现调研的主题。

4. 结尾

主要是形成市场调研的基本结论，也就是对市场调研的结果作一个小结。有的调研报告还要提出对策措施，供有关决策者参考。有的市场调研报告还有附录，内容一般是有关调研的统计图表、有关材料出处、参考文献等。

（二）市场调研报告的基本要求

1. 力求客观真实、实事求是

调研报告必须符合客观实际，引用的材料、数据必须是真实可靠的。要反对弄虚作假，或迎合上级的意图，挑他们喜欢的材料撰写。总之，要用事实说话。

2. 做到调研资料和观点相统一

市场调研报告是以调研资料为依据的，即调研报告中所有观点、结论都有大量的调研资料为根据。在撰写过程中，要善于用资料说明观点，用观点概括资料，二者相互统一。切忌调研资料与观点相分离。

3. 突出市场调研的目的

撰写市场调研报告，必须目的明确，有的放矢，任何市场调研都是为了解决某一问题，或者为了说明某一问题。市场调研报告必须围绕市场调研的上述目的来进行论述。

4. 语言要简明、准确、通俗易懂

调研报告的语言要力求简单、准确、通俗易懂。市场调研报告写作的一般程序是：确定标题，拟定写作提纲，取舍调研资料，撰写调研报告初稿，最后修改定稿。

（三）市场调研报告的基本组成部分

（1）调研目的。

（2）调研对象及其一般情况。

（3）调研内容。

（4）调研方式。

（5）调研时间。

（6）调研结论及建议。

（7）调研体会（可以是对调研结果的分析，也可以是找出结果的原因及应对办法等）。

任务二
旅游市场预测

旅游市场预测指旅游企业在市场营销调研获得各种资料与信息的基础之上，针对企业的实际需要，运用科学的方法，对旅游市场未来一段时期内的发展规模和趋势做出的分析与判断。它是市场调研的发展与延续。旅游市场预测的主要作用表现在：为旅游企业战略性决策

提供依据。企业通过科学的预测，就能够把握市场的总体动态和各环境因素的变化趋势，从而为企业确定资金投向、经营方向和经营规模等战略性决策提供可靠的依据。旅游市场预测是旅游企业制定营销策略的前提，是制定长期发展计划的基础，是调整营销计划的重要依据，是增强产品竞争力的有效途径。旅游企业经营发展的各种环境因素是复杂、多变的，企业只有预测到这些环境因素的变化趋势及未来状况，才能及时调整战略计划与营销策略，保持企业与环境的动态平衡，从而提高企业的竞争能力和应变能力。

一、旅游市场预测的类型与内容

（一）旅游市场预测的类型

根据不同的标准，旅游市场预测可划分为不同的类型。

1. 按旅游市场预测的范围划分

（1）旅游宏观市场预测/总体预测。旅游宏观市场预测是对影响旅游营销的总体市场状况进行的预测。主要包括旅游者的收入水平、购买力状况、价格水平、旅游者的需求及其构成，以及目标市场的经济政策对供求的影响等方面的预测，即对总体或总量进行的大范围、粗线条、综合性的预测。如某旅游企业对国内某一地区总体旅游市场状况的预测，了解该地区旅游市场的总体供求情况，为企业确定经营方向和经营战略提供依据。

（2）旅游微观市场预测/具体预测。旅游微观市场预测是从旅游企业的角度，对其经营的旅游产品的市场发展前景的预测，主要包括旅游企业经营的具体目标市场的需求和销售预测，旅游企业的市场占有率和经营效果等情况，即对总量中某些分量进行较细致的和专题性的预测。如某旅游企业对自己的旅游产品销售量的预测，或对自己的旅游产品市场初期的预测等，其目的是为企业制定相应的营销策略和营销手段。

2. 按旅游市场预测的时间划分

（1）长期预测。长期预测指对5年以上的旅游市场动态所做的预测。主要用于宏观预测，通常是为制定长期规划提供依据。如要建造旅游景区景点、旅游酒店，就要做长期预测，进行可行性分析和研究。

（2）中期预测。中期预测指对1年以上5年以下的旅游市场动态所做的预测。任务是为制定中期发展规划提供依据。

（3）短期预测。短期预测指对1年以内1个季度以上的市场动态所做的预测。其目的是使旅游企业及时调整营销策略，迅速适应市场需求的变化。

3. 按旅游市场预测方法的性质划分

（1）定性预测。定性预测指凭人们的直觉或经验判断事物的发展趋势，是根据旅游市场调研资料和主观经验，通过对预测目标性质的分析和推断，估计未来一定时期内旅游市场行情变化趋势的一类预测方法的总称。定性预测侧重于旅游市场变化趋势的预测。

（2）定量预测。定量预测是根据市场调研得到的数据资料，运用数学和统计方法，找出其变化的一般规律，并以此规律对其前景做出量的估计的一类预测方法的总称。定量预测着重于旅游市场变化的量化。

旅游市场现象都是量与质的统一体，在实际市场预测中，定性预测与定量预测不可分割，定量预测应以定性预测为前提，定性预测应以定量预测为补充，只有将两者有机地结合起来，才能做好旅游市场预测。

（二）旅游市场预测的内容

旅游市场预测的内容十分广泛。就总体而言，凡是影响旅游企业市场营销的因素都应属于预测之列。但就实际操作的可行性及预测的时效性看，一般都是对旅游营销具有直接影响的因素，或者对有较大相关影响的因素进行预测。

1. 旅游市场环境预测

旅游业是一个高度依托性的行业，受环境因素的变化影响较大。其发达程度与商业、交通运输业、邮电业、工农业、建筑业、城市建设等发展息息相关。这些行业的发展，也必然对旅游业的发展产生影响。旅游市场环境预测主要包括：国际、国内的政治、经济形势及国家产业结构变化趋势，自然环境和生活条件的变化趋势。例如，城市人口的不断增长，女性就业人数的上升，居民生活水平的改善，都可能对旅游业的未来产生影响。

2. 旅游市场需求预测

旅游市场需求预测主要从以下4个方面进行。

（1）旅游市场需求总量预测。旅游市场需求总量是指在一定区域、一定时间内，在一定的营销环境和一定的营销费用水平条件下，旅游者可能购买的旅游产品总量。

（2）旅游需求结构预测。在对旅游市场需求总量做出预测之后，还必须对旅游需求结构做出预测，以便有针对性地推出旅游产品去满足旅游者的需要。旅游者的需求主要是在餐饮、住宿、交通、游览、娱乐和购物等方面。旅游企业必须在这几个方面分别做出预测。

（3）旅游客源预测。旅游企业发展业务的对象就是旅游者，因此，旅游企业非常有必要对旅游客源做出预测，以便采取有针对性的促销策略。旅游客源预测包括：预期内旅游者的数量变化、旅游者的季节变化、旅游者的地区分布状况、旅游者的构成变化和旅行游览时间的长短变动等。

（4）购买力投向和需求偏好预测。购买力投向反映潜在旅游者收入的支出模式；需求偏好反映旅游者对同类旅游商品的购买选择，反映旅游者的兴趣所在，其变化会影响旅游市场需求量和产品销售。因此，应对旅游者的购买力增长速度与总量、购买力投向趋势及消费构成变化等进行预测。

3. 旅游容量预测

旅游需求与供给是旅游市场的两个主要因素，在预测市场需求的同时，也应对旅游容量或旅游承载力进行预测。准确地预测旅游目的地的现有旅游容量并预测旅游极限容量，使旅游目的地接待能力处在一个合理容量之内，维持供需的相对平衡，这样能够在很好地满足旅游者需要的前提下，保持旅游资源的吸引力和维护自然生态环境的稳定。旅游容量预测包括：旅游心理容量、旅游资源容量、旅游生态容量、旅游经济发展容量和旅游地域容量等的预测。

4. 旅游价格预测

通常情况下，价格是旅游市场波动的主要标志和信息载体。价格预测的内容主要有：行业价格变化趋势及其对供求关系产生的影响；本旅游企业主要竞争对手的价格情况及其对本地旅游市场与本企业产生的影响；本旅游企业价格的变化对市场需求、企业效益和主要竞争对手的影响等。

5. 市场占有率预测

市场占有率指一个旅游企业的市场需求量或商品销售量在市场总需求量中所占的比例或份额。企业除预测自己产品的市场份额外，还应预测同类产品、替代产品等的未来发展趋势，同时还要预测竞争对手的数量与实力，对市场占有率的预测便于旅游企业掌握市场竞争的动态状况，了解其在行业中的竞争地位，然后根据不同的竞争地位，采取不同的竞争策略。

6. 旅游效益预测

旅游企业经营的目的就是要获得适当的经济效益、社会效益，因此，旅游企业还必须对经营成本和利润进行预测。经济效益的预测不但为投资决策和营销决策提供依据，而且有助于经营管理。

二、旅游市场预测的步骤

旅游市场预测是一个复杂的系统工程，要获得正确、科学的旅游预测结果，就必须有计划、按步骤地进行。

（一）确定预测目标

目标即预测的内容和目的。也就是为什么进行预测以及要预测什么。确定具体的预测目的，便于围绕此目的去收集所需资料。它依据企业在一定时期想解决的问题而定。包括预测的项目，要解决的具体问题，要预测的地域范围，预测所需时间，各种指标及其准确性要求等。

（二）收集整理资料

资料是预测的基础。占有资料的多寡以及资料的可靠程度对预测结果都将产生直接影响。因此，应根据预测目标广泛地收集与预测目标有关的资料，并且收集的资料要具有针对性、真实性和可比性。同时对市场调查所收集的各种有关资料进行认真整理和分析，统一计算口径，以使资料更适合预测的需要。

（三）选择方法

旅游市场预测的方法很多，并且特点各异，预测时应根据预测的对象、内容、目标和所掌握的信息资料的情况，去挑选行之有效的预测方法。在预测过程中，最好同时采用几种方法做初步预测并将估测结果做比较，选择最适合的方法进行正式预测，这样可以提高预测的准确性。

（四）实施具体预测

在获得充分的信息之后，就要进行预测。在进行预测时，是定性预测，就要在客观资料的基础之上，凭主观的认识和经验进行逻辑推理，对未来的趋势加以判断；如果是定量预测，就要根据旅游企业市场营销活动中各种因素、现象之间的相互关系等的数据资料建立数学模型，通过对数学模型的计算来预测未来。

（五）提出预测报告

预测结果出来以后，就要撰写预测报告，以供旅游营销决策者使用。预测报告对预测结果的阐述要简单明了，并对预测指标、资料来源等作简要的说明，及时向决策人员提供预测报告。

三、旅游市场预测的方法

（一）定性预测的方法

1. 经理评判预测法

经理评判预测法又称为经理集体预测，即由旅游企业的总经理把营销部门和熟悉市场情况的各部门负责人召集起来，让他们对未来的市场发展趋势或某一重大营销问题发表意见，做出判断。由于他们对行业内外的情况很熟悉，因此，他们的意见具有较高的参考价值。在他们充分发表意见后，总经理将各种意见汇总进行综合分析，提出预测结论。此方法简单、易行，如能在管理层充分集思广益，则预测结果针对性更强。但是，这种预测也容易受主观因素影响，尤其是受参加人士主观态度的影响，从而可能导致决策出现重大失误。经理评判预测法通常用于企业方向性问题的粗略预测。在调研部门或相应机构做出客观预测的基础上，使用此法预测结果，效果会更好。

2. 旅游营销人员意见预测法

旅游营销人员意见预测法中的旅游营销人员，包括购销、促销、市场调研人员等。由于旅游营销人员直接参与市场上各种旅游营销活动，因而对旅游者、竞争对手等的情况及其变化动向比较了解，特别对自己负责的营销范围内的情况更为熟悉。因此，他们对市场营销的分析意见的实际参考价值较高。这种预测方法的优点在于：能获取丰富的第一手资料和得出近乎实情的预测。同时，由于预测渠道直接，在市场因素剧烈变化时，企业能较快地做出反应。但是，一般情况下，这种预测结果需要进一步修正。因为：

（1）营销人员的判断往往易受最近营销成败的影响而过于乐观或悲观；

（2）由于所处地位的局限性，他们通常意识不到宏观经济的发展变化及其影响，或对企业营销整体规划不甚了解；

（3）有时营销人员为了减少分配定额而故意低估未来销售额，或为获取额外利益，有意扩大营销风险，压低预测效益。

3. 综合意见预测法

综合意见预测法指在实际的市场预测中，常常同时汇集经理人员、销售人员、经销商、职能部门人员和有关专家的意见，共同对未来市场做出判断预测。这种方法是上述两种方法的综合运用，可集管理者、实践者和专家的智慧于一体，弥补前两种方法的不足。若运用得当，既可判明企业的经营方向，也可预测具体的营销状况。

4. 专家意见预测法

此法又称德尔菲法。它于20世纪40年代由美国兰德公司首先创立，是市场营销预测中应用广泛的一种定性方法。专家意见预测法采用问卷或表格的形式，征询专家的匿名预测意见，对征询预测表格或问卷的初步结果进行综合整理，再随问卷或表格重新发给专家。专家意见法具有如下特点：① 结果真实。采用匿名方式进行，完全消除了参加人员之间地位和心理的影响，使之独立自主地进行判断，因而预测结果真实。② 多次反馈。有利于预测的修正完善。③ 便于统计。它要求用表格形式与定量的表达方法进行专家间的交流与意见征询，因而预测结果便于汇总统计。其具体步骤包括：

（1）确定预测目标。这是专家意见预测法首先要做的事情。

（2）选择合适的专家。确定预测目标之后，就要选择一些在预测问题方面的权威专家参与预测。所选专家应是预测此种问题方面的行家，而且要自始至终地参与，要求人数适当，结构合理，具有代表性。一般实行"三三制"，即本企业、相关企业及相关领域专家各占1/3。

（3）提供预测问卷。问卷或表格首先须介绍预测目标、所要解决的问题和要求，并提供有关情况和线索，同时，要附有填表说明。

（4）预测信息反馈。请专家以匿名形式在规定时间内将预测表格或问卷寄回，由预测组织者统计汇总后，将所得结果再反馈给专家，使他们有机会参考他人的意见，对自己的预测做出修改。如果某位专家的意见与他人的预测相差较大，而又坚持己见，则请他阐明理由。按照这种形式，经过3至4轮征询专家意见后，预测结果一般可趋于集中。

（5）汇总专家意见。对众专家的预测结果进行处理，根据专家的最终预测结果，用众数法、中位数法或加权平均法得出预测结论，完成本次预测过程。

（二）定量分析预测法

定量分析预测法指依据历史和现实的数据资料，利用统计方法和数学模型近似提出预测对象的数量变动关系，并据此对预测对象作出定量测算的预测方法。常用的定量分析预测法主要有以下几种：

1. 简单平均法

简单平均法又叫算数平均法，指使用预测对象过去时期的算数平均值预测未来变化趋势的一种方法。算数平均值的计算公式为：

$$\bar{x} = \frac{1}{n} \sum_{t=1}^{n} x_t$$

式中：x_t——第 t 期旅游预测对象的实际值；

　　　n——历史资料的期数；

　　　$\bar{x}$——n 期的算数平均值。

用这种方法进行预测，下一期（第 $n+1$ 期）的预测值就是前 n 期的算数平均值，即：

$$f_{n+1} = \bar{x}$$

例如：某酒店产品2020年1至6月份的销售额分别为26万元、27万元、24万元、22万元、26万元、28万元，以6个月的销售额的平均数作为下一个月的预测值，计算过程如下：

$$预测值 = \frac{1}{n} \sum_{t=1}^{n} x_t = \frac{26 + 27 + 24 + 22 + 26 + 28}{6} = 25.5(万元)$$

2. 移动平均法

移动平均法是在简单平均法的基础上发展起来的一种方法，即对历史数据按顺序逐点分段移动平均，以反映预测对象的变化趋势。这种方法克服了简单平均法对所有历史数据的一次平均，而看不出预测对象长期趋势的缺陷。移动平均法常用的有一次移动平均法和二次移动平均法两种。

（1）一次移动平均法。一次移动平均法是依次取时间序列的 n 个观测值进行平均，并依次移动，得到一个平均数列，且以最近 n 个观测值的平均数作为下期预测值的预测方法。它可分为简单移动平均法与加权移动平均法。

▲ 简单移动平均法

简单移动平均法是对各组数据不加权求移动平均数而进行预测的一种方法。其计算公式为：

$$M_t^{(1)} = \frac{x_t + x_{t-1} + x_{t-2} + \cdots + x_{t-n+1}}{n} \ (t \geqslant n)$$

式中：$M_t^{(1)}$——第 t 期的一次简单移动平均值；

　　　x_t——第 t 期的实际发生值；

　　　n——移动平均期数，即每次移动平均所包含的实际发生值的个数。

▲ 加权移动平均法

加权移动平均法是对各组数据加权求移动平均数而进行预测的方法。其计算公式为：

$$M_{t+1}^{(1)} = \frac{a_t x_t + a_{t-1} x_{t-1} + \cdots + a_{t-n+1} x_{t-n+1}}{a_t + a_{t-1} + \cdots + a_{t-n+1}} \ (t \geqslant n)$$

$$= \sum_{i=t-n+1}^{t} a_i x_i \Bigg/ \sum_{i=t-n+1}^{t} a_i$$

式中：$M_t^{(1)}$——第 t 期的一次加权移动平均值；

　　　x_t——第 t 期的实际发生值；

　　　a_i——根据时间序列的具体情况而设计的权数。凭经验，按近期大、远期小原则。

（2）二次移动平均法。二次移动平均法是利用预测变量的时间序列的一次移动平均值和二次移动平均值（即以一次移动平均值作为时间序列，计算其移动平均值）的滞后偏差规律，建立线性方程，进行预测的方法。它适用于预测具有线性变动趋势的旅游经济变量。

二次移动平均法的预测模型为：

$$M_{t+T} = A_t + B_t \cdot T$$

式中：M_{t+T}——表示 $t+T$ 期的预测值；

　　　t——时间；

　　　T——本期到预测期的期数；

　　A、B——模型参数。

3. 指数平滑法

指数平滑法是一种特殊的加权平均法，以前期的实际值和预测值的加权平均数作为后期的预测值。其计算公式为：

$$M_{t+1} = ax_t + (1-a) M_t$$

式中：M_{t+1}——第 $t+1$ 期的指数平滑值，即预测值；

　　　x_t——第 t 期的实际数据；

M_t——第 t 期的预测值；

a——平滑系数。

不同的 a 取值，得出的预测值不同。a 的取值范围为 $0 < a < 1$。一般来说，对于呈水平变化趋势且变化幅度不大的数据，a 值宜小；对于缓慢线性上升或下降，变动幅度较大的数据，a 值宜大。

例如，某酒店餐厅营业收入 3 月份预测值为 100 万元，而该月实际值为 104 万元，如果 a=0.2，则 4 月份预测值用指数平滑法计算如下：

$$M_4 = ax_3+(1-a)M_3$$
$$=0.2 \times 104+(1-0.2) \times 100$$
$$=20.8+80$$
$$=100.8（万元）$$

4. 季节模型预测

旅游企业常常面临旅游需求季节性变动的情况，因此，旅游营销人员应进行季节变动预测。季节模型预测包括不考虑长期趋势的季节变动预测法和考虑长期趋势的季节变动预测法。这里介绍不考虑长期趋势的季节变动预测法。

这种方法的特征是不考虑长期趋势，直接利用预测变量的时间序列资料来测定季节的变动，然后再直接用于预测。它适用于预测变量没有明显的长期趋势的情况。

它的具体计算方法为：按季度或月份收集历年统计资料；计算出 n 年各对应季度（月份）的平均值（以 A_i 表示）；计算出 n 年所有季度（月份）的平均值（以 B 表示）；计算季节（月份）指数（以 S_i 表示），则 $S_i=A_i/B$；利用各季度（月份）的季节指数和下年度预测值的季节（月份）平均数，求出下年度各季度（月份）的预测数，其计算公式为：

$$M_i = S_i \cdot \frac{y}{t} \,(i = 1, 2, 3, \cdots)$$

式中：M_i——第 i 季度（月份）的预测值；

S_i——第 i 季度（月份）的季节（月份）指数；

y——下年度的预测值；

t——季节（月份）数。

5. 回归分析预测法

回归分析预测法是在旅游市场需求预测中使用得比较普遍的一种方法。回归分析是要找出预测对象和影响预测对象的各种因素之间的线性或非线性关系，并建立相应的回归方程进行预测的方法。所以回归分析法可以是线性回归，也可以是非线性回归；可以是一元回归，也可以是多元回归。这里介绍一元线性回归分析预测法。

一元线性回归分析预测法是解决两个具有线性变化关系的变量之间变动关系的一种方法。所以，在影响预测对象的因素只有一个，并且这个因素对预测对象的影响为线性关系时，就可以用这种方法进行预测。

如果用 y 表示预测值，x 表示影响因素值，则 y 与 x 之间关系的线性预测模型为：

$$y_i = a + bx_i$$

式中：y_i——第 i 期的预测值；

x_i——第 i 期影响因素值；

a、b——回归系数。

根据最小二乘法，a 和 b 可以由下列公式求得：

$$b = \frac{\sum_{i=1}^{n} x_i y_i - \bar{x} \sum_{i=1}^{n} y_i}{\sum_{i=1}^{n} x_i^2 - \bar{x} \sum_{i=1}^{n} x_i}$$

$$a = \bar{y} - b\bar{x}$$

式中：$\bar{y} = \dfrac{1}{n} \sum_{i=1}^{n} y_i$；

$\bar{x} = \dfrac{1}{n} \sum_{i=1}^{n} x_i$

根据历史数据建立了一元线性回归预测模型后，还需要针对所建立的模型进行统计检验，看两个变量之间是否真正具有线性相关关系。检验方法常用相关性检验，即求出相关系数 R。R 的计算公式为：

$$R = \frac{\sum_{i=1}^{n} (x_i - \bar{x})(y_i - \bar{y})}{\sqrt{\sum_{i=1}^{n} (x_i - \bar{x})^2 (y_i - \bar{y})^2}}$$

如果 $|R| = 1$，表示 x 与 y 完全相关；如果 $0 < |R| < 1$，表示 x 与 y 相关。在实际应用中，如果 $|R| > 0.7$，就认为 x 与 y 有较强的相关关系，就可以应用所建立的一元线性回归预测模型进行预测。否则，这种预测方法就不能使用。

旅游市场营销定性预测和定量预测，虽然属于两类性质不同的预测方法，但在实际使用时，这两类方法却联系密切，特别是在使用定量预测方法时，经常还要借助定性预测方法进行补充。因此，不能从方法上判定哪一种方法的优劣，这是旅游营销工作人员在进行市场预测工作时要特别注意的。

一、问卷设计的过程

问卷调查是企业获得第一手数据资料的一种常用办法。问卷调查通常又有网络、电话、邮寄和个别访问四种实现方式。问卷调查具有十分突出的优点，即问题的设计完全根据调查目标而定，且每一个问题都对提高调查的总体质量做出贡献。尽管问卷调查有着十分吸引人的优点，但应该注意的是，这种调查手段也存在一些缺点：被调研者可能有意或无意地拒绝回答或给出一些无效的回答；被调研者不一定能理解问卷中的某些问题，因而无力回答；调研者可能曲解了问题，或者进行了错误的记录。因此，为实现营销调研目的，要专门设计、印制带有问题或指标的表格。此表的设计是否科学，直接关系到调研质量、目的及调研任务的实现。

问卷调查表没有固定模式，要达到预期效果，一份设计完备的表格一般应符合以下三点：清楚、明确的表达方式；内容涵盖所要调查的全部问题，方便被调研方配合；便于记录、统计汇总和做调研分析。

调查问卷设计一般包括以下五个步骤。

1. 确定调研目的、对象、时间和方式

在设计给客人回答的问题之前，调研人员（包括经营管理者）应先给自己提出这样的一个问题：我们需要了解什么？在明确了企业需要通过问卷调查搜集何种信息之后，确定调研实施方法便显得十分重要。如前文所述，为了能使问卷调查能达到比较理想的效果，采取组合方式较为有效。

2. 确立所有想调研的问题

设计问题的最终标准是：被调研者回答问卷上提出的问题，调研者就得到了其想要了解的全部答案。问题的设立看似简单，其实不然，要真正实现这一标准，设计者或调研人员必须十分小心地规避经验主义的陷阱。在设计问卷时，调研人员应该精心确定问题的内容、形式、措辞和排列次序。

3. 确定问卷的结构

问卷的结构一般包括四个部分：

（1）问卷说明。它是对本次调查的目的、意义以及要求的说明。问卷说明很重要，要言简意赅，消除被调研者的顾虑及紧张心理，取得其信任和支持合作，强调本次调研的重要性及对被调研者的意义。问卷说明是问卷的开端，"良好的开端，是成功的一半"，它对调研答案的真实性及问卷回收率影响较大。

（2）填表说明。它可位于问题前或置于每一类问题中，简要说明回答问题的方式及所使用的符号，或对一些指标做解释和范围界定。

（3）问题表。它是问卷的主要组成部分。

（4）致谢及其他补充内容。

4. 问卷测试和修改

初步设计完成的调查问卷在正式投入使用前必须经过测试检验，如同工业产品投放市场前必须经历各种质量检测一样。通常在问卷设计完成后，选择所要调研对象的代表来对问卷进行试验性回答。测试若想获得令人满意的效果，选择参与测试者及测试后的充分沟通是成功的关键和保障。参与测试者必须由企业从拟调研的旅游者对象中选出。可能的情况下，参与测试的调研对象应尽可能多一些，且每个人应具备一定的代表性。调研者应认真审阅测试者的答卷，尽可能多地发现问卷中存在的问题。同时，与参与测试者进行交流，倾听他们在回答问题时所遇到的难题，并在随后的问卷修改中加以改进。

5. 正式投放使用

经过一系列步骤设计完成的问卷在通过测试后，即可按调研方案投入到实际调研活动中去。

二、问卷中提出问题的方式

将问题以一定方式转达给被调研者时，要充分估计到可能出现的答复和反应，避免出现对得到的询问结果无法归类统计分析的局面。调查问卷中一般包含两类问题，即限定性问题和随意性问题。所谓限定性问题是指限定被调研者在调研者划定的范围内来回答的问题。所谓随意性问题是指与限定性问题基本相反，给被调研者以广阔的空间去自由发挥的问题。这类问题一般只用于文化程度较高或对本企业产品较为熟悉的旅游者的调研中，因为他们可以比较准确地理解问题的含义，同时进行准确的回答，从而提高调研的质量。

（一）限定性问题

（1）两项选择法。即是非法，是为被调研者提供两种可供选择的答案。例如，"你还会参加我们旅行社组织的旅游活动吗？""你对本酒店的西式早餐满意吗？"这种方式便于回答者回答，也便于统计，但不利之处是回答者意见的差别程度无法表示出来。

（2）多项选择法。可以给被调研者较大的选择余地，减弱两项选择法的强制性。提示答案数目视调研目的而定，但不宜超过10个。例如，你选择本酒店时考虑的主要因素是：a. 价格　b. 服务　c. 娱乐　d. 地理位置　e. 餐饮　f. 房内设施　g. 优惠政策。

（二）随意性问题

（1）回忆法。这种方法用来测定旅游者对品牌、企业知名度的印象强度，也可用于了解旅游企业促销、宣传广告的效果反馈情况。例如，这次旅游给你的最深印象是什么？你是通过什么渠道知道我们旅行社的？

（2）自由回答法。调研人员提出问题后，对方自由发表意见，不受任何限制。有利于制造宽松、自由的调研气氛，广泛收集一些建设性意见。但调研人员的表达和提问能力对调研结果影响较大，难以归类统计。

三、问卷设计中应注意的问题及其范例

（一）设计调查表时应注意的问题

1. 提问方式和问题顺序

既要将调研方的意图清晰地传递给对方，又要让对方明白怎样才能满足调研者的要求。避免提模棱两可的问题，尽量不用"经常""一般"等类词汇，因为理解往往会因人而异，要避免同一答案里包含有不同含义，影响调研结果的准确性。问卷开头应以亲切的口吻提出人们较乐于回答的简单问题，避免引起被调研者的反感和使其产生不配合的态度。问题在安排上，要先易后难，问题不宜过多或过于分散。对有必要了解调研者姓名、性别等情况的问题，最好放在表格所有问题的最后。

2. 调查表的内容和问题设计

每份调查表围绕2~3个主题展开。问题不宜过杂，难度不宜太大，尽量不要被调研人费尽心思或超越其回忆跨度才能答出。提出的问题应避免使用诱导性语句，否则可能增加调研误差，影响信息的真实性。例如，这样的提问："你喜欢××酒店的地理位置吗？""许多人都不满意××酒店的客房服务，你的看法呢？"不要提令人不好回答或不愿回答的问题，如个人隐私问题等。常用的问题类型有：A. 是非题；B. 多项选择题；C. 比较题，包括两项比较、多项比较等；D. 项目核对题；E. 回忆题；F. 再确认题（主要用于调研企业服务设施项目、广告词、企业形象的知名度及认识度）。

3. 问卷中常出现的问题

（1）没有清楚地告诉客户怎样填好每一个问题。

（2）问题长而且啰唆，或问题模糊而且笼统。

（3）问题过于个人化，并且使人困窘。

（4）问题的答案选择项不够全面。

（5）问题的答案选择项设置得过于笼统。

（6）本来是两个问题，却包含在一个问题里。

4. 提出问题的技巧

（1）告诉被调研者该如何回答每个问题。

（2）所有问题都必须简洁明了，避免过长的句子。

（3）每个问题用词准确，避免造成被调研者的混乱。

（4）直接提问与间接提问相结合。

（5）问题中避免使用生僻专业术语或技术名词。

（6）问题不要有歧义、争议性或有多种解释，确保可供选择的答案中没有重叠性。

（7）不问太触及隐私的或被访者不愿回答的问题，如年龄、财产、收入、婚姻状况。

（8）将涉及个人问题的放在问卷末尾。

5．问卷的形式

问卷的形式对调研的效果有很大影响，直接关系到回收率的高低。

（1）问卷大小。根据费用和调研课题确定不同的纸张。

（2）第一印象。问卷表面设计明快、简洁，像是一份正式文件，不要粗制滥造。

（3）条理清楚。所有问题必须编号，一目了然，方便阅读和回答。

（4）亲自设计。不要照抄别人的调查问卷，必须由本企业市场销售和调研人员亲自设计有针对性的专用问卷。

（5）统一编号。编好号的问卷一定要先进行预测试，及时发现"难"题并修正后，再交付印刷。

（6）如预算允许，可通过问卷后附奖券、赠送小礼物等方式刺激人们填写问卷。

（二）部分有缺陷的问卷设计的范例，供设计者参考[1]

范例一：

问题示例	缺陷	被调研者的看法
您的收入有多少	涉及隐私	有必要如此精确地告诉你吗
您经常旅行吗	没有对"经常"做定义	"经常"是什么概念
您对本店的服务满意吗	满意是相对的，而且各人有各人满意的标准	怎么说呢？还可以吧。我不知道该怎么回答你
您对哪位服务员印象最深	问题本身含糊	你要知道哪方面的印象 我忘了他（她）的工号了

范例二：

假设下面的问卷是一位餐厅经理为了解潜在客人情况而设计的。作为消费者，你认为这份问卷怎么样呢？

（1）您最近的100美元收入从何而来？

人们不必要知道他们最近的100美元收入从何而来，也没有必要详细说出他们的收入来

① Philip Kotler，John Brown，James Makens．旅游市场营销 [M]．谢彦君译．旅游教育出版社．2002.

源。况且，调查问卷也不应该以这样的问题开头。

（2）你多长时间去一次餐馆？

这是一个很武断的问题，它没有明确餐馆和饮食的类型。对于一个描述性问题，应该加入对类型的询问。

（3）在一周中，你通常吃几次早餐？

a. 1　　　　　b. 2　　　　　c. 3　　　　　d. 4　　　　　e. 5

这个问题没有穷尽全部答案。如果一顿早餐也不吃呢？应该加上第六个答案0。

（4）您在午餐上平均花多少钱？

a. 0~2.00 ＄　　　　　　　b. 2.00 ~ 4.00 ＄

c. 4.00 ~ 6.00 ＄　　　　　d. 6.00 ~ 8.00 ＄

这个问题的答案有重叠。花2.00＄、4.00＄、6.00＄的人可能会选择两个答案。这个问题也没有穷尽全部答案，花8.00＄以上的人就不能回答了。

（5）您愿意在周五和周六的晚上来本餐厅享受乐队表演吗？

是（　　　）　　　　　　　　　　否（　　　）

"愿意"这个词不表示直接的购买行为，许多人回答"是"，因为这个答案让他们感到很愉快，但答者并非出于他们的平常心。这里应该标明成本。如果要求客人在支付最低消费和较高的饮料费用，在问卷中应该加以强调，而且这个问题也没有指明乐队的类型。一些认为是乡村音乐的人会回答"是"，但当他们看到的是重金属乐队的时候，自然感到失望。

（6）今年或是去年的4月份，你是否得到了更多的优惠券？

这个问题谁能记得清？

（7）在你对餐厅的评价中最重要的和起决定性作用的因素是什么？

什么是"最重要的和起决定性作用的因素"呢？不要使用应答者难以理解的、含义模糊的词汇。

 项目小结

本项目较详细地介绍了旅游市场调研与预测的内容、过程和方法，以及旅游市场调研问卷设计和问卷设计中应注意的问题。在旅游市场调研部分就旅游市场调研内容、旅游市场调研过程、旅游市场调研方法做了较全面的介绍。在旅游市场预测部分就旅游市场预测的内容、旅游市场预测的步骤、旅游市场预测的方法进行了较简单的阐述。在旅游市场调研问卷设计部分就问卷设计的过程、问卷中提出问题的方式和问卷设计中应注意的问题做了较完整的介绍。

肯德基的"神秘顾客"

一次，上海肯德基有限公司收到3份肯德基总部寄来的鉴定报告。鉴定师对肯德基外滩店的工作质量进行了3次鉴定评分，得分分别为83分、85分、88分。外滩店的经理感到十分不解，并未见总部派人前来检查工作，这3个分数是如何得出的？原来这是肯德基采用"神秘顾客"法在监督其分店服务。

美国肯德基国际公司遍布全球60多个国家，其连锁店超过4万家。除了公司管理制度与管理规范外，公司还雇用了一批人，经过专门培训，让他们扮作顾客，进入店内感受服务工作的过程和质量，进行检查评分，这些人被称作"神秘顾客"。他们来无影、去无踪，出现没有时间规律，这样既可以进行市场调研，向公司总部及时反馈市场信息，又可以使快餐厅所有员工时时感受到某种压力，工作上严谨、规范、热情、周到，丝毫不敢放松和懈怠，以提高服务工作的质量。

 问题讨论

1. 旅游企业是否适合采用"神秘顾客"法进行市场调研？你认为什么情况下应用效果较好，什么情况下不适合采用？

2. 如何在旅游企业运用"神秘顾客"法进行市场调研？

复习思考题

一、想一想

1. 简述旅游市场调研的内容。

2. 旅游企业应从哪几方面对旅游产品进行调研？

3. 简述开展市场调研的过程。

4. 旅游企业应从哪几方面着手收集第二手资料？

5. 市场调研的方法有几种？询问法里包括哪几种？

6. 简述市场预测的内容和步骤。

7. 旅游市场预测的方法有哪几种？

8. 简述问答设计中应注意的问题。

二、练一练

请根据本地某一旅游企业的状况，撰写一份旅游市场调研报告。

项目四

旅游市场细分及市场定位

学习目标

1. 了解旅游市场细分、旅游目标市场策略、旅游市场定位的基本概念
2. 掌握旅游市场细分的标准和程序
3. 掌握旅游市场定位的基本步骤与基本策略

案例导入

"十一"黄金周旅游：细分市场奏奇效

"十一"黄金周又到了，各家旅行社都暗暗运起了"内功"，秣马厉兵，全力"备战"。太原一家旅行社专为黄金周推出两条"高价专线"，十分火爆。

一条是直飞九寨沟豪华团，路线是太原—西安—九寨沟直飞，全程设计五天，食宿均为四星级以上标准，游客需要交费4 580元。另一条是香港迪士尼纯玩团，三天时间，只玩迪士尼一个地方，4 860元的费用，包括交通费、三天的食宿、迪士尼内全部游玩项目。这两条线路均安排了两队各30个名额，并且全部报满了。其中迪士尼线路原来只安排了两队各20个名额，看报名人数太多，临时又增加了20个。

所谓"高价专线"，是指这两条路线的收费较同路线常规安排要高很多。据介绍，一般港澳游行程为五天，常规收费1 900元，黄金周期间收费在2 780元左右（不含迪士尼）；九寨沟游行程九天，火车团收费1 500元左右。相比较而言，黄金周期间的这两条"特设特色"线路的收费都高出了一倍左右。

原来该旅行社在前期调研中发现，许多高收入家庭成员平时工作较忙，只有在这种长假期间才能带孩子出去走走。在常规的港澳游安排中，迪士尼只是一个推荐游玩的项目而已，而且强制消费、较长时间的购物安排、老人孩子"歧视"收费普遍存在。新推出的迪士尼专线游，从点到点，没有购物安排，没有强制消费项目，没有为收费而增加的所谓的"旅游节目"；直飞九寨沟一线，时间从常规安排的九天、七天缩为五天，行程舒适，食宿上档次。

 想一想

1. 两条"高价专线"是依据什么标准进行市场细分的？

2. 为什么在旅游市场竞相以低价争客的今天，这两条"高价专线"会出人意料地火爆了呢？

任何旅游企业不可能以单一的旅游产品或仅以自身有限的资源和力量来满足各类旅游者的所有旅游需求。因此，旅游企业要运用微观营销的理念，对市场进一步细化并进行细致的观察，力图在整体性的旅游市场上充分发挥自身优势，找准对双方最富吸引力的某些目标客源市场，以最能适应这部分市场需求特征的产品及营销组合为之服务，从而在竞争中获得成功。这正是旅游市场细分及目标市场营销的意义所在。

一、旅游市场细分的概念

（一）市场细分

市场细分的概念是由20世纪50年代美国市场学家温德尔·史密斯（Wendell R.Smith）提出的。它是指企业根据消费者群体之间需求的差异性，把一个整体市场划分为两个或更多的消费者群体，从而确定企业目标市场的活动过程。每一个需求特点相类似的消费者群体叫作一个细分市场。

因此，市场细分在本质上并非对整体市场的地域范围或数量规模进行划分，而是针对不同消费者按需求特征的差异性和相似性进行接近客观事实的分析。这正是市场细分的理论基础。一般而言，市场可以分为同质市场和异质市场。前者是指消费者对产品的需求、服务质量等具有一致性，即他们对某种市场产品的偏好程度是相同的，这类群体可称为同质偏好型，在市场中不存在市场细分的可能。后者则是指消费者对产品或服务的需求存在很大差异性，大致又分为两种情况：

1. 分散偏好型

每位消费者对产品需求和服务质量的偏好各不相同，虽然在理论上可将每一位消费者都作为一个细分市场，但在实践中分别针对每一位消费者制定产品及营销组合往往不太现实，因而这类市场一般也不存在市场细分的问题。

2. 集群偏好型

在自然形成的若干市场中，虽然各消费者群体对产品需求和服务质量的要求差别较大，但在每一个群体内部，其成员对某些属性的偏好又是大致相同的，因此可将市场明显地划分为若干细分市场。

（二）旅游市场细分

由于旅游者的性别、年龄、收入、教育程度、职业、兴趣、价值观等各不相同，其旅游需求也就存在很大的差异性，因而旅游市场具有鲜明的异质性特征，即属于典型的异质市场。但也应看到，各旅游者群体内亦有非常相似的需求特点，我们可以将这些需求特点基本相同的旅游者看成一个细分市场，从而有利于选择自己的目标市场，制定有效的市场营销策略。所以说对旅游市场进行市场细分是十分必要的。

旅游市场细分即旅游企业根据旅游者之间不同的旅游需求，把旅游市场划分为若干个分市场，每个分市场在一个或几个方面具有相似的消费特征，以便旅游企业从中选择自己的目标市场。

链接

国内十大旅游网站

旅游网站十大品牌名单由几十项数据统计计算系统自动生成，排序不分先后：

1. 携程。国内领先的综合性旅行服务公司，在线旅行服务市场居领先地位，连续4年被评为中国第一旅游集团，目前是全球市值第二的在线旅行服务公司。

2. 去哪儿。去哪儿网是中国领先的在线旅游平台，公司总部位于北京。去哪儿网致力于建立一个为整个旅游业价值链服务的生态系统，并通过科技来改变人们的旅行方式。

3. 飞猪。飞猪原为阿里旅行，为淘宝会员提供机票、酒店、旅游线路等商品的综合性旅游出行网络交易服务平台。

4. 途牛。途牛旅游网的成立时间远远晚于携程、艺龙等行业内巨头，途牛抓住了在线旅游线路预订的空缺，凭借在线订购旅游线路模式及兼有传统旅行社的线路优势，走出了自己的一片新天地。

5. 马蜂窝。国内知名旅游社交网站，覆盖全球热门旅游目的地，专业提供旅行社区、旅游攻略、酒店预订等综合旅游服务，得益于"内容＋交易"的核心优势，马蜂窝广受年轻一代的追捧，成为年轻一代首选的"旅游神器"。

6. 艺龙。艺龙旅行网的主要业务仍然是目前旅游服务中的高收益酒店、机票度假等服务，艺龙强大的预订服务，以及其丰富的酒店住宿等资源也是其行业地位的重要保障。

7. 同程旅游。国内知名休闲旅游在线服务商，提供酒店、机票、景点门票、邮轮旅游产品等服务的一站式旅游预订平台。

8. 驴妈妈。驴妈妈成立于2008年，创立之初以景区门票作为切入点，让人人都有优惠，并且率先在全国将二维码技术用于景区门票业务，实现电子门票预订、数字化通关。

9. 穷游网。穷游网类似于马蜂窝的运作模式，提供原创使用的出境旅游指南、攻略、旅行社区和问答交流平台，以及智能的旅游规划解决方案，在这一点上，穷游网并没有马蜂窝那么专一。

10. 猫途鹰（中国）。猫途鹰（Tripadvisor）是国内十大旅游网站中唯一一个创立于国外的在线旅游平台，从2000年创建以来一直坚持以用户生成内容（UGC）为主。2015年，Tripadvisor在中国发布全新中文品牌名"猫途鹰"，并宣布了一系列战略举措，发力中国出境游市场。

（三）旅游市场细分的作用

旅游市场细分对旅游企业来说是分析旅游消费的有效手段，对正确制定营销计划、营销战略和实现营销目标有着非常重要的意义。

1. 有利于旅游企业寻找新的市场机会

市场机会指市场上客观存在着未被满足或未被全部满足的消费需求，这些需求的存在便成为旅游企业的机会市场。通过市场细分，旅游企业可以了解不同旅游者群体的需求状况及满足程度，迅速占领未被满足的市场，形成新的目标市场，进一步扩大市场占有率。

2. 有利于旅游企业制定或调整营销策略

通过市场细分，旅游企业可比较直观、系统、准确地了解目标市场的需求，从众多的细分市场中确定服务方向、产品战略，更合理地制定或调整营销策略。

3. 有利于旅游企业制定灵活的竞争策略，提高经济效益

在市场细分的基础上，旅游企业了解到市场的消费特征后，可集中力量对一个或多个细分市场进行市场营销，突出产品和服务特色，提高旅游企业的竞争力。通过市场细分，也可使旅游企业由粗放经营转变为集约经营，集中使用人、财、物、时间、空间及信息资源，应对市场竞争，提高经济效益。

4. 有利于小型旅游企业在某一细分市场上确立自己的地位

小型旅游企业限于资金、设备、人力的不足，无法与资金雄厚的大型旅游企业展开竞争，但如果小型旅游企业能够将全部经营努力集中于吸引某一细分市场的旅游者，就能在市场中占有一定的份额，从而获得一定的经济效益。

二、旅游市场细分应遵循的原则

（一）可衡量性原则

可衡量性原则指市场细分的标准和细分后的市场是可以具体衡量的，要保证市场细分标准的可衡量性，必须明确以下两点：一是旅游市场细分所选择的标准要能被定量地测定，以能明确划分各细分市场的界线。如旅游者的胆量、气质对旅游项目的选择虽有较大影响，但这样的因素却难以衡量。二是所选择的细分标准必须与旅游者的某种或某些购买行为有必然的联系，这样才能使各细分市场的购买行为特征被明显地区分开来，为旅游企业能有效地针对不同细分市场制定营销组合提供实际可能。

（二）可进入性原则

可进入性原则要求细分后的市场使旅游产品能够进入，从而占有一定的市场份额。它包括客观上要有接近的可能（可接近原则），主观上要有能开发的实力（可行动原则）。可接近原则指营销者要有与客源市场进行有效信息沟通的可能，同时还要有畅达的销售渠道，这对于具有异地性特征的旅游市场尤为重要。如果你的旅游宣传根本无法让细分市场的旅游者看到或理解，或者细分市场的规模、范围太小，这样的细分市场就没有开发的价值。可行动原则指营销要有吸引和服务于相关细分市场的实际操作能力，即细分后的市场是企业的人力、财力、物力等因素所能达到的，否则就不能贸然去开拓。

（三）可赢利性原则

可赢利性原则要求细分出的市场在旅游者人数和购买力上足以达到有利可图的程度，也就是要求细分市场要有可开发的经济价值。要理解本原则有三个要点。

（1）市场细分有使整体大市场小型化的趋向，但又决不能细分到失去一定规模经济效益的程度。

（2）应注意到某些细分市场虽然在整体市场中比重很小，但其绝对规模或购买力足以达到赢利的水平，甚至具有很大的开发价值。如老年人旅游市场和探险旅游市场，前者绝对规模大，后者利润高，各有其开发价值。

（3）当细分市场的旅游者人数规模和购买力一定时，是否赢利还与开发成本有关。当由于外界条件的变化或通过主观努力而使开发成本降低时，就可能使一些原本无利可图的市场变为有利可图。

（四）稳定性原则

严格地讲，旅游市场细分是一项复杂而又细致的工作，因此要求细分后的市场应具有相对的稳定性。如果细分市场变化太快或太大，会使制定的营销组合很快失效，使企业市场营销活动前后脱节，给企业带来很大的风险。

三、旅游市场细分的一般程序

美国市场营销学家麦卡锡（E. J. McCarthy）提出了市场细分的七步法，这为旅游市场营销的市场细分提供了一个行动参照。但在具体运用时，旅游企业可以根据实际情况加以简化、扩展或合并。

（一）确定市场范围

企业在确定经营目标之后，就必须确定其经营的市场范围，这是市场细分的基础。如旅游市场营销是以观光型为主，还是以温泉疗养或休闲度假等为主，营销定位是高档次还是中低档次等。选定旅游市场营销产品的市场范围，旅游企业必须结合自身的生产能力和特点，分析市场的需求状况，然后作出相适应的决策。

（二）了解市场需求

在选择市场范围后，根据市场细分的标准和方法，了解市场范围内现实和潜在的消费者需求，并尽可能作全面、详细的调查，为市场细分提供可靠的依据。旅游企业可以从人口结构、心理或行为特征、经济职业等方面，了解现实和潜在旅游者的需求，并对其进行归类组合，为可能存在的细分旅游市场提供依据。

（三）分析可能存在的细分市场

在前述分析的基础上，旅游企业以罗列的各种需求为调研依据，对不同类型、具有鲜明特征的潜在旅游者进行调研，了解他们较为迫切的需求，然后加以归纳、集中，粗略划分出可能存在的细分市场。

（四）确定细分市场标准

在可能存在的细分市场中，各有其不同的需求因素，企业应分析哪些需求因素是重要的，排除那些对各个细分市场都重要的因素，因为这些共同因素与进行市场细分无关。因此，旅游企业在确定细分市场标准时，也应排除这些共同需求，选择具有鲜明特征的需求作为市场细分的基础。

（五）为可能存在的细分市场命名

旅游企业根据各个细分市场的消费特点，为各个细分市场确定名称。

（六）进一步分析各细分市场的具体特点

深入考察各细分市场的消费需求，了解各细分市场旅游者的购买心理、动机及行为等，以决定各细分市场有无必要再作细分或合并，以不断适应市场变化，调整营销策略。

（七）评估各细分市场的规模和潜力

基本确定各细分市场的类型后，旅游企业应估算各细分市场潜在的规模和数量，从中确定目标市场，以获得企业的最佳经营效益。

四、旅游市场细分的标准及细分因素

细分市场不存在统一的标准变量，在实际营销过程中，每个旅游企业必须选择适合自身资源的细分标准及细分因素。在市场细分中常用以下四个方面作为旅游市场的细分标准（或依据）（表4-1）。

表4-1　旅游市场细分标准及细分因素

细分标准	细分因素		
地理环境变量	地区	人口密度	
	气候	城市规模	
	环境		
人口统计变量	年龄	教育程度	种族
	性别	家庭结构	社会阶层
	职业	宗教	文化与血缘
	收入	民族	国籍
心理变量	生活方式	习惯	
	性格	价值观	
购买行为变量	购买动机	购买时间	
	购买数量		
	购买频率	价格、服务广告敏感程度	
	偏好程度		

此四种旅游市场细分标准包含的具体因素很多，下面对一些主要细分因素加以简介。

（一）地理环境变量

旅游企业依据消费者所在地理位置、气候、空间位置等因素细分市场，是一种传统的、至今仍然得到普通重视的细分方法。

1. 地理区域变量

它是细分旅游市场最基本的变量，具体又可分为洲际、国别或地区等。从国际市场看，世界旅游组织根据地区间在自然、经济、文化、交通及旅游者的流向、流量等方面的联系，将世界旅游市场分为六大旅游区，即欧洲市场、美洲市场、东亚与太平洋地区市场、南亚市场、中东市场和非洲市场。这些市场所处的地理位置、自然环境、经济环境、人文环境等存在很大差异，它深刻影响到旅游消费者旅游需求的差异性。以此细分旅游市场有利于旅游企业针对不同客源市场设计特色产品与制定营销策略。

按国别或地区细分旅游市场是旅游目的地国家或地区细分国际旅游市场最常用的形式。由于国界因素的强化，一国或地区内部的消费需求往往有更多的相似性，而国家或地区之间则往往出现较多的差异性。

国际上还通行按不同客源国或地区旅游者流向某一目的地所占该目的地总接待人数的比例来细分市场。在一个旅游目的地国家或地区的总接待人数中，来访者占最大比例的两三个客源国或地区（一般可共占40%~60%）可划分为一级市场。来本目的地很少，而出游人数日见增长的国家或地区，可划为机会市场（也叫边缘市场）。

2. 空间位置变量

各地旅游者的旅游需求的特征不仅与自己所在地地理环境与目的地地理环境的差异大小有关，而且还与所在地相对目的地之间的空间位置有关。旅游者所在地与目的地之间空间位置的差异，从旅行时间上和费用上都有构成旅游的障碍性因素，但两地间的交通条件又起着跨越这种障碍的作用。以此可将旅游市场分为远程、中程和近程等细分市场。远程旅游者虽然在数量上相对较小，但多属中上层生活条件的游客，一般在目的地停留时间较长，消费水平较高，远程旅游市场发展趋势显著。近程旅游市场，尤其是相邻地区旅游市场，不仅因为距离近、消耗小，而且生活方式接近，在出入境手续上还可能提供方便，因而其客源潜力很大，应是市场开拓的重点对象。

3. 气候变量

在构成自然旅游资源的主要因素中，地形、地貌与气候起着主导作用，往往以气候为主导因素的自然旅游资源最具吸引力。如以"3S"（Sand，Sea，Sun）著称的地中海风光每年吸引欧洲80%以上的度假者前往，尤以北欧各国旅游者为盛。

（二）人口统计变量

人口统计细分是指市场以年龄、性别、职业、收入、教育、信仰等为依据，将消费者划分为不同的群体。由于这些变量较其他变量容易衡量、区分，而且与消费者的需求、偏好、文化习惯及产品使用等都有密切联系，因此成为旅游市场细分的常用依据。

1. 年龄、性别与家庭生命周期

建立在人口最基本自然属性基础上的年龄、性别与家庭生命周期三个变量因素，不仅能从生命活动过程与生理上直接影响旅游需求，而且还能通过旅游者的收入和社会角色等因素间接影响旅游需求。

（1）年龄变量是细分旅游市场最主要的变量之一。按照人口年龄段，旅游市场可细分为老年人、中年人、青年人、少儿四个细分市场。

老年人旅游市场（银发市场）正成为世界旅游业广泛关注的一个特定的细分市场。2021年，第七次全国人口普查数据显示，中国60周岁及以上人口为26 402万人，占总人口的18.7%，与第六次全国人口普查数据相比上升5.44%。表明我国老龄化进程逐步加快。据统计，老年人的出游人数增长快速，他们的足迹遍布全球。选择长线深度游的老年人近年来增长明显，2016年选择7天以上旅程的老年人数占比只有19%，2018年已上升到24%。调查显示，中国每年的老年人旅游人数已经占到全国旅游总人数的20%以上。途牛旅游网发布的《中国在线邮轮旅游消费分析报告2018》显示，2018年度中国邮轮游游客中，有近三成是60岁以上的老年人。而在国际市场上，老年旅游者被统称为银发族，通常认为他们具有成熟（Mature）、有活力（Active）、自由（Free）、好奇（Inquisitive）、富有（Affluent）五个特点。充分说明老年市场具有很大的发展空间和市场潜力。当然适合老年市场的产品要求较高，一般来说，所去目的地不宜太远、太偏僻，而且旅游行程节奏要慢，品质要高，服务要更加周到、细致等。

中年人旅游市场是当今旅游市场的主力。中年人年富力强，收入较高，一般以观光、会议、商务旅游居多，携家度假旅游的也不少，比较看重与自己年龄、身体相符的旅游项目，是旅游业较理想的目标市场。其中，75后的中年人处于职业的黄金期，家庭财富有一定积累，旅游已经不仅是娱乐方式，也成为解压方式，是生活必需品，他们大多在节假日会选择通过旅行社去旅游，认为这样比自己直接去旅游，更为方便省事；65后的中年人接近职业生涯尾声，这类人的旅游方式也是多种多样的，会和子女一样去自驾游，也会去社区组织报团游，比起年轻人他们更喜欢享受和感悟。

青年人旅游市场是一个人数众多、不容忽视的市场。青年人精力旺盛，体力充沛，喜欢选择刺激性、探险性的旅游项目，但其总体消费水平不高。其中，95后年轻人刚参加工作不久，资产不够雄厚，收入也不稳定，多喜欢自助游；85后年轻人面临结婚、购房等大事，对于有较高文化程度且经济条件较好的青年人，他们更喜欢自驾游，以提高旅游质量。

少儿旅游市场有其自身特点，需要旅游企业加以注意。少儿旅游一般须由学校组织或成人带领，通常选择知识性、趣味性的旅游项目，注重安全、卫生、近便等条件。修学团、纯玩解压团比较受到他们的欢迎。

（2）旅游需求的性别差异比较显著。一般而言，男性游客独立性较强，倾向知识性、运动性、刺激性较强的旅游活动，公务、体育旅游者较多，喜欢康乐消费。而女性游客则比较注重旅游目的地的选择，喜欢结伴出游，注重自尊和人身与财产安全，喜欢购物，对价格较敏感。

（3）家庭是消费的基本单位，家庭结构、规模和收入等都会直接影响旅游需求。这些状况又随着家庭生命周期阶段不同而变化，其中子女对家庭旅游消费需求制约较大。

2. 收入、职业、受教育程度与社会阶层

收入、职业与受教育程度往往是相互关联的。由于旅游是具有审美性质的高层次消费活动，因此旅游者受教育程度与职业特征直接影响到旅游需求的程度、层次、类型与内容。一般受教

育程度越高，收入也越高，旅游需求层次、品位等相应越高。综合收入、职业与受教育程度三方面因素，往往形成社会地位的差异，产生社会阶层的概念。每一社会阶层的成员一般具有相似的价值观和行为方式，因此，社会阶层变量有时可代替人口属性变量作为市场细分的标准。

（三）心理变量

心理行为属消费者主观心态所导致的行为，比较复杂、难测。从心理行为进行细分，主要从生活方式、性格特征等方面去分析。

20世纪80年代初期，著名的应用研究机构SRI International，拓展了生活方式的分析方法，开发一种VALS（Values：价值，Attitudes：态度，Life Styles：生活方式）的多变量分类方式。以人群的抱负、价值观、信仰和他们所用的产品等信息为基础，将人群分为9种生活方式或类型，即完整型、社会意识型、经验主义型、自我中心型、成功型、奋斗型、保守型、温饱型、赤贫型。该方法被认为是一个比较实用的旅游市场营销手段。

（四）购买行为变量

由于旅游消费者的购买行为直接影响消费的最终实现与否，因而成为市场细分的重要依据。购买行为主要包括购买动机、购买形式、购买时间、购买频率、偏好程度和购买行为特征等（表4-2）。

表4-2　市场细分行为变量构成

细分标准	细分因素
购买动机	观光、会议、商务、度假、体育探险、探亲访友、其他
购买形式	团体、散客（如驾车旅游、徒步旅游、独自旅游、家庭旅游）
购买时间	淡季、平季、旺季（如节假日、寒暑假、双休日）
购买频率	一次购买、重复购买
偏好程度	极度偏好、中等程度偏好、摆动偏好、无偏好
购买行为特征	理智型、冲动型、积极型、享受型、猎奇型

五、旅游市场细分的方法

旅游市场细分的变量因素复杂多样，必须根据具体旅游者的需求和旅游企业要达到的营销目标来加以选择。旅游市场细分的方法，主要有单一变量法、主导因素排列法、综合因素细分法、系列因素细分法等。

（一）单一变量法

所谓单一变量法，是指根据市场营销调研结果，把选择影响旅游者需求最主要的因素作为细分变量，从而达到市场细分的目的。这种细分方法以旅游企业的经营实践和对客源对象的了解为基础，在宏观变量或微观变量间，找到一种能有效区分客源并使旅游企业的营销组合产生有效对应的变量而进行的细分。

（二）主导因素排列法

主导因素排列法，即用一个因素对市场进行细分，如按性别细分旅游市场，按年龄细分旅游市场等。这种方法简便易行，但难以反映复杂多变的旅游者需求。

（三）综合因素细分法

综合因素细分法，即用影响旅游需求的两种或两种以上的因素进行综合细分，例如用家庭结构、家庭收入等因素交叉细分旅游市场。

（四）系列因素细分法

当细分市场所涉及的因素是多项的，并且各因素是按一定的顺序逐步进行，可由粗到细、由浅入深，逐步进行细分，这种方法称为系列因素细分法。但在细分时，要充分把握各个变量的从属关系，进行合理排序，否则会造成混乱。

任务二
旅游目标市场的选择

旅游目标市场指旅游目的地或旅游企业，在整体性旅游市场上选定作为营销活动领域的某一或某些细分市场。

一、旅游细分市场评估

旅游企业确定旅游目标市场是在旅游细分市场的基础上进行的。要选择合适的旅游目标市场，旅游企业必须对各种不同的旅游细分市场进行评估。在评估旅游细分市场时，旅游企业须考虑以下三方面因素。

（一）旅游细分市场的规模和增长程度

旅游企业首先要收集、分析各类旅游细分市场现有旅游产品的销售状况、增长率和预期利润，并从中选择具有一定规模和增长特征的旅游细分市场作为目标市场。对实力雄厚的旅游企业来说，销售额大、增长率和利润额高的细分市场最具吸引力。但中小旅游企业由于缺乏必要的技术、资金以及其他必需的资源，在竞争最激烈和增长最快的旅游细分市场上，其力量相对薄弱。因此对中小旅游企业来说，应当选择那些规模较小和需求还未充分满足的旅游细分市场，这类细分市场对他们更加有利。

（二）旅游细分市场结构的吸引力

如果旅游细分市场已经具备了理想的规模和增长率，但在利润方面的吸引力较弱，那么，影响旅游细分市场结构长期吸引力的因素就会显得更重要。这些保持长期吸引力的结构因素包括：旅游企业竞争者的多寡、旅游者相对购买力的强弱、旅游替代产品对细分市场价格的限制程度和获取利润的程度、控制价格或降低服务标准对该细分市场的吸引力大小的影响等。

（三）旅游企业的目标和资源

当某个旅游细分市场既具备合适的规模和增长速度，又具备结构性吸引力时，旅游企业应考虑将目标和资源与旅游细分市场进行有效的结合。例如，这个具有较大吸引力的旅游细分市场是否符合旅游企业的中长期目标；从保护环境、社会发展的总体角度看选择该细分市场是否明智。即使上述条件均符合旅游企业的目标，那么旅游企业还应看自己是否具有占领该细分市场的条件。这些条件指旅游企业的技术和资源状况。旅游企业必须具备一定的竞争能力才能赢得占领市场的机会，从而进入该市场。

二、旅游目标市场的策略

（一）无差异性市场策略

无差异性市场策略，也称整体市场策略，即把整体旅游市场作为旅游企业的目标市场。采用这一策略的旅游企业认为旅游者对服务产品具有共同的需要，旅游者对本企业的产品的需要是差不多的，单一的营销组合就能满足整个市场的需要。因此，旅游企业只推出一种产品、一种价格、一种推销方法供给市场。

无差异性市场策略的长处是：① 可以大规模地销售，简化分销渠道。② 由于大批量销售，不需要细分市场，可以相应地节省市场调研和广告宣传等经费开支，使平均成本降低。③ 对垄断性、吸引力大的旅游产品，如长城、兵马俑等历史古迹一旦创出品牌，取得信誉，就可以长期占领市场。

无差异性市场策略的不足是：① 对于大多数产品不适用。一种旅游产品占领市场后，会引来大量模仿者，就会形成激烈的市场竞争。对旅游市场而言，旅游者的需求是多种多样的，单一的市场策略不易吸引旅游者。② 旅游者的社会经济情况、个人兴趣以及生活方式不断发生变化，对旅游多样化的需求日益增长，如国外旅游者，不论在旅游组织形式上、旅游项目和旅游住宿方面，都要求有更多的选择自由，无差异性市场策略已不能适应现代国际旅游的发展。

（二）差异性市场策略

差异性市场策略根据旅游者的不同需求特点，对整体旅游市场进行细分。旅游企业针对不同的细分市场，分别设计不同的旅游产品，采取不同的营销手段，以满足不同旅游市场的需要。如把旅游市场细分为观光、度假、会议、体育等不同的旅游细分市场，而观光旅游市场又可细分为丝绸之路、田园生活等不同内容的观光旅游市场。旅游企业针对不同旅游市场的需求特点，设计不同的旅游路线、服务设施和服务项目，分别满足各类旅游者的需要。

差异性市场策略的长处是：① 实行差异性市场策略，是旅游市场竞争的产物，旅游企业大都实行差异性市场策略。毫无疑问，差异性市场策略较无差异性市场策略更能适应旅游者的需要，能增加总销售量。② 一个旅游企业，如果同时在几个细分市场都占有优势，就会大大提高旅游者对旅游企业的信任感，扩大旅游企业声誉，提高旅游企业形象，并提高经济效益。③ 实行差异性市场策略，旅游企业提供不同内容的旅游产品，能有效满足不同市场的需求，在竞争激烈的市场环境中必然处于优势地位。

差异性市场策略的不足是：① 由于采用差异性市场策略，旅游企业的产品品种增多，导致研究、发展经费增加，同时要求销售渠道和销售方法、广告宣传媒体也要多样化，推销费用、行政费用都会相应增多，必然要导致成本增加、投资加大。② 实行差异性市场策略，由于产品品种多、数量少，限制了大批量销售，在一种产品经营中难以实现规模经济效益。③ 由于投资大、成本高、经营范围广，给旅游企业的经营带来了难度。

（三）密集性市场策略

密集性市场策略又称产品—市场集中化策略。即在市场细分化的基础上，企业选择一个或几个细分市场作为自己的目标市场，然后集中企业的全部精力，以某几种营销组合手段服务于该市场。实行这种策略的往往是资源能力有限的中小型旅游企业。它们在较大的市场中很难取得竞争优势，因而寻求在较小的细分市场上进行渗透。这样做比较容易在某一特定市场上拥有高占有率，在竞争中取得有利地位，获得较高的经济效益。

这种策略的长处是：① 有助于旅游企业实现"集中兵力打歼灭战"的效果，在特定的旅游市场上占优势。② 资源有限的中小旅游企业采用这种策略，能够在特定市场上与知名度高的旅游地或大型企业进行有力的竞争。

这种策略的不足之处是旅游企业经营具有较大风险性。由于市场面窄，一旦需求发生变化，旅游企业就会处于被动局面。

由此看来，以上三种市场细分策略各有长处与不足，旅游企业不能随意选择自己的经营策略，而必须考虑到旅游企业本身的特点、产品或服务的特点和市场的具体情况，加以权衡。一般来说，选择市场策略的依据有以下五个主要因素。

一是旅游企业的实力。旅游企业的实力指提供服务产品的能力、经营管理能力和销售能力等。如旅游企业实力强、资源丰富，就可以采用差异性市场策略；如实力不足、规模较小，则以采用密集性市场策略为宜。

二是产品特点。旅游企业可根据所经营的产品特性采用不同的市场策略。例如，一般旅游酒店所提供的产品都是满足人们住宿、饮食的需求，无大差别，经营中宜采用无差异市场策略，竞争主要集中在价格上。但酒店餐饮部门的产品差异性较大，可根据本酒店的特色采用差异性市场策略或密集性市场策略。

三是市场特点。旅游者的兴趣、爱好及其他特点很相近，也就是市场类似程度较高时，可采用无差异性市场策略。如外国观光旅游者大多慕中国文物古迹之名而来，因此一些历史古迹、文物、风土人情项目可采用无差异性市场策略。反之，宜采用差异性市场策略或密集性市场策略。

四是产品生命周期。处于投入期或成长期的产品，对市场需求了解得尚不深，且竞争者稀少，宜采用无差异性市场策略，以便进一步通过市场的扩大，探测市场需求和潜在需求，以利于产品的开拓。当产品进入成熟期或衰退期时，通过对大量旅游者需求的深入了解，宜采用差异性市场策略，以便更有针对性地满足市场需求；或者采用密集性市场策略，缩小市场面，集中满足几个细分市场的需求，以延长产品生命周期。

五是竞争者市场策略。经营者采取哪种市场策略，往往视竞争者的策略而定，一般采取与之相抗衡的策略。如竞争对手实行无差异性市场策略，经营者就应当针对有关细分市场采取差异性市场策略或密集性市场策略，去占领几个有利市场。不过，竞争双方的情况十分复杂，采取的策略也必须周密地考虑多方面的因素。

三、旅游目标市场选择的一般过程

选择目标市场是旅游企业要细分旅游市场并选择一个或几个细分市场作为自己重点营销的目标市场，以便将自己有限的资源集中在最能增加经济效益的旅游者群体上。

因此，对旅游企业而言，选择目标市场就必须在市场细分的基础上，对各个细分市场进行充分的评估，了解哪些细分市场值得花大力气去招徕，哪些细分市场的经营条件尚不成熟，企业应该考虑放弃；同时，对那些值得大力招徕的细分市场，企业是否有足够的招徕能力，是否有足够的竞争优势。围绕这些问题，旅游企业选择目标市场一般要经过以下步骤。

（一）评估各类细分市场的销售量及其发展趋势

值得旅游企业大力招徕的细分市场必须具有足够的销售量。旅游企业对各类细分市场销售量的评估可包括两个方面。

1. 本地区各类细分市场的销售量及其发展趋势

这就要求旅游企业首先应注意收集历年来本地区的各类细分市场的销售情况，如接待人数、天数、住宿天数、销售额等，然后以历史统计数据为依据，预测各细分市场未来的需求量及发展趋势，以区分哪些是增长型的细分市场，哪些是衰落型的细分市场。由于利用现有需求比创造需求往往更为有效，企业的目标市场一般应选择增长型的细分市场。

2. 本企业各类细分市场的销售量及其发展趋势

旅游企业根据自己过去积累的经营资料，对过去的销售情况进行统计分析，了解各类细分市场的接待人数、天数、住宿天数、客房利用率、该细分市场接待数占接待总数的百分比等。为保证经营的平稳性，旅游企业一般会考虑把目前业务量比例最高的细分市场作为短期内优先开发的重点。

（二）评估各类细分市场的赢利能力

旅游企业应该选择能给自己带来最大利润的细分市场作为目标市场。能对企业带来较大利润的细分市场一般需求量比较大，比如说接待人数较多、住宿天数较多等。但是有些细分市场，虽然需求量很大，但如果价格偏低时，就不会给企业带来很大的销售额。如果细分市场的经营费用较高，也不会给企业带来理想的利润。因此，旅游企业在选择目标市场时，还要分析各类细分市场的平均价格和销售额，以及所需要的经营费用。重点分析在企业产品生产中，哪些费用是变动费用，哪些费用是固定费用。通过分析各类细分市场的变动成本率、固定费用率、利润率，确定哪些细分市场能获取最大利润，应该花费较大的精力去争取；哪些细分市场招徕费用及接待过程中的变动成本不算太大，当企业接待能力有剩余时，应该努力争取，以支付旅游企业庞大的固定成本。

（三）评估各类细分市场需求的季节变化模式

旅游活动具有很强的季节性，在旅游市场上，各个细分市场在不同的季节和时间里，需求的季节变化模式不同。绝大多数的旅游企业在一年中有旺季、平季和淡季之分。旺季的需求量很大，旅游企业不需要做大量的市场营销和推销工作，接待旅游者的人数很多，企业的接待能力可以较充分地利用；平季需求量比旺季小，但能达到一定规模；淡季需求量则很小。因此，旅游企业要分析旅游者需求的旺、平、淡季，把营销精力放在能充分利用旅游企业接待能力的细分市场上。

旅游企业市场营销的主要精力，重点应放在不经努力，需求量容易下降或经过努力需求量容易增加的那些细分市场上。如在旺季对细分市场投入很大的精力，由于受企业接待能力的限制，销售额也不会有很大的提高。在平季时，各竞争者的接待能力都有剩余，如果企业对细分市场不下大精力去招徕，这些细分市场将会被竞争对手夺去。对于淡季应做具体分析，当此时的某一细分市场需求的绝对数量很小，即使企业下很大精力招徕、推销，也不会使销售量有很大的提高，企业就不值得过多地花费财力和精力。但是，此时若某些细分市场具有一定的需求量，或者是企业通过市场细分可以开发新的细分市场，则应考虑投入一定的精力去招徕。例如饭店在淡季组织各种特殊活动来吸引本地居民使用饭店设施，以提高设施的利用率。

评估各类细分市场需求的季节变化模式，其重点是分析哪些细分市场可以充分利用平季和淡季的接待能力。首先应列出在没有经过积极推销的情况下，本企业在这段时间主要接待了哪些类型的旅游者，他们购买本企业产品的目的是什么，对产品和服务有什么要求和需要。这些细分市场在淡、平季各月份需求量有多少，经过积极推销能否增加销售量。同时，还要分析有哪些新的细分市场经过特殊推销能被企业用来在平季及淡季招徕旅游者。

从外部分析，要密切注意竞争者在这些季节吸引哪些细分市场，为什么一些旅游者愿意选择竞争者的产品，本企业是否有能力去争取这些细分市场。

（四）分析本企业对各类细分市场的招徕能力

企业选择目标市场时，除了考虑各细分市场是否值得招徕以外，还必须分析自己是否具有足够的招徕能力。因此，旅游企业必须分析自己的产品特色、设备设施情况及服务质量等，以明确本企业是否有条件招徕各类细分市场上的旅游者。首先要详细地研究各细分市场的具体需求，研究旅游者对同类产品和服务要求的最重要的因素是什么。例如对酒店产品，旅游者最关心的是地理位置、清洁卫生或是豪华舒适；对旅行社产品，旅游者最关心的是旅游线路，导游服务，方便舒适，价格公道、合理等。然后分析本企业现有产品和服务在这些方面能否满足旅游者的需求，有哪些没有得到满足，能否改善产品和服务去适应这些需求。

（五）分析竞争对手对细分市场的招徕能力

除了旅游企业自身的条件外，竞争对手的情况也是影响企业对各类细分市场招徕能力的一个重要因素。因此，在选择目标市场时，还必须分析在各细分市场上企业有哪些竞争对手；在满足各类细分市场的需求方面，分析竞争对手与本企业相比有哪些优势和不足，竞争对手在哪些方面强于本企业，在这些方面本企业能否赶上甚至超越他们，竞争对手是否在大力招徕这些细分市场，竞争对手的产品能否满足这些细分市场的各种需求。

如果某些细分市场虽然有一定的潜力，但各企业都在大力招徕这些细分市场，而且接待能力已经超过这些细分市场的需求量，若此时企业还进入该细分市场就会造成很大的资源浪费，甚至会导致企业间的恶性竞争。这是旅游企业经营应该注意避免的。

同时，旅游企业还应该分析本地区旅游业是否存在一些没有得到满足的新市场或新需求。例如某些地区酒店的设备和服务质量不够好，不能满足商务旅游者的需求；有些地区酒店配套设施不够完善，不能满足度假旅游者的需求；而有些地区以观光旅游为主，不能满足旅游者多样化的要求。对这些细分市场，分析企业是否有能力去满足。

旅游市场定位

一、市场定位的概念

所谓市场定位（Market Positioning），就是指企业根据目标市场上同类产品竞争状况，针对消费者对该类产品某些特征或属性的重视程度，为本企业产品塑造强有力的、与众不同的鲜明个性，并将其形象、生动地传递给消费者，求得消费者认同的位置安排。市场定位的实质是使本企业与其他企业严格区分开来，使消费者明显感觉和认识到这种差别，从而在消费者心目中占有特殊的位置。

市场定位与产品差异化有密切关系。在营销过程中，市场定位是通过为自己的产品创立鲜明的个性，从而塑造出独特的市场形象来实现的。一项产品是多个因素的综合反映，包括性能、构造、成分、包装、形状、质量等，市场定位就是要强化或放大某些产品因素，从而形成与众不同的独特形象。因此，产品差异化是实现市场定位的手段。但是，产品差异化并不是市场定位的全部内容。市场定位不仅强调产品差异，还要通过产品差异建立独特的市场形象，赢得消费者的认同。需要指出的是，市场定位中所指的产品差异化与传统的产品差异化概念有本质区别，它不是从生产者角度出发单纯追求产品变异，而是在对市场分析和细分化的基础上，寻求建立某种产品特色，因而它是现代市场营销观念的体现。

市场定位概念提出后，受到企业界的广泛重视。越来越多的企业运用市场定位，参与竞争，扩大市场。有西方学者认为，目前，企业的营销已进入市场定位的时代。总的来看，市场定位对旅游企业经营的意义主要体现在两个方面。首先，市场定位有利于建立旅游企业及产品的市场特色，是参与现代市场竞争的有力武器。现代社会中，许多市场都存在严重的供大于求的现象，众多同类旅游企业争夺有限的客源，市场竞争异常激烈。为了使自己的产品获得稳定的销路，防止被竞争企业所代替，旅游企业就必须从各方面打造产品特色，树立鲜明的市场形象，以期在旅游者心目中形成一种特殊的偏爱。例如，希尔顿酒店集团以"快速服务"著称，桔子酒店在中档酒店市场上成功塑造了"以健康活力的态度乐享生活"的市场形象。其次，市场定位决策是旅游企业制定市场营销组合策略的基础。旅游企业的市场营销组合受到旅游企业市场定位的制约。例如，某旅游企业决定销售优质、低价的组合产品，那么，这样的定位就决定其产品的质量要高，价格要低，广告宣传的内容要突出强调旅游企业这一组合产品质优价廉的特点，要让旅游者相信其货真价实，同时要求各部门默契配合，工作效率要高，尽量减少浪费，保证低价出售仍能获利。也就是说，旅游企业的市场定位决定了旅游企业必须设计和发展与之相适应的市场营销组合。由此可见，市场定位在旅游企业的营销工作中具有非常重要的战略意义。

二、旅游市场定位的标准

任何一种旅游产品和服务在旅游者心目中都有一个形象和相对位置。这种形象和位置的形成可以是未经过营销人员策划，自然产生的；也可以经过仔细地策划，作为整体营销战略的一个环节而形成的。对旅游产品和服务定位的策划主要是基于旅游产品和服务的一项或几项能够满足旅游者需要的特征进行的。例如，不同的旅游目的地会宣传不同的形象。泰国会宣传其具有美丽的海滩和独特的佛教文化，而肯尼亚则侧重宣传其丰富的热带动植物，中国香港特别行政区注重展示其美食和购物天堂的美誉，美国纽约则强调其具有的多元都市文化。选择旅游产品和服务的特征进行产品细分化及市场定位必须遵循共同的标准。

旅游产品都有各自的一项或几项特点能够满足旅游者不同的需要，而产品细分化和市场定位时正是根据这些特点进行的。如酒店可以满足旅游者休息、饮食、娱乐及社会交往等多方面的需要。不同细分市场对旅游产品的各项特征或功能都有不同的要求，有些旅游者可能更加注重客房的舒适及安静，而有些旅游者可能会更加注重酒店档次给他带来的社会地位和声誉的满足。尽管市场需要及产品特征千差万别，但市场定位仍需遵循重要性、独特性、可沟通性、优越性、可支付性及可获利性的原则。

（1）重要性。选择产品和服务的一个或几个特点进行定位时，这些特点对于旅游者是非常重要的，是旅游者购买时首先要考虑的因素。

（2）独特性。旅游产品和服务必须与众不同，其他竞争对手均不能提供相同特点的旅游产品和服务，或无法用相同的方式来提供。

（3）可沟通性。营销人员能够用一种既简洁又明确的方式让旅游者了解这一不同之处。

（4）优越性。旅游产品和服务的这一优势特点难以被竞争对手模仿，并能够始终保持领先地位。

（5）可支付性。由于某项特征使该旅游产品与众不同，有可能使旅游产品成本增加、价格提高，但价格的提升不应使旅游者感到超出了其支付能力。旅游者希望以合理的支出增加获得合理的价值增加。

（6）可获利性。旅游企业通过提高产品的优势而实现产品差异化的前提是，旅游企业必须能够获得新增的利润。旅游产品差异化不应以大幅提高产品成本、降低获利能力为前提。

很多旅游企业在进行产品差异化和市场定位时往往没有满足上述原则而遭到失败。例如，新加坡斯坦福德威斯汀酒店（Westin Stamford）在早期广告中称它是世界上最高的旅馆，但事实上这项特征对许多旅游者来说并不是最重要的，甚至有人可能因患恐高症而不敢前往住宿。

三、旅游市场定位的类别

　　旅游企业的市场促销人员可以利用不同的方式创造旅游产品或服务形象。具体定位、广泛定位、事实定位、想象定位等方式在特定的市场条件下的有机应用都会产生不同的理想效果。具体定位重点在于选择旅游者单一的旅游需求，然后集中精力进行推广。北京市密云区选择了目前都市人对回归自然的需求，推出"北京山水大观，首都郊野公园"旅游形象定位并进行了有效的形象推广。广泛定位方式满足了旅游者一种以上的旅游需求，有些需求可能是隐含的需求，然后集中精力进行推广。旅游者需要认真阅读或观看广告内容，了解旅游企业提供的产品或服务，然后做出选择。美国赫兹公司是著名的汽车租赁公司，它的形象定位就采用了广泛定位的方式，向乘客允诺：您不仅租用了一部车，您租用了一家公司（You don't just rent a car, you rent a company）。旅游产品或服务的定位还可以通过向旅游者提供明确的、真实的信息构成，即事实定位。澳洲航空公司的一份广告推出"多年追求低价的航空公司"，就事实清楚，利益明确。通过想象定位在旅游者心目中确立产品或服务形象，同样不失为一种有效的形象策略。美国纽约赫尔姆斯利酒店别出心裁，在酒店定位中使用了"世界唯一由女工站岗的宫殿"，其独特之处不言而喻。

　　目前，国际旅游企业多采用以下四种定位方式进行产品或服务促销和形象推广。

（一）产品特色定位

　　许多名牌产品之所以对消费者具有较强的吸引力，就在于产品本身的特色为消费者带来利益。在旅游市场营销中，营销人员也可以将旅游者追求的实际利益与产品或服务的特色相结合。这种特色与利益的结合可以是单一方面的组合，也可以是几个主要方面的组合。

（二）象征形象定位

　　很多旅游产品或服务之间的差异极不明显，对于这类旅游产品或服务的定位就应考虑使用象征形象定位方式，突出与体验这些旅游产品或服务本身及环境有关的感受、情调，而不是旅游产品或服务特色本身。

（三）直接竞争定位

　　在竞争激烈的环境中，想用一种旅游产品或服务打开销售局面，仅靠突出旅游产品或服务的特色是难以奏效的。旅游企业市场营销人员可以尝试通过直截了当的方式使旅游者确信本企业提供的产品或服务优于竞争对手的产品或服务。在对竞争对手供应的产品或服务定位进行实事求是、客观善意的比较后，本企业的产品或服务形象也随之确立。世界旅游企业产品或服务定位中的经典之作当推美国艾维斯出租汽车公司"更为努力"的定位。赫兹公司面对这个自称老二的竞争对手，极为从容地以广告形式告诉艾维斯出租汽车公司和那些为之叫好的人们："您来评判谁更为努力。"

（四）重新定位

一种产品或服务的品牌不一定要始终按照旅游企业最初选定的形象进行推广。市场随着竞争情况和旅游者生活方式的变化而变化，重新定位策略不仅可以使原有的品牌焕发生机，而且可以在已经占有的市场和新的市场中产生更加广泛的吸引力。如新加坡旅游局为了反映新加坡旅游业的无限资源，体现新加坡传统和现代兼备、东西文化交融的特点，同时又表达新加坡是一个宾至如归、无忧无虑的旅游胜地，将原来使用了11年的宣传标语"无限惊喜——新加坡"改成"新加坡：尽情享受，难以忘怀"。

重新定位策略往往在市场占有份额和市场潜力数据呈现下降趋势的情况下产生明显的效果。市场占有份额的变化直接反映市场竞争态势的变化；市场潜力数据的变化直接预示市场销售情况的扩展、收缩、平稳状态。面对下降的市场销售趋势，旅游企业的长远目标将是重新定位于其他具有更大潜力的市场。企业的短期目标是对现行的定位进行重新评估，确定最佳方案，采取防守策略，遏制竞争对手的进一步拓展。如果旅游经营机构的市场占有份额持续扩大，那么就应在市场仍具有巨大潜力的情况下继续采用这种有效的定位策略。

扩大和增长的市场预示着长久的市场机遇。在一个正在扩展的市场，当市场占有份额反而下降时，就有必要采用重新定位策略。这种下降预示那些以往曾经赢利的品牌已经不再享有往日的辉煌。而在一个正在拓展的市场，市场的占有份额随之增长，说明品牌的定位较为准确。旅游企业的市场营销人员接下来所要做的就是巩固这种成功的定位。

四、旅游市场定位的过程

（一）明确企业的竞争对手

旅游企业的竞争对手，也就是本企业产品的替代者，包括企业面对的现实的竞争对手，以及潜在的竞争对手。一般来说，企业的竞争对手应符合以下四个条件：

（1）地理位置相近；

（2）目标市场一致；

（3）产品和服务相同，产品档次相同或类似；

（4）价格相差一般不超过20%。

（二）对竞争对手产品进行分析

在确定竞争对手后，旅游企业必须从静态和动态两个方面了解、分析和比较竞争对手的情况，特别是竞争对手的产品种类、设备设施状况、服务质量及价格等情况，以了解本企业产品的优势及不足。

（三）确立产品特色

确立产品特色是旅游市场定位的出发点。首先，要了解市场上竞争对手的定位情况，了解其产品有何特色。其次，要研究旅游者对产品属性的重视程度，并在市场定位时突出强调旅游者所关心的产品属性。最后，要考虑旅游企业自身的条件。有些产品属性，虽然是旅游者比较重视的，但如果企业力所不及，也不应成为市场定位的目标。

（四）树立市场形象

旅游企业确立的产品特色是其有效参与市场竞争的优势，但这些优势不会自动地在市场上显示出来。要使这些优势发挥作用，影响旅游者的购买决策，需要以旅游产品特色为基础树立鲜明的市场形象，通过积极、主动而又巧妙地与旅游者沟通，引起旅游者的注意和兴趣，求得旅游者的认同。有效的市场定位并不取决于企业是怎么想的，而在于旅游者是怎么看的。旅游市场定位的成功直接反映在旅游者对企业及其产品所持的态度和看法上。

（五）巩固市场形象

旅游者对企业的认识不是一成不变的。由于竞争者的干扰或沟通不畅，会导致市场形象模糊，旅游者对企业的理解出现偏差，态度发生反转等。因此，建立市场形象后，旅游企业还应不断向旅游者提供新的论据和观点，及时矫正与市场定位不一致的行为，巩固市场形象，维持和强化旅游者对企业的看法和认识。

任务四
旅游市场营销组合

营销组合策略简称营销组合，是现代营销学理论的一个重要的新概念。所谓营销组合，也就是企业的综合营销方案，即企业对自己的可控制的各种营销因素的优化组合和综合运用，使之协调配合，扬长避短，发挥优势，以便更好地实现营销目标。

一、旅游市场营销组合的概念

旅游市场营销组合指旅游企业为了进占目标市场、满足旅游者的需求，整合、协调使用可控制因素。美国的尼尔·鲍顿将这些因素确定为12个，在1950年左右提出市场营销组合的概念。理查德·克莱维特将这些因素确定归纳为4大类型，即产品、价格、促销和渠道。1960年，麦卡锡又在文字上，将它们表述为产品（Product）、价格（Price）、销售渠道（Place）和促销（Promotion），即著名的"4P"。以后，学术界不断地提出了其他的一些因素。但是，到目前为止，广为流传的仍然是4大类型的分法。

对旅游市场营销的概念，可以从以下三个方面来理解：

第一，旅游市场营销组合的实质是综合发挥旅游企业的整体优势，从多方面做到"适销对路"，以满足旅游者的整体要求，从而提高企业效益和社会效益；

第二，旅游市场营销组合表现为在特定时期向特定旅游目标市场销售特定的旅游产品；

第三，旅游市场营销组合是旅游市场竞争策略的组合。

二、旅游市场营销组合的特点

旅游市场营销组合就是各种市场营销因素的综合应用，具有可控性、动态性、整体性和多层性的特点。

（一）可控性

旅游企业的市场营销活动，除了受旅游者的消费需求影响外，还要受到很多因素的影响。在这些因素中，既有企业能够控制的因素，也有企业不能控制的因素，旅游市场营销组合因素属企业内部可控制的因素。例如，旅游企业可以根据市场调研，针对旅游目标市场的特点，设计决定产品的结构、外观、质量、数量及价格，自由选择广告宣传手段、销售渠道和方式等。但这种可控制性并非绝对，因为旅游企业置身于外界环境之中，本身还会受到不可控制的外部因素的影响。所以，在实际运用中，要善于适应外部不可控因素的变化，及时调整内部可控因素。

（二）动态性

旅游市场营销组合是旅游企业可控制因素的组合，但它不是固定不变的静态组合，而是不断变化的动态组合。旅游企业可控制的因素，各自都包含了许许多多的次组合因素。在旅游市场活动中，每一个因素都不断发生变化，由于市场环境的变化及其他可控因素的变化，这些可控因素必然会发生变化。旅游企业制定市场营销组合时，只要其中任一因素发生变动，就会出现一个新的组合，产生不同的效果。

（三）整体性

旅游者的整体需求（适当的旅游产品、旅游价格、旅游方式、旅游服务等）决定了旅游企业必须对自身可控的营销因素进行整体营销组合。旅游市场营销组合的作用，不是其中每一个构成因素所发生作用简单相加的结果，而是由于各个因素的相互配合和相互协调作用产生了整体效能，超过每一个因素各自产生效果的总和，这就是系统的整体作用。所有这些因素的灵活运用和有效组合，是旅游企业市场营销组合成功的基本要素。

（四）多层次性

一般认为，旅游市场营销组合因素主要包括产品、价格、促销以及销售渠道4个方面的因素，每个方面的因素又是由若干个二级因素组合而成的。如旅游促销是一个市场营销组合因素，但促销因素本身又可发生组合力量。促销组合包含了人员推销、宣传、广告、营业推广等次组合因素，并且次组合因素还可再细分组合。因此，旅游市场营销组合因素具有多层次结构。

三、旅游市场营销的分类方法

旅游企业收集市场信息，细分市场，选择目标市场以后，就要根据目标市场的需要、影响市场销售的不可控制的宏观因素以及本企业可以控制的一系列因素，制定企业的经营策略，确定最适合的经营方案，有效地利用人力、物力和财力资源，以便实现企业的预期目标。这时候，企业经营的成败，在很大程度上就取决于经营组合的选择和运用了。

旅游企业经营人员应当根据企业所处的环境和内部条件，使产品设计、定价策略、分配渠道、推销和广告宣传等促销手段等相互配合起来，进行最佳的组合，使这些经营因素综合地对目标的潜在旅游者发生作用。

市场经营因素多种多样，为了便于分析，市场学家提出了各种分类方法。这里，我们将着重介绍这几种影响较大的观点。

（一）麦卡锡分类法

市场学中应用得最广泛的分类法，是麦卡锡提出的4P分类法。

1. 产品（Product）——确定适销对路的产品

企业必须设计和生产适应目标市场需要的产品，供消费者购买使用。这就要求企业研究：① 如何选择最能适应目标市场需要的产品；② 如何根据市场需求变化，增减产品的品种；③ 如何确定商品牌号；④ 如何组装产品；⑤ 如何确定产品的标准化和评定产品的等级。

2. 销售渠道（Place）——把适销产品送到目标市场

企业需要研究在何时、何地，由谁来向目标市场的消费者提供商品。有些商品的销售渠道相当复杂，也有些商品的销售渠道很简单。但大多数企业经理人员要研究批发、零售等方面的问题。

3. 促销（Promotion）——使消费者了解商品，并向目标市场推销

企业经理人员要研究如何向目标市场提供信息，使消费者了解他们能在合适的地点，以合适的价格，购买到合适的商品。促进销售通常包括销售推广、公共关系、广告宣传、人员推销等。

4. 价格（Price）——价格应公平合理，而且应对目标市场有吸附力

在制定价格时，企业管理人员应考虑目标市场中竞争状况，以及成本加成、折扣、结账方式等目前市场上的一般做法。此外，还要考虑到国家法律方面的规定。

这四个方面的因素对经营组合来说，都是不可缺少的组成部分。企业一确定经营组合，

就必须同时作出这四个方面的决策。

（二）科里尔和格雷厄姆分类法

市场学家根据旅游业的实际情况，对4个"P"作了某些不同的解释，并对麦卡锡提出的经营组合增添了一些新的内容。如美国的科里尔（John D. Correll）和格雷厄姆（James M. Graham）认为，除麦卡锡提出的4个"P"外，还应加上一个"P"，即人（People）。旅游企业中的人员，也是企业可以控制的变动因素。因此，他们对实现企业的目标起着举足轻重的作用。服务人员的言行、仪表和态度会对下列各个方面发生极大的影响。

（1）企业的产品和服务。

（2）旅游者在购买旅游企业的产品和服务之后的满意程度，特别是旅游者对产品和服务的价值的看法。

（3）旅游者与企业之间的信息传递与相互关系。

（4）旅游者与邻近地区居民对企业的看法。

（5）经营活动的费用。

科里尔和格雷厄姆认为，人是所有企业的经营组合中的一个重要组成部分，毫无疑问也应当是旅游企业经营组合的一个关键组成部分。

（三）布莫斯和比特纳分类法

美国华盛顿大学的布莫斯（Booms）和美国营销人员比特纳（Bintner）认为：为了适应服务营销工作的需要，除了要研究麦卡锡提出的"4P"，营销因素组合还应包括以下3个方面的因素，即以下3个"P"：

（1）参与者（Participants）。指所有参与服务传递过程，从而影响购买者的人，包括消费者和员工。

（2）有形证据（Physical Evidence）。指服务项目组成整体的环境，企业与消费者交往的环境，再加上便于服务的提供或服务信息传递的有形产品。

（3）服务流程（Process of Service）。指服务传送中的实际程序，使用的器械和服务工作的流程。

（四）考夫曼分类法

美国著名旅游市场学家考夫曼（Coffman）认为，营销组合是旅游企业力图使用的几个变数的综合，以便更好地满足特定的旅游者群的需要。对旅游企业来说，营销组合是指适当的设施、服务、地点、适当促销以及合理价格等因素的组合。具体包括下列12种因素：产品、计划、定价、品牌、分销渠道、人员推销、广告、促销、产品组合、陈列展示、贮存、市场调查。考夫曼在1980年又将上述12种因素概括为6个"P"：

（1）人（People）。指旅游者或市场。企业通过市场调查与旅游者对话，再详尽了解他们的需求与愿望。

（2）产品（Product）。即企业根据旅游者需要，向他们提供能够完全满足需求的产品和服务，以及旅游建筑设备等。

（3）价格（Price）。价格方面既要满足旅游企业对利润的需求，又要满足旅游者的愿望。

（4）促销（Promotion）。使旅游者深信本企业产品是他们所需要的，并促使他们来参与购买的各种活动。

（5）实施（Performance）。产品的传递，是使旅游者再次购买的方法，也是使旅游者花费最大的办法，并使旅游者接受服务后为本企业进行广泛宣传等。

（6）组合（Package）。这里不是指产品的包装而是指产品组合。把产品和服务结合起来，在旅游者心目中形成本企业的独特形象。产品组合包括外表、风味、内部布局、维修、清洁卫生、服务人员的态度和仪表、广告与销售印刷设计以及分配渠道等因素的综合。

（五）雷诺汉分类法

美国康奈尔大学酒店管理学院雷诺汉（Renaghan）认为，旅游营销组合应归纳为下面3个次组合。

1. 产品与服务次组合

旅游企业通常同时提供产品和服务。旅游者往往把产品和服务当成一个整体，要求从产品实体和无形服务中得到满足，而不是仅仅从产品实体占有上获得满足。在产品与服务次组合中，某一要素发生变化，将会引起整个次组合的变化，甚至会改变旅游者的看法，它要求旅游企业把整个产品与服务组成一个整体，而不应把产品或服务当作孤立的营业推广手法。

2. 展现次组合

它包括能使企业产品和服务得以展现的所有因素，也是企业使自己的产品和服务不同于竞争者的产品和服务的有效途径。展现次组合主要由下列因素组成：建筑、地理位置、气氛、价格、服务人员等。

3. 信息传递次组合

信息传递次组合作用有两个方面。① 旅游企业向旅游者展示无形服务质量，使无形服务有形化。例如，旅游企业服务项目的图片、录像、电视，使旅游者了解企业的服务。② 可以使旅游者形成质量期望，并了解他们的反应。如通过广告等形象化的信息传播渠道，刺激旅游者的购买欲望。

（六）菲利普·科特勒分类法

由于新形势的发展，在市场竞争日益激烈的情况下，美国著名市场学家菲利普·科特勒于1984年提出了"大市场营销"理论，该理论对旅游市场营销的影响也很大。他认为企业的营销人员能够影响企业所处的营销环境，而不应单纯地顺从和适应环境。营销组合在麦卡锡提出的"4P"之外又加上"2P"，即权力（Power）和公共关系（Public Relation），成为"6P"。也就是说要运用政治力量和公共关系，为企业的市场营销开辟道路。后来，菲利普·科特勒又提出针对国际市场营销的"11P"的策略，也就是"4P"加上另外"7P"：调查（Probing）、市场分割（Partitioning）、优先（Prioritizing）、定位（Positioning）、权力（Power）、公共关系（Public Relation）、人（People）。菲利普·科特勒的市场营销策略组合理论认为：不仅要了解和满足目标消费者的需要，还应采取一切手段打入新的市场，激发消费者的新需求或改变消费者的消费习惯，创造目标消费者的新需求，同时应影响外部环境因素，而不是只是服从和适应，再者运用政治权力与公共关系等因素树立企业及产品的良好形象。

该理论给旅游企业市场营销的启示是：

（1）不要将市场营销目标局限于了解和满足国内目标旅游者的需要，应在满足国内旅游者需要的同时，采取一切手段打入新的国际旅游市场，开辟新市场。即必须宣传、启发旅游者的新需求或改变旅游者习惯，创造目标旅游者的新需求。

（2）应运用包括政治权力与公共关系的"6P"来开拓新市场，为了进入特定市场就必须找到有权力的人去打开市场大门，还必须注重公共关系，即与公众搞好关系，这是"推"与"拉"策略的结合。通过公共关系树立起来的旅游企业和其旅游产品的良好印象，总是能收到更持久、更广泛、更深入人心的效果，而单纯靠政治权力，虽然见效快，但市场地位难以持久巩固。

（3）应去影响外部环境因素，而不单单是服从或适应它。

通过以上六种旅游市场营销组合的方式可以得出结论：麦卡锡提出的4P，即产品、价格、销售渠道、促销4大因素是旅游市场营销的4大核心因素。任何旅游市场营销组合都应考虑这4大因素，事实上它包括了全部市场学的核心内容。

四、旅游市场营销组合策略

前文提到的"4P"即产品、价格、销售渠道、促销4大因素是市场营销组合的核心因素。因此，旅游市场营销组合策略应由下面4部分组成：产品策略（Product Strategy）、定价策略（Pricing Strategy）、销售渠道策略（Placing Strategy）和促销策略（Promotion Strategy）。

（一）产品策略

旅游产品的范围实际上很广，它指一切可满足旅游者需求的有形产品和无形服务，也包括思想观念。与旅游产品相关的决策因素包括：旅游产品的设计与开发，旅游产品的包装，旅游产品的品牌，旅游产品质量特征等。产品策略之所以重要是因为它直接涉及旅游者的需要和欲望的满足。旅游企业呈献给旅游者的旅游产品应该是上述几个决策因素的有机组合，即"全方位旅游产品"。为了满足长期的战略目标，旅游企业必须根据旅游市场变化不断开发新的旅游产品，更新现有旅游产品。

（二）定价策略

旅游者非常关心旅游产品的价格。因为它是旅游产品价值的反映形式，而旅游者对旅游产品价值的认定又正好与他们的需求满足程度相关联。定价策略涉及两个方面：一方面是价格政策，如高价投放或低价渗透等；另一方面是具体定价，如基本价格、折扣、支付期限等。旅游者往往用价格来衡量旅游产品的价值，而旅游产品的价值是否与旅游者的期望价值相符又影响其购买决定。因此，定价策略在市场营销组合中的地位非常特殊。在现代旅游市场中，旅游企业常常用产品价格来建立一种产品乃至企业的形象，使其成为市场竞争的有力工具。

（三）销售渠道策略

销售渠道策略涉及一个旅游企业怎样以最低的成本，通过合适的途径，将产品及时送达旅游者的过程。销售渠道包括：选择合适的产品销售地点，选择合适的旅游中间商，维持有效的流通中心等。简而言之，旅游企业想赢利，就必须在合适的时间将合适的旅游产品送至合适的地点供旅游者购买。

（四）促销策略

促销策略关心的是如何将旅游产品信息有效地传递给潜在的旅游者。促销策略涉及以下几个方面：① 向潜在旅游者介绍本企业的新产品、新品牌、新线路等；② 激起潜在旅游者消费本企业产品的欲望；③ 使旅游者不断保持对本企业产品的信赖和兴趣；④ 在旅游者心目中形成本企业完美的形象等。

旅游市场营销组合是有效地设计和实现各种营销手段的综合运用，即在组织其营销活动时，针对不同的旅游市场环境和内部条件，将以上因素进行最佳组合，使它们相互配合，产生协同作战的综合作用，而不是互不相关甚至是相互矛盾而抵消其作用。从某种意义上讲，现代旅游市场学基本上就是以旅游市场营销组合各因素的决策和以它们为核心的旅游市场营销战略为主要内容的，由此可见旅游市场营销策略的意义重大。

项目小结

本项目主要介绍了旅游市场营销中市场细分原则、细分标准及方法，目标市场的选择与市场定位等，从而明确旅游市场细分和市场定位在市场营销中的作用与地位，以便在市场营销中选择最优组合，更好地实现营销目标。

希尔顿集团细分目标市场

"一个尺码难以适合所有的人。"希尔顿集团在对客人做了细致分类的基础上，利用各种不同的酒店提供不同档次的服务来满足不同的客人需求，希尔顿集团的酒店主要分以下七类：

机场酒店：从1959年旧金山希尔顿机场酒店建立以来，公司已经在美国主要空港建立了40余家机场酒店，他们普遍坐落在离机场跑道只有几分钟车程的地方。

商务酒店：位于理想的地理位置，拥有高质量服务以及特设娱乐消遣项目的商务酒店是希尔顿集团旗下的主要产品。

会议酒店：希尔顿的会议酒店有60家，30 680间客房，承办各种规格的会议、展览及论坛等。

全套间酒店：适合长住型客人，每一套间有两间房，并有大屏幕电视、收音机、微波炉、冰箱等。起居室有沙发床，卧室附带宽敞的卫生间，每天早上供应早餐，晚上供应饮料，还为商务客人免费提供商务中心。全套间酒店的每个套间有两间房，然而收费却相当于一间房间的价格。

度假区酒店：当一个人选择了希尔顿度假区酒店的同时，他也选择了方便快捷的预订、顶尖的住宿、出色的会议设施及其具有当地风味特色的食品和饮料。人们在这里放松、休养，同时也可以享受到这里的各种娱乐设施。

希尔顿假日俱乐部：为其会员提供多种便利及服务，商务及会议等服务也同样令人满意。

希尔顿花园酒店：希尔顿花园酒店有38家，共5 270间客房，是近几年来希尔顿公司大力推行的项目。其目标市场是异军突起的中产阶级客人，市场定位是"四星的酒店，三星的价格"。希尔顿花园酒店价位适中，环境优美，深得家庭出游群体或长住型商务客人的喜欢。

问题讨论

1. 分析希尔顿尚未覆盖的细分市场。
2. 希尔顿酒店的案例给我们哪些启示？

一、想一想

1. 什么是旅游市场细分？为什么要进行旅游市场细分？

2. 简述旅游市场细分的程序。

3. 简述旅游市场细分的条件。

4. 简述旅游目标市场的策略。

5. 旅游企业选择目标市场应考虑哪些因素？

6. 什么是市场定位？旅游企业如何进行市场定位？

7. 什么是旅游市场营销组合？

8. 简述旅游市场营销组合策略。

二、练一练

建议采用小组形式对本地旅游企业市场部门相关负责人进行访谈。事先准备好相关问题，以小组为单位分析本市三个酒店（五星、四星、三星各一个）或三个旅行社的目标市场和市场定位。

项目五

旅游产品策略

学习目标

1. 掌握旅游产品的构成、概念及特点
2. 掌握旅游产品开发的原则、内容及策略
3. 了解旅游产品生命周期的相关知识
4. 掌握旅游产品组合策略及品牌策略

案例导入

把故宫文化带回家

从"朕就是这样的汉子"雍正御批胶带、时尚"朝珠耳机"到Q萌故宫娃娃系列、故宫猫系列，再到多款"国宝色"口红、"故宫美人"面膜、一抬手便是"千里江山图"系列（扇子、手表、方巾）……近年来，提起故宫文创，无论是否去过故宫，人们都不难感受到"朕的生意"正做得风生水起。此外故宫还不断推出《穿越故宫来看你》H5和《我在故宫修文物》《上新了·故宫》等节目，让这座有着600年历史，看上去庄重高冷的故宫开始接地气了，不断焕发出年轻的活力。中国从来没有哪家博物馆能像故宫这样频频刷爆朋友圈，成为国内最有分量的文化IP。

故宫成为超级网红，得益于故宫文创部门有一个优秀的研发设计推广团队。任何一件产品，在立项开发之前都必须先经过研究部门的内容审定。设计样稿出来之后，销售部门还要进行市场评估，确保新产品必须符合"元素性、故事性、传承性"三要素才能推向市场。这几年，由于开发规模不断扩大，范围也越来越广，文创产品分成了金属、玉石、玻璃、纸品等很多门类，设计研发部门的角色也更多变成了"把关人"，更加注重故宫文化品牌和文脉价值的延伸打造，努力把"高冷"的藏品转化成"接地气"的亲民产品。在开发模式上，故宫研发设计部门主要出创意、出思想、出标准、出蓝图，设计开发生产环节则由合作单位去完成。目前形成各类合作关系的单位有60多家，所以故宫的文创产品能够在设计风格、产品种类、材质物料等方面及时吸纳到社会研发力量的精华，能够应时应景推出呼应市场的新产品，"卖萌"的、文人雅士手办礼类的、高大上的、限量版奢侈品类的应有尽有，在风格、题材、价位方面能满足社会不同层次的购买需求。比如故宫建院90周年纪念活动，特别推出了限量定制的"宫廷珐琅纯金纪念腕表"，采用故宫专属国宝级工艺"微雕暗刻度珐琅"纯手工打造，每只售价50万元，纪念大会当日推出即抢购一空。

数据显示，截至2018年，故宫文创产品达到11 936种；其文创收入更是可观，2017年达到15亿元。

很显然，故宫的成功不是偶然的。古老的文化与现代生活无缝对接，文创产品贴近时代、贴近生活，兼具实用性与趣味性。因此故宫文创受到了大众尤其是年轻人的喜爱，他们愿意把故宫文化带回家，让古老的故宫焕发无限活力。

 想一想

从案例中我们可以看出故宫文创产品是丰富多彩的。查阅相关资料，看看故宫还有哪些令人心动的旅游文创产品？它们是由哪些要素构成的？其核心是什么？

任务一
旅游产品概述

一、旅游产品的整体概念

传统的营销观认为，产品只是特定的物质形态和具体的用途。在现代市场营销中，产品指消费者通过购买而获得的需求的满足，它包括向市场提供的能满足需求的有形物品和无形的服务。这是一个关于产品的整体概念。它包括核心产品、展示产品、延伸产品三个部分。核心产品向消费者提供核心利益，以满足其需求；展示产品向消费者提供各种实体和劳务，以满足其需求；延伸产品向消费者提供除了核心产品、展示产品已经为其提供的各种利益以外的附加利益，以满足其需求。

就旅游产品而言，其概念有广义和狭义之分。

从广义上来说，研究者从不同的角度对旅游产品进行定义：从旅游经营者的角度看，旅游产品指旅游经营者凭借旅游吸引物、交通设施、旅游设施等向旅游者提供的一系列满足其旅游活动需求的服务；从旅游者的角度看，旅游产品指旅游者花费一定的时间、金钱、精力等物所换来的一系列经历。

从狭义上来说，旅游产品指为满足旅游者审美和愉悦的需要而在一定的地域上被生产或开发出来以供销售的物象与劳务的总和。①

这一定义包括以下内涵：

（1）旅游产品是专门为卖给旅游者而生产或开发出来的，是商品，所以旅游产品与旅游商品同义。

（2）旅游产品的生产方式有两种，一种是依赖于旅游资源所做的开发，从而生产出一种资源依托型旅游产品；另一种是凭借拥有人力、财力、物力资源而仿造或创造的旅游产品，从而生产出一种所谓资源脱离型旅游产品。

（3）旅游产品主要供旅游者购买，功能上具有可观赏性或愉悦性，空间上具有地域性。

（4）旅游产品可以有物质实体，也可以仅仅是某种现象。

（5）旅游产品都或多或少地含有人类的劳动投入，没有人类劳动投入的物质本身不能

---

① 谢彦君．旅游营销学 [M]．北京：中国旅游出版社，2008.

称之为旅游产品。

（6）各种媒介要素不是旅游产品，但它们可以构成旅游产品利益的追加组成部分。

（7）旅游产品不包括旅游购物品。

总之，旅游产品是个整体概念，它是由旅游资源、旅游设施、旅游服务等多种要素组合而成的。其中旅游服务是旅游产品构成的主体，其具体展示主要有旅游线路、旅游活动、饮食服务及住宿服务等。

二、旅游产品的构成

（一）旅游产品的形态构成

一般而言，整体旅游产品的基本构成要素主要有：旅游资源、旅游地、旅游设施、旅游纪念品、旅游路线、旅游服务等。

依照现代市场营销学的观念，旅游产品包括核心旅游产品、展示旅游产品和延伸旅游产品（图5-1）。

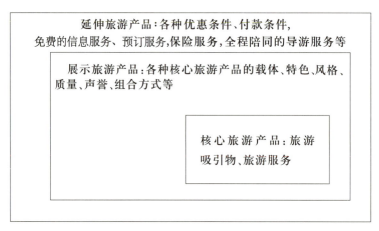

图5-1　旅游产品利益构成

1. 核心旅游产品

核心旅游产品指旅游者能够从旅游活动中得到最根本的利益，即审美愉悦和服务等。旅游吸引物和旅游服务是最典型的核心旅游产品。

旅游吸引物指一切能够吸引旅游者的旅游资源和各种旅游条件。旅游吸引物按照属性可以划分为自然吸引物、人文吸引物和特产吸引物三大类。自然吸引物包括气候、河流、森林等；人文吸引物包括文物古迹、城乡风光、文化艺术等；特产吸引物包括土特产、风味佳肴、工艺美术品等。旅游服务作为核心旅游产品，是依托于旅游资源和各种旅游接待设施来向旅游者提供的各项服务。

旅游吸引物是促使旅游者产生购买行为的根本性因素。但旅游产品能向旅游者提供的，不仅仅局限于审美和愉悦，在很多时候交通的便利与否、服务质量的高低、当地社会的可进入性等都是导致旅游者最终选择某一旅游产品的根本原因。

2. 展示旅游产品

展示旅游产品能表现核心旅游产品的各种外部形态，包括核心旅游产品的载体、特色、风格、质量、声誉、组合方式等。

核心旅游产品的载体主要指各种旅游接待设施、风景名胜区、娱乐项目等。核心旅游产品的特色、风格、质量、声誉等要依托于旅游资源和旅游接待设施来反映旅游产品的外在价值。旅游产品的组合指整体旅游产品的个性化和综合程度，以及整体旅游产品构成要素的具体内容、比例、特色等能否适应旅游者的需要。旅游者可以通过分析、对比旅游地的开发程度、基础设施配套情况、交通的便利程度、旅游地居民的消费水平、旅游地服务行业的整体业务水平等综合情况，最终决定其购买行为。

3. 延伸旅游产品

旅游产品在为旅游者提供审美和愉悦利益的同时，也为其提供附加利益。延伸旅游产品指旅游者在购买旅游产品时所得到的附加利益，包括各种优惠条件、付款条件，免费的信息服务、预订服务，保险服务，全程陪同的导游服务等。旅游产品作为一种组合产品，其延伸产品部分的特征往往决定了其客源市场。同时，由于市场需求的变化，使得不同的核心产品可以有相同的延伸产品，相同的核心产品可以有不同的延伸产品。

（二）旅游产品的类型构成

根据旅游产品与旅游资源的关系，可以将其分为资源依托型旅游产品和资源脱离型旅游产品两类。

资源依托型旅游产品，即从旅游资源的开发而直接产生的旅游产品。如中国的九寨沟风景名胜区、北京故宫博物院、长城、长江三峡等。资源脱离型旅游产品指借助于对可获得的人力、物力、财力、资源的重新组合并经过加工生产创造出来的旅游产品。如上海的迪士尼乐园、北京的世界公园、深圳的锦绣中华。

三、旅游产品的特点

旅游产品与普通产品一样是为销售而生产的，它有着一般产品所共有的特征。但是，它又是一种特殊产品，与一般的产品有着明显的区别。具体表现在：

（一）旅游产品的综合性

旅游产品是一种组合产品。首先，它由多种要素构成，不仅包括有形的劳动产品、自然创造物，如各种历史文物古迹，而且包括非劳动的自然创造物，如各种自然风景名胜。既有物质成分，又有精神成分。其次，旅游活动的社会性与旅游需求的复杂性也决定了旅游产品的综合性。旅游活动本身具有综合性特征，包括食、住、行、游、购、娱等各项内容。而旅游者的需求更是包罗万象，变化万千。这些决定了旅游产品只有具备综合性的特征才能适应市场需求，才能满足旅游者对旅游活动的各种需要。

（二）旅游产品的生产、交换与消费的同一性

一般产品从生产到消费大多要经过一系列的中间环节，而旅游产品的生产与消费过程几乎在同一时间和空间的背景下进行。旅游企业所"生产"的产品不是一个个具体的物品，而是通过服务或劳务直接满足旅游者的需要，旅游产品的生产者与旅游者直接发生关系。旅游者只有且必须加入到生产过程中才能最终消费到旅游产品。旅游产品在生产的同时也是消费启动的时刻，消费结束时生产也不再进行。另外，对于一般产品，消费者可以采取"试用"或"货比三家"等简单的方法检验其质量，这些在旅游产品这里却行不通。旅游者无法试住酒店、试乘飞机，也无法在对比九寨沟、黄山与长江三峡哪里的景色更优美、更壮丽，之后再做决定。这一特点使旅游产品与一般产品有了显著的区别，并深刻地影响旅游产品的开发与旅游企业的经营。这就要求开发者与经营者必须有效地引导旅游者参与旅游产品的生产过程，并确保他们获得足够的旅游知识，以达成生产与消费过程的和谐进行。

（三）旅游产品的不可转移性

旅游产品如旅游地，它的地理位置是固定不变的，这就意味着旅游企业不能像其他企业对待一般产品那样，通过运输的方式，易地交易从而获得利润。同样，旅游者也不能像其他消费者购买一般商品那样，付出简单的货币资金就能得到旅游体验。他们必须付出一定的时间和精力，甚至具备一定的体能才能获得某些旅游体验，如登泰山，就需要旅游者具备一定的体力。因此，核心旅游产品的吸引力，展示旅游产品、延伸旅游产品的便利性就成为旅游企业经营成败的关键。

旅游产品在交换之后，旅游者得到的不是具体的物品，而是一种感受和体验。所以交换活动之后，产品的所有权不发生转移。例如，一位旅游者在一家酒店的客房入住三天，他所购买的只是这家酒店的这间客房三天的占用权和饭店内各种设备设施，以及服务的使用权。对于房间内的陈设不能擅自改变位置，更不能更换或带走。因为房间的所有权不随旅游者购买行为的发生而转移，同时旅游者还要承诺在使用期间保持旅游产品物质和非物质构成的完好无损。这样无形中增加了旅游者在购买旅游产品时的预期风险，给旅游产品的销售和促销带来了很多压力。为了消除旅游者的这一心理压力，许多旅游经营者采取了"会员制"的做法，借以增进与旅游者的关系。

（四）旅游产品的不可贮存性

由于旅游产品具有生产、交换与消费的同一性，它不能与一般产品一样，暂时没有人购买，就可以有效地贮存起来，以备将来出售。旅游产品被生产出来之后若没有及时地实现其

交换价值，那么为之而付出的人力、物力、财力、时间成本就永远无法得到补偿。如酒店客房产品，第一天没有出租，即便第二天租出去了，前一天的折旧已经发生，损失的价值是追不回来的。鉴于旅游产品的这一特点，要求旅游经营者在经营过程中要树立一种"旅游者至上"的经营理念，同时要采取灵活多样的定价策略。

（五）旅游产品的脆弱性

旅游产品的脆弱性指旅游产品的价值和使用价值的实现要受到多方面因素的影响。这些因素有的是旅游产品本身所造成的，有的是由外部不可抗力因素造成的。在这些因素中，如果有一个因素不具备或发生变化，就会导致旅游产品无法实现其交换的全过程，从而最终无法实现其全部的价值。

旅游产品的脆弱性表现在以下方面：第一，整体旅游产品的各构成要素之间的比例关系协调与否，是实现旅游产品价值和使用价值的关键；第二，旅游活动涉及人与自然、人与社会、人与人之间的诸多关系，这些关系的协调与否也将影响旅游活动的形成；第三，旅游活动尤其是游览观光型旅游活动有很大的季节性；第四，旅游者是一种流动性群体，不同客源地的旅游者的购买行为都受其收入水平、闲暇时间、性格爱好、流行时尚等方面的影响，这些因素往往是旅游目的地国家或地区难以控制的；第五，旅游产品的生产与销售还会受到目的地国家或地区各种政治、经济、社会以及自然因素的影响，这些因素同样是难以控制的。

认识到旅游产品的脆弱性，在旅游企业经营管理中要做到：首先，全面规划、统筹安排，制定旅游经营整体战略，保证和提高旅游业综合接待能力；其次，开展灵活多样的经营方式，延长旺季时间，缩短淡季时间，变平季为旺季，甚至变淡季为旺季，缩短一年中淡、旺季之间的时间差。

任务二
旅游产品开发策略

一、旅游产品的生命周期

产品的生命周期理论是营销管理中的一个重要理论。在市场经营过程中，任何产品都有一个从生产到投入市场最终发展到淘汰的过程，这一过程就是产品的生命周期。产品的生命周期分为导入期、成长期、成熟期、衰退期四个阶段。旅游产品也同样存在着生命周期的变化，它通常分为开发期、成长期、成熟期、衰退期四个阶段（图5-2）。任何旅游产品的生命都是有限的。旅游产品生命周期各个阶段的时间长短因旅游产品不同而不同。在旅游产品生命周期的不同阶段中，因为其销售利润高低不同，所以需要采取不同的营销组合策略。

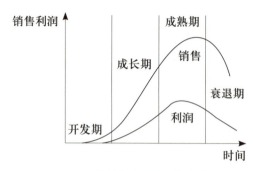

图5-2　旅游产品生命周期曲线

在当代，随着科学技术的飞速发展和市场竞争的不断加剧，旅游产品的生命周期普遍呈缩短的趋势，并时常出现各种不规则的变化，营销学者称之为产品生命周期的变异。研究旅游产品的生命周期，可以知道应该经营哪些类型的旅游产品、采取什么样的策略来经营这些旅游产品、如何延长这些旅游产品的生命周期、怎样及时地对旅游产品进行更新换代等，这些对旅游产品的开发和经营都有重要的意义。

（一）影响旅游产品生命周期的因素

产品的市场生命周期主要由社会生产力发展水平、产品更新换代速度、消费者需求状况和生产经营者之间的竞争状况等因素决定。旅游产品的生命周期也受多种因素的影响。主要有内部因素和外部因素两大类。

1. 内部因素

影响旅游产品生命周期的内部因素主要指旅游业内部的可控因素，主要包括旅游吸引物的特点、旅游接待设施的性能、旅游业整体的管理和服务水平。

旅游吸引物是实现旅游活动的基础，只有备受旅游者青睐的旅游吸引物才能在旅游市场中长期畅销。但是旅游者的需求不是一成不变的，随着旅游市场需求的变化，旅游开发者要不断地改变原有旅游吸引物的展示形式，充分发挥资源本身的优势，以适应变化了的需求。对旅游资源的开发，必须进行充分的市场调研，在合理规划、注重资源深度开发的基础上推出富有特色、充满时代气息、有一定的科技和文化内涵的旅游吸引物。同时避免盲目重复、商业功利性过强、缺乏文化底蕴等情况的出现。另外，旅游吸引物必须和旅游接待设施以及旅游服务有机地结合起来，以延长旅游产品的生命周期。

旅游接待设施的性能在很大程度上影响着旅游者对旅游产品的评价，进而影响整体旅游产品的市场竞争力，严重阻碍旅游产品在市场上的发展，甚至缩短旅游产品的生命周期。一些旅游地的资源本身有很大的吸引力，但是由于旅游接待设施的性能不完善，如：住宿条件和交通条件很差，可进入性不强，导致游人稀少、设施利用率低下，使得该旅游产品很难进入成长期。再有，一些具有资源优势的旅游地，由于旅游接待设施更新的速度跟不上旅游市场发展的需求，如许多娱乐项目都是多年前开办的，对于当今的旅游者来说，对此失去吸引力，往日门庭若市，如今门可罗雀，造成设施闲置，使得该旅游产品过早进入衰退期。鉴于此，在旅游开发过程中，要从长远利益出发，使旅游接待设施与旅游资源配套发展，最大限度地延长旅游产品的生命周期。

独具魅力的旅游吸引物，只有与有效的管理和优质的服务相结合，才能在旅游市场中立于不败之地。旅游企业即使拥有很强吸引力的旅游资源以及性能优良的旅游接待设施，若管理不善、服务质量低下，也不可能取得良好的经济效益。这些将会导致设备设施损失严重、工作秩序混乱、旅游者投诉增加等，从而使旅游者产生反感，进而影响旅游企业整体声誉和形象，使旅游产品过早进入衰退期，使其生命周期缩短。为此，旅游企业必须强化内部管理，制定一系列的管理制度，进一步加强服务意识，提高服务质量，从而使得旅游产品的生命周期尽可能地延长。

2. 外部因素

影响旅游产品生命周期的外部因素指各种影响旅游产品在市场上发展状况的外部环境，主要包括政治因素、经济因素、社会因素、竞争因素和偶发因素。

政治因素主要指旅游吸引物所在国家、地区的政治环境。包括国家关于旅游业发展的各项政策及其变化情况、规范旅游业经营的各种法律法规以及国家或地区之间相互关系的变化。这些都对旅游产品的生命周期有很大的影响。

经济因素主要指旅游吸引物所在地和旅游客源地居民的生活水平。经济高速发展使得旅游客源地居民生活水平不断提高，外出旅游已经成为一种时尚，从而使旅游产品成为一种生活必需品，并且具有很长的生命周期。

社会因素包括人口结构、教育水平、生活方式、价值观念、社会时尚等方面。随着经济的发展，人们的生活方式、价值观念等都发生了很大的改变，对旅游的需求也在逐步地扩大。例如，过去人们外出旅游为了追求生活享乐，现如今许多人提倡环境保护，践行绿色旅游、健康旅游等是为了呼吁全社会的人加入保护环境的行列。

竞争因素指在旅游市场上同类旅游产品与旅游替代品的影响。例如，某旅行社开发设计出"华东五市7日游"这一旅游路线产品，在中国的国庆黄金周期间，其北方客源市场十分火爆。但是很快，它就会受到价位更低的"华东五市7日游"旅游路线的挑战，同时"黄龙、九寨沟""昆明、大理"或是其他旅游路线也与之形成竞争。在这种竞争的态势下，如果不能积极应战，就会被竞争者挤垮，自己的产品也就过早地进入衰退期。

偶发因素指一系列使旅游产品生命周期发生突变的不可抗力因素，包括自然灾害、战争、瘟疫等。这些都会严重影响旅游市场，导致旅游产品的供给与需求的弹性增大，从而影响旅游产品的生命周期。

（二）旅游产品生命周期各阶段的特点及营销策略

表5-1、表5-2为旅游产品生命周期各阶段的特点及营销策略。

表5-1　旅游产品生命周期各阶段的特点[1]

	开发期	成长期	成熟期	衰退期
旅游者人数	少	高速增长	低速增长	负增长
旅游企业利润	低	达到最高水平	保持最高水平	下降
资金流动	反向流动	中度流动	大量流动	流动减少
旅游者	开拓型	开拓型大众市场	跟随型大众市场	保守型
竞争对手	很少	增长	众多	减少

表5-2　旅游产品生命周期各阶段的营销策略[2]

	开发期	成长期	成熟期	衰退期
中心战略	拓宽市场	进行市场渗透	保持市场份额	重新定位市场
经营费用	增长	达到最高	下降	保持一定水平
营销重点	树立形象	建立偏好	建立品牌忠诚	保护品牌忠诚
分销渠道	独立的	通过旅游部门	通过旅游部门	通过旅游部门
价格	高	逐渐降低	低	最低
产品	初级产品	产品升级	产品多样化	开发新产品
促销	人员推销、广告、公共关系	人员推销、广告、公共关系	人员推销、广告、公共关系、营业推广	人员推销、广告、公共关系、营业推广

1. 旅游产品的开发期

在开发期，旅游新产品正式推向旅游市场，处于初始阶段。具体表现为旅游景点、旅游饭店、旅游娱乐设施建成，新的旅游路线开通，新的旅游项目、旅游服务推出等方面。此时的旅游产品尚未被市场接受，旅游者和旅游中间商都没有对其形成震撼性认识，其销售量处于缓慢增长且无规律状态。作为开发者的旅游企业，其接待量很少，投入的费用却很大，使得经营成本偏高。同时由于需要做大量的广告和促销工作，使得产品的销售费用较大。在开

[1][2]　邹统钎. 旅游规划与开发 [M]. 广州：广东旅游出版社，1999.

发期，尚未建立健全销售体系，销售水平较低，利润极小。虽然有诸多的不利因素，但是在这一时期市场上一般还没有同行竞争。大多数产品多利用这一优势，采取高价策略来回收成本；组织大规模促销活动，采取全方位的促销策略，使产品较早地进入成长期。

2. 旅游产品的成长期

在成长期，旅游景点和旅游地的开发初具规模，旅游设施、旅游服务逐步配套，旅游产品基本定型并形成一定的特色。通过前期的宣传促销，旅游产品开始在市场上具有一定知名度，产品销售量开始呈增长的趋势。旅游者对产品有了基本的了解，越来越多的人试验消费这一产品，重复购买的旅游者也逐步增多。同时，企业的广告费用相对减少，销售成本大幅度下降，利润迅速增加。就在此时，市场上开始出现竞争者。针对这一现象，开发者要积极应战，抓住时机，迅速扩大接待能力和市场份额，不断提高产品质量，增加各种项目，并提供系列服务。要关注重点的目标市场，并尽力满足旅游者对该产品的各种需求，增强旅游者的忠诚度和信任感。

3. 旅游产品的成熟期

在成熟期，现实旅游者不断增加，潜在旅游者逐步减少，大多属于重复购买的市场，旅游产品的市场需求量已达饱和状态。在成熟期前期，旅游产品的销售量可能继续增加；到了中期，销售量则处于不增不减的平稳状态；及至后期，销售量的增长率趋于零，甚至出现负增长。利润增长也将达到最高点，并有逐渐下降的趋势。与此同时，有很多同类旅游产品和仿制品都已进入市场，市场竞争十分激烈。面对这样的市场环境，经营者应将重点放在保护已有的市场份额上，保持原有产品的差异化和特色化，利用原有产品的市场优势和价格优势来吸引旅游者，同时努力开拓新产品、新市场。

4. 旅游产品的衰退期

衰退期一般指产品的更新换代阶段，这一时期，新的旅游产品已进入市场，正在逐渐代替老产品。老产品对旅游者来说已经丧失了吸引力，或已经被更加适应旅游者需求的新产品所取代。原来的产品中，只有少数名牌产品仍然留守市场，但是市场销售量日益下降。市场中的竞争已经十分激烈，突出的热点是降价。老产品的价格被迫不断下降，利润迅速减少，甚至出现亏损现象。此时的经营者应积极地进行产品的更新换代，使新产品迅速进入市场，适时撤退或改造过时的旅游产品，以免遭受不必要的损失，并且在价格上，对于忠诚的旅游者和中间商要给以一定的优惠，从而保持原有的市场份额，并获得新的市场份额。

（三）旅游产品生命周期的变异

一般旅游产品都经历过开发、成长、成熟、衰退的生命周期。由于各种因素的变化，典型的旅游产品生命周期已经逐渐被打破，并发生了相对变异。

常见的旅游产品生命周期变异形态主要有：

1. 时尚型旅游产品的生命周期

大多数时尚型旅游产品是非基本旅游产品。时尚型旅游产品的生命周期只有两个阶段，一是快速成长阶段，另一个是显著衰退期。时尚型旅游产品一般不需要旅游企业付费做广告就能够在短期内形成时尚卖点，销售量很快达到高峰。此类产品生命周期中没有明显的缓慢增长的推出阶段，往往一开始就出现高速的增长；在时尚型旅游产品的目标市场中，没有明显的选择行为，整个市场的选择都是在产品推出后的短时期内发生，营销组合的目标在于快速地进入市场，这一市场通常是一个特征明显的市场，如特殊的年龄市场。

2. 延伸型旅游产品的生命周期

延伸型旅游产品的主要类型有：大众旅游产品、功能性旅游产品、多效用旅游产品。延伸型旅游产品的开发期、成长期较短，成熟期较长，几乎没有衰退期。这类产品在市场上吸引力很大，影响广泛。经营者要对此类旅游产品采取各种营销策略，使其在市场上长盛不衰。第一是产品改进策略。通过对成熟期的旅游产品做某些改进以吸引新老旅游者。如改进产品质量、功能、形态等几方面。第二是市场开拓策略。为成熟期的旅游产品寻求新的旅游者，开发新的市场。可以发展旅游产品的新用途，即在原产品功能的基础上，开发新的旅游功能、用途，使老产品焕发新的生命力；还可以开辟新市场，即为原有旅游产品寻找新的旅游者，使产品进入新的细分市场。第三是市场组合策略，对产品、促销、营销渠道和定价这四个因素的组合加以合理的改进和重组，以刺激销售量的回升。第四是产品升级换代，延长旅游产品生命周期的一项根本途径是使产品根据市场上不断涌现出的新需求，不断地实现旅游产品的升级换代，做好产品开发工作。

除以上两种典型的生命周期变异的旅游产品外，还有起死回生型旅游产品和超前消费型旅游产品。起死回生型旅游产品在进入衰退期后，经营者可以通过大量的广告宣传，开发原有产品的新功能、设计系列产品、增加新项目等，使产品进入新的成长期，并形成良性循环，使其生命周期曲线的运行轨迹发生变化。超前消费型旅游产品的成熟期很短，但开发成本很高，目标市场难以确定、风险高。如月球旅游、火星旅游等太空项目的旅游活动等属于此类。其生命周期的变化无法按常规产品的规律来判断。

二、旅游产品开发

旅游产品开发是根据市场需求的特点决定的。当今世界旅游需求的总趋势是追求审美、自由、环保、多样、富有情调，是集文化、娱乐、消遣于一体的。随着科技和经济的发展，旅游需求不断提高，旅游者对旅游产品的质量、数量、结构、层次等诸多方面的要求与日俱增，社会上的旅游产品更新的速度正在日益加快。旅游产品在市场发展的生命周期也逐渐缩短，于是开发旅游新产品，已经成为旅游企业在市场中求得生存和发展的必然趋势。

（一）旅游产品开发的原则

任何一种产品的开发都必须以市场需求为前提和基础，旅游产品也不例外。旅游产品的开发，尤其是对旅游景点、酒店、娱乐设施、各种旅游路线的组合开发，更要以市场需求为依据。必须事先对市场做全面、深入的调查，详细研究旅游者的行为与层次、旅游企业投资的风险、市场上的价格动态、同类产品的竞争状况、产品的宏观政策等。通过对这一系列因素进行分析、论证，制订出切实可行的开发、设计方案，再进一步对该方案进行论证、选优，以确定最佳的方案，从而开发出最具特色和开发价值的旅游产品。因此，旅游产品的开发必须遵循一定的原则，具体包括：

1. 市场导向原则

旅游产品的开发必须从传统的资源导向转换到现代的市场导向，牢固树立市场观念，以旅游市场需求作为旅游产品开发的出发点。树立市场观念，首先要根据社会经济发展状况，进行旅游市场定位，确定客源市场的主体和企业自身产品的市场定位，明确旅游产品开发的针对性，提高旅游经济效益。其次，要根据市场定位，调查和分析市场供求关系，把握目标市场的需求特点、规模、档次、水平及变化规律和趋势，开发适销对路、受目标市场欢迎的旅游产品。最后，针对市场需求，对各类旅游产品进行筛选、加工、再创造，制定有效的产品组合策略，从而提高旅游产品在市场中的竞争力，使企业获得丰厚的利润。

2. 效益观念原则

旅游业作为一项经济产业，在开发过程中必须始终把提高经济效益作为首要目标。但是旅游业又是一项文化事业，在旅游开发过程中要从整体出发，在讲求经济效益的同时又要兼顾社会效益和环境效益，以谋求综合效益的提高。

坚持效益观念的原则，第一要讲求经济效益。无论是旅游地的开发，还是某条旅游路线的组合，或是某个旅游项目的投入，都必须先进行项目可行性研究，认真进行投资效益分析，不断提高旅游目的地和旅游路线投资开发的经济效益。第二要讲求社会效益。在旅游地开发规划和旅游路线产品设计中，要考虑当地社会经济发展水平，要考虑政治、文化及地方习惯，要考虑人民群众的心理承受能力，形成健康、文明的旅游活动，并促进地方精神文明的发展。第三要讲求自然生态环境效益。按照旅游产品开发的规律和自然环境的可承载力，以开发促进环境保护，以环境保护提高开发的综合效益，从而形成"保护—开发—保护"的良性循环，创造出和谐的生存环境。

3. 产品形象原则

旅游产品是以旅游资源为依托，借助于各种旅游接待设施，为旅游者在旅游活动过程中提供食、住、行、游、购、娱等各项要素的有机组合，是按照客源市场的需求和一定的旅游路线而设计形成的特殊的产品。拥有旅游资源并不等于拥有旅游产品，资源想要变成产品，必须经过开发、加工、再造、有机组合，才能形成独具特色、适销对路的旅游产品。

坚持产品形象的原则，首先要以市场为导向根据客源市场的需求特点及变化，进行旅游产品的设计。其次还应以旅游资源为基础，把旅游产品的各个要素有机地结合起来，进行旅游产品的设计和开发，特别是要注意在旅游产品设计中注入文化因素，增强旅游产品的吸引力。再次要充分考虑旅游产品的品位、质量及规模，突出旅游产品的特色，努力开发具有影响力的拳头产品和名牌产品。最后要随时跟踪分析和预测旅游产品的市场生命周期，根据不同时期旅游市场的变化和旅游需求，及时开发和设计适销对路的旅游新产品，不断改造和完善旅游老产品，从而保持旅游（企）业的持续发展。

（二）旅游产品开发的内容

旅游产品开发是根据市场需求，对旅游资源、旅游设施、旅游人力资源及旅游景点等进行规划、设计、开发和组合的活动。旅游产品开发包括旅游地开发和旅游路线开发两个方面的内容。

1. 旅游地开发

旅游地是旅游产品的地域载体，旅游地的开发是在旅游经济发展战略指导下，根据旅游市场需求和旅游产品特点，对区域内旅游资源进行开发，建造旅游吸引物，建设旅游基础设施，完善旅游服务，从而使其成为旅游者进行旅游活动的目的地。旅游地开发通常可分为五种形式。

（1）以自然景观为主的开发。这类开发以保持自然风貌的原状为主，主要进行道路、食宿、娱乐等配套设施建设，以及环境绿化、景观保护等。如一个地区的特殊地貌、生物群落、生态特征都是可供开发的旅游资源。自然景观只要有特点就可以，不必非要具备良好的生态环境，比如沙漠、戈壁开发好了都是值得一游的旅游目的地。但是自然景观景点的开发必须以严格保持自然景观原有面貌为前提，并控制景点的建设量和建设密度，自然景观内的基础设施和人造景点应与自然环境协调一致。

（2）以人文景观为主的开发。这类开发指对残缺的历史文化古迹进行恢复和整理。如对具有重要历史文化价值的古迹、遗址、园林、建筑等，运用现代建设手段，对之进行维护、修缮、复原、重建等工作，使其恢复原貌后，就具备了旅游功能，成为旅游吸引物。但是人文景观的开发一定要以史料为依据，以遗址为基础，切忌凭空杜撰。此类资源具有不可再生性和不可替代性，开发过程中一定要小心谨慎，以免将其损坏。此类开发由于需投入大量的修缮和维护费用，一般需要较大的投资和较高的技术。

（3）在原有资源基础上的创新开发。这类开发主要由于旅游目的地原有的旅游产品较单一，相关的旅游接待设施配套情况较差，已经无法满足旅游者的综合需求。针对这一情况，可以利用原有旅游产品的声誉和开发优势，进一步开发新的旅游项目和内容，增添具有现代功能和技术水平的新型接待设施和旅游活动项目。此类开发的特点是所开发的旅游产品必须突出特色、突出科技含量。

（4）非商品性旅游资源开发。非商品性旅游资源一般指地方性的民风、民俗、文化艺术等，它们虽然是旅游资源，本身并不是因为旅游而产生，也不仅仅为旅游服务。对这类旅游资源的开发，涉及的部门和人员较多，需要进行广泛的横向合作，与有关部门共同挖掘、整理、改造、加工和组织经营，在此基础上开发成各种旅游产品。应该引起开发者注意的是，这些地区一旦成为旅游目的地，大量旅游者进入景点后，会改变原地居民的生活方式和习俗，同时旅游者带来的外来文化，会对当地的文化生态造成较大的影响。

（5）利用现代科学技术成果进行旅游开发。这类开发指运用现代科学技术所取得的一系列成就，经过精心构思和设计，再创造出颇具特色的旅游活动项目，如上海迪士尼乐园、"夜游故宫"及各类科技馆等就是成功的例子。现代科技以其新颖、奇幻的特点，融娱乐、游览、演艺、刺激于一体，大大开拓和丰富了旅游活动的内容与形式。

2. 旅游路线开发

旅游路线开发的过程就是把旅游资源、旅游吸引物、旅游接待设施和旅游服务等要素有机地组合起来，使其与旅游者的期望相吻合、与旅游者的消费水平相适应的创造过程。

在中国，旅游路线的开发按照其性质不同，可以划分为普通观光旅游路线和特种专项旅游路线两种；按照游览天数分为一日游路线与多日游路线；按照使用的主要交通工具种类的不同，可分为航海旅游路线、航空旅游路线、内河大湖旅游路线、铁路旅游路线、汽车旅游路线、摩托车旅游路线、自行车旅游路线、徒步旅游路线，以及几种工具混合使用的综合型旅游路线等；按照使用对象的性质不同，可分为团体包价旅游路线、散客旅游路线、家庭小包价旅游路线等。旅游路线的开发是否合理、是否能被旅游者接受是旅游产品开发成功与否的关键。在开发过程中，旅游路线的开发充分体现了旅游产品与一般产品在开发方式上的不同。旅游路线的开发实质上是整体旅游产品的开发。

三、旅游产品开发策略

旅游产品的开发在旅游业发展中至关重要，有效而合理的开发离不开正确的开发策略。

（一）旅游地开发策略

一个旅游地要进行旅游产品的开发，通常凭借其资源优势，最直接的表现形式就是对景区、景点的开发。在开发过程中，要注意以保护资源为基础。其开发策略有四种：资源保护型开发策略、资源修饰型开发策略、资源强化型开发策略、资源再造型开发策略。

1. 资源保护型开发策略

对于罕见或独具吸引力的自然景观与人文景观，要完整地、绝对地进行保护性开发或维护性开发。这些资源都是不可再生的，一旦遭到破坏，将无法弥补。对此类旅游地的空间布局和承载力要精心策划、合理安排、严格管理。对于被列入《世界遗产名录》的那些资源的开发，都要采取保护型开发策略。

2. 资源修饰型开发策略

对于一些旅游地，在开发过程中，在保持原有的资源的基础上，可以通过适当的手段，恰当地加以修饰和点缀，既突出自然风貌，又巧夺天工，体现设计者的独具匠心，起到"画龙点睛"的作用。对于山水风光资源的开发，可以采用修饰型开发策略。

3. 资源强化型开发策略

这类开发是指在旅游资源的基础上，采取人工强化的手段，烘托优化原有景物，同时创造新的环境空间。对于人文资源，如文物古迹、博物馆，可以采用强化型开发策略。

4. 资源再造型开发策略

这类开发既不以自然资源为基础，也不以人文资源为基础，它是通过知识利用、环境条件或设施条件再造景观，如深圳的"锦绣中华"。

（二）旅游路线开发策略

旅游路线的开发过程是在最有效地利用资源、最大限度地满足旅游者需求和最有利于企业竞争的指导下，遵循旅游产品开发的原则，设计、组合出能够满足旅游者需求的旅游路线的过程。其开发策略主要有全线全面型组合策略、市场专业型组合策略、产品专业型组合策略三种。

1. 全线全面型组合策略

全线全面型组合策略指旅游企业经营多种产品线，并将其推向多个不同的市场。如旅行社组织度假旅游、观光旅游、会议旅游等多种旅游产品，并且以西欧市场、大洋洲市场、东南亚市场等多个旅游市场为目标市场。采取该策略可以满足不同市场的需要，扩大市场的份额，但是成本较高。

2. 市场专业型组合策略

市场专业型组合策略指旅游企业向某一特定的旅游市场提供其所需要的产品。如旅行社专门为海外华人市场提供探亲、寻根、观光、学术考察等多种旅游产品。市场专业型组合策略有利于企业集中力量对特定的目标市场进行调查、研究，充分了解其各种需求，开发出能够满足这些需求的多样化、多层次的旅游产品。但是由于目标市场单一，市场规模有限，销售量会受到限制，在整个旅游市场中所占的份额比例较小。

3. 产品专业型组合策略

产品专业型组合策略指只经营一种类型的产品来满足多个目标市场的同一需求。如旅行社只开发体育旅游产品或生态旅游产品或探险旅游产品。由于产品单一，所以成本低，易于管理，企业可以不断地改进和完善这一种产品，最终形成一种品牌，树立鲜明的企业形象。

但是，该策略的经营风险很大。

链接

行走中的建筑学

游必有方。我们反对商业化的建筑旅游，倡导真正的建筑旅行。真正的建筑旅行者以谦恭的脚步丈量建筑和基地，以敏锐的感官体验空间环境，以开放的心灵与空间的创造者和使用者对话。他在旅行中体验文化，他在旅行中感悟建筑，他在旅行中更新自我——他是一个学习者。

学术领队：程艳春。早稻田大学创造理工学研究科建筑学专攻博士，北京建筑大学讲师，C+Architects建筑设计事务所主持建筑师。曾经带队12次，全程担任讲解。

学术总监：黄居正。

行程精华：含丰岛美术馆、直岛美术馆群、金泽21世纪美术馆等经典项目；世界文化遗产白川乡、角屋民居体验；一次性饱览原广司、筱原一男、谷口吉生、安藤忠雄、伊东丰雄、妹岛和世、藤本壮介等建筑师的经典作品；发放《日本现当代建筑寻踪·特别版》旅行手册；参加《日本现代住宅的冒险》《柯布西耶与日本建筑》《日本建筑师脉络体系解读》3场学术讲座及讨论等。这是关于传统与现代建筑的交流与开拓之旅，是踏入日本建筑师的精神天地之旅。

适合人群：建筑师、室内设计师等设计从业者，建筑学者，设计管理人员，开发商，建筑系学生，建筑爱好者。名额：20人。

说明：为保证交流质量，有方旅行中的专业人士（建筑师、建筑学者及建筑系学生等）的比例一般会控制在2/3以上。

四、旅游产品开发的趋势

（一）升级换代速度加快

一方面旅游者的兴趣变化速度加快，一般的旅游产品大多只能畅销几个月或一两年；另一方面许多新的资本纷纷投向旅游业，现有旅游企业也在加快扩张速度，使供求关系发生很多变化，加快了现有产品的"老化"速度。旅游企业之间的竞争也越来越激烈，"一招鲜，吃遍天"的时代早已成为历史。这种现状迫使旅游企业必须加快产品开发速度，以"新"取胜，即使一些知名度很高的旅游景点也要尽可能地推陈出新，以迎合变化中的旅游者需求。

（二）科技含量进一步提高

在旅游产品开发中，越来越多地采用高科技手段。如数字技术、人工智能等不断地推动着中国旅游业的创新与发展。数字技术真正实现"无中生有"，创造了身临其境的旅游体验。河南云台山景区全面布局全景式VR/AR+智慧旅游，并积极推进VR游客体验中心、VR互动娱乐、VR遗迹还原、VR宣传片及AR游戏开发，同时，主动尝试户外异形广告、3D地画艺术、3D画廊等全新项目，结合一系列智慧营销举措，借助创新热点营销，冲击旅游者感官，增加景区内旅游者的深度体验感，全力助推云台山景区实现由传统观光游向深度体验游的转变。古老的故宫在科技应用方面，也走在全国各文物保护单位和旅游景区的前列，引领文保单位和旅游景区科技应用的先河。故宫与凤凰卫视集团签署战略，未来五年双方将开展文化交流项目，除共同举办论坛、艺术展览外，还特别强调了借助增强现实技术（AR）、互动沉浸技术（MR）、3D（三维动画）等技术手段全方位展示故宫，放大故宫IP的巨大价值。高科技手段被广泛地用于旅游交通、酒店等领域，使旅游者更为舒适、安全、便捷。互联网技术在旅游业的应用为旅游者带来前所未有的旅行便利和旅游体验。

（三）特色化趋势

目前，一些旅游企业在旅游新产品开发过程中，模仿的东西较多。如雷同的主题公园、乡村小镇等，既造成了投资损失，又降低了旅游质量。随着市场经济向深层次发展，旅游行业正从卖方市场转为买方市场，旅游者选择的范围更大、标准更高。由于旅游者的需求千差万别，所以旅游产品要经得起选择和挑选，必须在特色上做文章，满足旅游者的个性化需求。

（四）绿色化趋势

现代社会人们越来越关注环境问题，各国也相继颁布实施保护环境的"绿色法律"，舆论宣传也在引导提倡环保，走可持续发展道路。越来越多的人意识到，绿水青山本身就是财富之源。绿色旅游产品方兴未艾，几乎涵盖了旅游消费的各个方面，包括：生态旅游线路、绿色景点、绿色出行、绿色客房、绿色餐饮等。

链接

AI双层观光车上海发车

2018年12月18日，途鸽科技与百度大脑、上海新高度旅游有限公司共同打造的全球首批AI双层观光车发车仪式在上海旅游集散中心隆重举行。据悉，本次发布的AI双层观光车是全球首批AI技术改造的智慧双层观光车，搭载了百度大脑的先进技术，由百度大脑合作伙伴途鸽提供创新的AI解决方案并予以实现。从此，乘坐观光车的过程不只是匆匆路过"沿途风景"，而是可以更加深度、全面、快速地融入城市之中。

AI双层观光车，带来智能"花样玩法"

到一座城市旅行，对当地风景全貌了解的最快方式就是搭乘城市观光巴士。在全球首批AI双层观光车上，途鸽通过领先的AI解决方案，将百度大脑的技术赋能场景，完美实现"刷脸乘车、语音翻译、问答导览"等智能服务。

亮点1：刷脸乘车。为实现城市观光线路任意站点可无限制上下车的特点，途鸽依托百度大脑技术强大的人脸识别技术实现"刷脸乘车"，解决了游客在网上购票、去实地取票和多线路跨车验票的难题。游客只需要刷脸上下车，从而免去了多次验票的烦琐。

亮点2：语音翻译。AI双层观光车还贴心地配备了百度和途鸽联合出品的百度共享WiFi翻译机，该翻译机集百度AI与途鸽全球云通信技术于一身，支持10种语言的一键智能翻译，让外国游客再也不用担心语言沟通的问题，同时司乘人员也具备了和全球客户进行沟通的能力，服务品质大大提升。

亮点3：问答导览。智能问答可以帮助游客及时解决各类实用问题，语音导览功能则可以帮助游客更好地了解沪上风土人情。从上海本邦美食到各种经典旅游路线，智能问答和语音导览功能都可以为游客实时答疑解惑。

任务三
旅游产品组合策略

一、产品组合的有关概念

一个企业可能只生产一种产品，也可能生产多种产品。产品组合，指当企业向市场提供多种产品时，其全部产品的结构或构成，通常由若干的产品线和产品项目组成。产品线指一组密切相关的产品，它们有类似的功能，能满足消费者同质的需要，只是在规格、档次、款式等方面有所不同。表5-3为某旅游企业产品线的广度、长度和深度。而那些构成产品线的单一的产品就是产品项目。一个旅游企业的各个产品项目和产品线都是相互关联的，具有一致性。

旅游企业的产品组合策略包括对该企业的全部旅游产品组合的广度、长度、深度以及诸多相关因素的选择。产品线指旅游企业提供能满足某一类旅游者需求的一组产品，这一组产品之间存在一定的联系。如酒店提供的餐饮服务，就是酒店的一条产品线。产品线组合的广度（又称宽度）指一个企业生产经营的产品大类有多少，拥有多少条产品线。多者为宽，少者为窄。产品组合的长度指企业所有产品线中产品项目的总和。表5-3中所显示的产品组合的广度是3，长度是10，每条产品线的平均长度为10/3≈3.3。产品组合的深度指一条产品线内有多少个产品项目。多者为深，少者为浅。如酒店的客房服务产品中，分为标准间、豪华间、总统套房等即为客房产品线的深度。产品组合的一致性指各条产品线在最终用途、生产条件、分配渠道等方面相互关联的程度。

表5-3　某旅游企业产品线的广度、长度和深度

产品线的深度	产品线组合的广度		
	自然风光游	历史文化游	户外娱乐游
	山水游 瀑布游 峡谷游 温泉游	文物古迹游 民俗风情游 博物馆游	国家公园 森林狩猎 垂钓

　　分析产品组合的广度、长度、深度及其一致性，有助于更好地制定产品组合策略。这一点对于旅游产品尤为重要。在通常情况下，扩大旅游产品组合的广度，有利于旅游企业扩展经营领域。实行多角化经营，可以更好地发挥旅游企业潜在的科技优势和资源优势，提高经济效益，同时可以分散旅游企业的投资风险；增加旅游产品线的长度，可以使组合旅游产品更加丰富，从而更能够符合旅游者的综合性需求；加强旅游产品组合的深度，可以占领同类产品内的更多细分市场；坚持旅游产品组合的一致性，可以使旅游企业在某一特定的市场领域内加强竞争力，进而为旅游企业赢得良好的声誉。

二、旅游产品组合策略

　　旅游产品组合策略指旅游经营者根据其经营的目标、资源条件以及市场需求和竞争状况，对旅游产品组合的宽度、长度、深度和一致性方面的最佳决策。旅游产品组合策略可以根据具体情况的不同来选择不同的策略。

（一）扩大产品组合策略

　　扩大产品组合策略包括开拓旅游产品组合的广度，加强旅游产品组合的深度。前者指在原有的产品组合中增加一个或几个产品线，扩大经营范围。如旅行社可以在原有旅游路线的基础上新增一些路线，以满足更多旅游者的需求。后者指在原有产品线内增加新的产品项目，如一些资源依托型旅游地可以在原有的产品组合的基础上新增一些娱乐项目的设施建设，以进一步吸引旅游者。

当旅游企业预测到现有产品线的销售额和赢利率在未来的经营周期内有可能下降时，就需要考虑在现有产品组合中增加新的产品线，或加强其中有发展潜力的产品线的长度；当旅游企业想要增加产品的特色，或是要为更多的细分市场提供产品时，可以选择在原产品线内增加新的产品项目。通常情况下，扩大产品组合策略可以充分发挥企业的人力、物力、财力等各项资源，分散风险，增强竞争力。

（二）缩减产品组合策略

在旅游市场繁荣时期，较长、较宽的产品组合能够给旅游企业带来勃勃的生机。但是旅游市场的大环境相当脆弱，当市场开始不景气时缩减产品线能够使旅游企业走出危机，使企业总利润上升。采用缩减产品线策略，在原有的产品组合中剔除了获利小、甚至不获利的产品线或产品项目，从而使旅游企业可以集中人力、财力、物力，发展获利多的产品线和产品项目。有些旅游产品线是呈不断延伸的趋势的，如以自然资源为依托的观光旅游项目可以延伸发展成生态旅游项目。在这种情况下，要对原产品线的发展进行遏制，剔除那些得不偿失的产品项目，使产品线缩短，以适应新的市场需求。

（三）产品延伸策略

各个旅游产品都有其特定的市场定位，而产品延伸策略指全部或部分地改变原有旅游产品组合的市场定位。具体的方法有向上延伸策略、向下延伸策略、双向延伸策略三种。

1. 向上延伸策略

旅游产品向上延伸指旅游企业将原来定位于低档产品市场的产品线，在其内部增加高档产品项目，使旅游产品进入高档产品市场。因为高档产品具有较大的成长率和较高的利润吸引力，在旅游企业内部技术能力、财力、物力以及营销能力等因素均已具备时，企业就可以重新进行产品线的市场定位，进入高档产品市场。这一策略风险较大，处置不当不但难以收回所投资本，而且会影响原有产品的市场份额。

2. 向下延伸策略

旅游产品向下延伸指旅游企业把原来定位于高档市场的产品线向下延伸，在高档产品线中增加低档产品项目。由于高档旅游产品声誉较高，一些购买力水平较低的旅游者容易慕名购买该产品线中的廉价旅游产品。而由于高档旅游产品的销售额增长缓慢，企业为了得到更多的利润和争取更多的旅游者，不得不将产品线向下延伸。有些旅游企业最初进入高档产品市场是为了建立品牌、树立形象，然后再进入中、低档产品市场，借以扩大市场占有率。另外，有些旅游企业为了补充自身产品线的空白，也会实行这一策略。这一策略营销费用较高，也有一定的风险，处理不当会有损于原有高档旅游产品的形象和旅游企业的声誉。

3. 双向延伸策略

旅游产品双向延伸指旅游企业将原来定位于中档产品市场，且市场占有率较高的产品线向上、下两方面延伸。一方面，增加高档产品；另一方面，增加低档产品，从而扩大企业的市场占有率。

（四）产品线现代化策略

产品线现代化策略强调产品组合与现代科学技术相结合。随着当代科学技术的飞速发展，一些原有的旅游产品组合的广度、长度、深度虽然依然适合，但该旅游产品的组合形式却已经过时了，这意味着必须对该旅游产品线实行现代化的改造。例如，某旅行社原有"黄龙、九寨沟双卧旅游"的旅游路线在20世纪80到90年代一直都很火爆，但是到了21世纪却不再受旅游者青睐，人们开始热衷"双飞游"。因为时间对于当代人而言，更加宝贵。面对这一问题，旅游企业要增加新的、科技含量高的旅游产品项目，更换原有的产品线，逐步实现现代化，以适应市场需求的不断变化。

三、品牌策略

（一）品牌的概念

美国市场营销协会对品牌的定义如下：品牌（Brand）是一种名称、术语、标记、符号或设计，或是它们的组合运用，其目的是借以辨认某个销售者或某一群销售者的产品或服务，并使之同竞争对手的产品和服务区别开来。

从本质上说，它可以是一个名字、商标、标志或符号。根据某些亚洲国家的商标法，销售者对品牌名获得长期的专用权。这与诸如专利权和著作权等权益不同，后者是有时间限制的。品牌可以保证销售者向购买者长期提供具有一定特点的利益和服务。最好的品牌传达了质量的保证。然而，品牌还是一个更为复杂的符号。第一，一个品牌首先给人带来特定的属性。旅游企业可以利用这些属性中的一个或几个做广告宣传。第二，旅游者不是购买属性，他们购买的是利益，属性需要转换成利益。旅游品牌是借助于各项旅游服务在旅游活动过程中将其属性转化成利益的。第三，旅游品牌还体现了旅游企业的某些价值感。例如，在各个旅游酒店集团中，"锦江集团"这一品牌体现了该酒店集团的性能、威信、效率等，该酒店集团的营销者必须推测出在寻找其品牌价值的特定的目标市场。第四，品牌可能附加象征了一定的文化。在"长城文化"这一旅游大品牌中，长城就代表了中国文化。第五，品牌代表了一定的个性。如果品牌以一个人、一种动物或某一标的物命名，那么旅游者的脑海里会浮现出相应的形象。例如，长城可以使人想起一条巨龙蜿蜒、盘旋在华夏大地上，正是这一点吸引了无数的中外旅游者。第六，品牌还体现了购买或使用这种产品的是哪一种旅游者。产品所表示的价值、文化和个性，均可反映到旅游者的身上。

（二）品牌策略

在制定品牌策略时，不能只促销品牌的属性，旅游者感兴趣的是品牌利益而不是属性，并且竞争者会很容易地复制这些属性，因此在对旅游产品进行品牌策划时，"服务"是重中之重。许多旅游品牌的属性在当前具有很高的属性功能，但是将来可能毫无价值，一个品牌最持久的含义应是它的价值、文化和个性，它们确定了品牌的基础。这些都是制定品牌策略时要注意的。

1. 品牌化策略

旅游产品品牌化策略指旅游企业是否要给其产品标上品牌名称。在古时候，许多产品不用品牌，生产者直接销售产品，无须供应商的任何辨认凭证。中世纪的行会要求手工业者在他们的产品上标明商标，以保护他们自己并使消费者不受劣质产品的损害，这是最早的品牌。今天，品牌化的发展是非常迅速，以至几乎没有产品不使用品牌。

旅游产品尤为注重品牌。有了品牌名称，旅游经营者和旅游者都容易发现产品的问题，并及时、有效地加以解决。品牌名称和商标使得该旅游产品在竞争中得到法律的保护，避免被竞争者仿造。旅游者一旦对某些旅游品牌形成了忠诚度，旅游企业在进行市场细分和市场份额竞争中将有很大的控制能力。同时，一个强有力的品牌可以树立旅游企业甚至一个地区、一个国家的形象，在旅游大品牌的情势下，更有利于推出新的品牌，使产品系列化。

链接

聚花成海，打造国际旅游品牌

在江西省上饶市婺源县，油菜花海漫山遍野，织成了一幅镶嵌在青山绿水间的壮丽画卷。作为全国春季旅游热门目的地之一，婺源以"种植风景"理念种植油菜，以全域旅游理念打造花海，以"美丽经济"理念实现创收。油菜花文化旅游节、中国油菜花旅游联盟论坛等一系列活动精彩纷呈，婺源以花为媒、以节会友，节会搭台、产业唱戏，上演着以"赏花经济"做热四季旅游、全域旅游，促进乡村振兴的生动实践。

全域赏花游催生出"美丽经济"，带动了民宿、体育等产业发展，有力推动了乡村振兴。据了解，婺源现有100余家精品民宿和500多家以农家乐形态为主的大众民宿，形成巨大的产业集群效应，撑起了婺源旅游经济新亮点；每年举办或承办50余项省级以上品牌体育赛事，吸引游客近200万人次，创造综合收益近12亿元。

如何进一步做大"油菜花旅游"品牌，发掘地方特色、避免同质化，是婺源一直思考的问题。在2019年首届婺源油菜花文化旅游节上，江西婺源、湖北枝江、四川雁江、安徽黟县、江苏兴化、贵州安顺、福建长乐、重庆潼南、广西阳朔、湖南平江等多个中国油菜花海胜地的旅游管理机构共同成立中国油菜花旅游推广联盟。接下来，联盟将充分挖掘整合中国油菜花胜地自然生态和文化旅游资源，建设产品开发、宣传推广、互利共赢的统一平台，将"中国油菜花旅游"打造成国际知名旅游品牌。

2. 品牌名称策略

采用品牌策略时，如何选用名称至关重要。品牌名称应能够暗示产品的功能优势，表现产品的特征，易懂、易辨、易记，与众不同。另外，品牌名称在其他国家的语言中不能造成误会。

旅游产品的品牌名称策略有四种。

（1）个别的品牌名称。采用这种决策没有将旅游企业的所有产品寄托在某一个品牌名称的成败之上。假如某一品牌的产品在市场竞争中失败或者出现低质情况，将不会损害旅游企业的名声。单个品牌名称策略可以使旅游企业为每一个新的旅游产品寻找最佳的名称。一个新的品牌名可以造成新的刺激，建立新的概念。

（2）对所有产品使用同一品牌名称。在开发新的旅游产品时运用这种策略，不仅不需要重新设计名称，而且可以减少大笔的市场调查和广告费用。如果统一使用的品牌名称市场声誉良好，新产品的销路会很好。

（3）对所有产品使用不同类别的品牌名称。这一策略适用于那些经营截然不同的产品的旅游企业，如泛美航空公司在经营航空业的同时，还经营酒店。

（4）企业的名称和单个产品名称相结合。这种策略使企业的声誉与单个产品相联系，使新产品在借助于企业声誉影响的同时，又不失其自身的个性。

3. 品牌使用者策略

旅游业的制造商和零售商作为品牌的使用者，既可以开发受到旅游者好评的品牌，也可以"租用"对旅游者有较强吸引力的品牌。自己开发品牌的关键是设计品牌名称和进行品牌推广。但这样做投资大，见效慢。绝大多数旅游企业采用"特许经营"的方式。特许经营的最新形式是公司许可，即租借公司的商标或标志。该公司的商标或标志通常是在某一领域中著名，并能应用于相关的旅游产品项目。如迪士尼公司的米老鼠、唐老鸭等形象就经常出现在儿童玩具、书包、服装、鞋帽等物品上面。特许经营的方式对于品牌拥有者来说，无须付出成本就可以获得净收益。对租赁者来说可以使其旅游产品直接得到一个家喻户晓的著名品牌名称，但要注意选择品牌。

传统的营销观认为，产品只是特定的物质形态和具体的用途。在现代市场营销中，产品指消费者通过购买而获得的需求的满足，它包括向市场提供的能满足需求的有形物品和无形的服务，这是一个关于产品的整体概念。任何一种产品的开发都必须以市场需求为前提和基础，旅游产品也不例外。一个旅游地要进行旅游产品的开发，通常凭借其资源优势，最直接的表现形式就是对景区、景点的开发。在开发过程中，要以保护资源为基础。旅游企业应在最有利于其竞争的指导原则下，遵循旅游产品开发的原则，设计、组合出能够满足旅游者需求的旅游路线。

案例分析

中国江南的封面——乌镇

　　"来过，便不曾离开。"这是乌镇的宣传语。乌镇正在成为80后、90后、00后这些消费主力人群向往的旅游目的地。从浙北小镇到《世界文化遗产预备清单》，从默默无闻到世界知名的国际休闲度假地、世界互联网大会永久举办地，乌镇无疑是众多同类旅游产品成功的典范，被称为"乌镇模式"。乌镇是目前国内最赚钱的文旅小镇，从开发至今一直处于增长的态势。2019年乌镇接待游客918.26万人次，旅游营业收入达21.79亿元，净利润达8.07亿元。乌镇成功的关键是什么呢？有人说：乌镇的好，体现在所有的细节上，一切以您为主，一切为您服务。

一、产品设计

　　产品定位：乌镇东栅景区定位为旅游观光，历史与民俗文化有机融合；乌镇西栅景区定位于高端休闲体验，商务会展国际旅游度假区。

　　规划设计：

　　（1）将4km²的西栅，整个一体化，成为一个具有无数古建、小桥、商铺、民宿的一体化水乡园林大度假镇。

　　（2）保留原有古建风貌，以园林、田园、连接起任何一个地点。

　　（3）以古建为主体，以当地名人为载体，加入风格一致的现代文化建筑。如木心美术馆、乌镇大剧院。

（4）古建修旧如旧，开发成各种风格的民宿、会所，以便实现度假功能。

（5）发掘当地各种民俗，以此为载体，举办四季节日活动。

（6）最大化突出当地特产，追求精致地商业化。

（7）美化整个度假区的"镜头感"，兼顾白天黑夜的效果，做到白天出佳片，夜色更溢彩。

（8）将酒吧休闲区与民宿、会所区分开设置，以便不同年龄段的人来此休闲度假。

二、整体建设

（1）所有管线埋地，打造入地工程，净化天空的单纯。

（2）古建修旧如旧，在周边各地收集古建筑配件，完善镇内主体。

（3）每一个建筑细节，配合四季花卉及草木，创建四季景观。

（4）所有船只，旧如传统。

（5）任何建筑内，配备取暖供冷设备，以木制格栅装饰。

（6）整个度假镇内完善消防设施，配备可以冲凉的公共厕所。

（7）整个度假镇内做夜景亮化工程，精心设计，埋线入地入墙。桥、建筑、塔、花草、树木……任何一个细节地方，都设置有合理的灯光。

三、文化体现

（1）东栅主推茅盾，建有茅盾纪念馆;西栅主推木心，建有木心美术馆。重点突出，互相提升。

（2）所有古建的历史典故，以铭牌及书籍形式，置于外墙及民宿、会所内。

（3）以当今文化名人为主推，举办国际戏剧节以及相关影视风尚颁奖晚会等。

（4）一年12个月，月月有主题文化活动，均为当地传统民俗：乌镇香节，杭白菊节，囡囡童玩节，赏灯节等。

（5）将民俗传统与演出进行精细地商业化运作。演出有评弹演出、皮影、露天电影等。杭白菊、当地各色糕点、乌梅茶、乌镇香料、乌镇乌酒等全部选择精致店面，精致包装出售。

四、统一管理

（1）引入外来资金，进行市场战略运作。以乌镇旅游公司为主体，统一策划、设计、建造、管理全部度假镇事宜。

（2）完成改造的民宿，由当地居民报名经营。每个民宿只能同时接待2桌餐饮，全镇统一菜单，统一定价。民宿的住宿价格，也全镇统一，分平时和周末两种价格。

（3）完成的会所、酒店由旅游公司统一管理，定位其价格，所有入住手续办理，均在景区门口完成。会所、酒店客人由电瓶车送入各处游玩，行李单独送入住处，方便游人轻松游玩。

（4）酒店、会所餐饮桌位不限，但是限制经营时间。民宿餐饮桌位限制，但是时间不限。

（5）游船分为包船及公交船。包船从起点出发到终点才停，公交船站站停。沿岸设有公司管理人员。

（6）乌镇旅游官网，统一预订所有景区消费，全镇WiFi全覆盖、人脸识别、支付宝结算等已是标配。乌镇还成立了"乌镇管家"信息员队伍，建立了一整套"乌镇管家"社会治安治理模式。

五、营销策略

充分利用各方资源进行线上线下全方位市场营销。借助电视剧《似水年华》打开长三角市场，借助《奔跑吧兄弟》扩大年轻人市场。电视剧名人明星营销、体验侵入式营销（特色节庆、戏剧节、主题会展、文学颁奖仪式等）、利用国际高端会议间接宣传、走出国门参加国际旅游展会以及线上宣传营销等。

乌镇并没有停止转型创新的步伐。乌镇的第四次转型已经在悄然进行，就是做"互联网＋会展"，构建乌镇发展蓝图。乌镇诞生了腾讯众创空间、中电海康"乌镇街"、凤歧茶社、平安创客小镇、亚太周刊轻媒体中心、有方创新创业中心等众创空间。把乌镇建设为一个能承接现代艺术、科技、文化的平台，向周边地区的产业链和经济发展辐射，以保持乌镇的兴盛与活力。

但乌镇没有停下前行的脚步，开始了"乌镇模式"的"复制"。2010年，乌镇陈向宏又率领团队开赴北京京郊，在密云古北的山沟里建设古北水镇景区。经过三年奋战，已初具规模。2014年试运行以来，迅速成为北方旅游的一匹黑马，受到游客和业界的高度评价。4年的积累与沉淀，古北水镇已发展成为集旅游度假、文化、会展为一体的北京旅游度假新地标。2018年，古北水镇全年接待游客量近300万，整体营收近10亿元，跻身中国特色小镇成功典范。

问题讨论

1. 查阅相关背景资料，分析一下乌镇品牌策略的核心是什么。

2. 开发文旅小镇失败的案例也非常多，乌镇在市场上保持长盛的活力与优势的原因是什么？

复习思考题

一、想一想

1. 什么是旅游产品？

2. 旅游产品的特点有哪些？

3. 影响旅游产品生命周期的因素有哪些？

4. 旅游产品生命周期各阶段的特点是什么？

5. 常见的旅游产品生命周期变异形态主要有哪些？

6. 旅游产品开发的原则和内容有哪些？

7. 旅游产品开发的策略有哪些？

8. 旅游产品组合策略有哪些？

9. 旅游产品的品牌策略有哪些？

二、练一练

寻找本地一个具有代表性的旅游景区，根据其游客统计资料分析该景区目前处于其生命周期哪个阶段，并提出相应的营销策略。

项目六

旅游产品定价策略

学习目标

1. 了解旅游产品价格概念、价格调整的依据和方法
2. 掌握旅游企业制定价格必须考虑的因素
3. 掌握制定旅游产品价格的步骤和方法

案例导入

看中大学生群体消费潜力，33家航空公司推出学生价机票

去哪儿网发布《2019大学生出行数据报告》。

据最新数据统计，含研究生在内的中国高校在校学生达到3 700万人，而19岁的"00后"已开启大学的第一个暑假出行。

大学生在旅行方面有哪些偏好？报告显示，大学生偏爱0~2点、5~9点、20~22点等红眼航班，对交通花费更为敏感，住酒店却不含糊。

报告显示，无论从出行频次还是消费增长力上看，大学生都是高价值的群体。在去哪儿网的260万大学生认证用户中，年人均飞行频次高达4.4次，他们远超民航统计的全旅客年人均的3.45次，并且是平台同年龄层人均飞行频次的2倍。

报告从另一个层面显示，一旦养成了消费习惯，大学生群体的价值将在毕业后爆发式体现。25岁的用户在酒店平均花费上就比23岁的用户几乎翻一倍，毕业2年，花费大不同。

知名旅游专家、北京外国语大学文创产业研究中心旅游研究所所长刘思敏认为："大学生绝大多数并无独立经济能力，对价格极其敏感，低价对其旅游消费具有决定性影响。谁拥有低价，谁就可能在未来主力用户群的争夺上占得先机。"

为此，去哪儿网联合33家航空公司结盟"学生惠"，推出大学生旅行专享方案，包含国航、东航、南航、海航等通过去哪儿网推出3 000多条航线的学生专享价和立减优惠。

比如，重庆到太原的高铁二等座价格为460.5元；如果通过去哪儿网订购6月5日的学生机票将低至430元。重庆到丽江的中转高铁二等座价格为572元，6月6日的学生机票票价低至400元，不到高铁票价的七折。

 想一想

1. 去哪儿网推出的"学生惠"运用了什么样的定价策略？

2. 这种定价策略从长期看来有什么优势？

任务一
旅游产品定价目标

价格是企业市场营销组合中不可缺少的重要内容。旅游产品的价格是否适当，往往直接关系到这种旅游产品在市场中的竞争地位及营业收入。旅游企业在制定经营计划时，必须全面考虑价格这个因素，做出适当的旅游定价决策，使之与产品、促销及分销决策相配合，为旅游企业赢得竞争优势。

一、旅游产品价格的概念

在现实市场条件下，产品市场价格的形成最终受供给和需求的影响。企业希望通过某一价格水平达到企业的目标收益，而消费者希望以一定量的货币支付来获得该种产品的最大效用。价格的变动对买卖双方均直接发生作用，一方面直接影响消费者的需求及购买行为，另一方面对产品的销售和利润产生直接影响。

旅游价格是旅游产品价格的简称，是以货币形式表现的旅游产品价值，是旅游者对旅游产品价值的市场认知，同样也是由供给和需求决定的。旅游产品是综合性产品，它由不同旅游企业所提供的不同的产品与服务组成，共同满足旅游者的需要。所以旅游产品有单项旅游产品与整体旅游产品之分，旅游价格也有两种不同的表现形式。在一次旅游活动中，旅游者的需要和购买方式不同，旅游产品所包含的内容也不同。

有的旅游者借助旅行社对完成旅游活动所需的各项服务实行一次性购买，这时旅游产品的价格表现为整体旅游产品价格，即旅游包价。旅游包价是旅行社为满足旅游者旅游活动的需要所提供的基本旅游产品的价格，它等于这些基本旅游产品的单价（带有一定折扣的旅行社价格）之和再加上旅行社本身的成本和收益。旅游包价一般由三部分组成，即旅游出发地与旅游目的地之间的往返交通费、旅游目的地范围内的旅游产品的价格及旅行社的服务价格。有的旅游者或自带饮食或自备用车或住在亲戚朋友家，那么其所购买的旅游产品中就不包括餐饮、交通或住宿的部分，旅游者对其所需的旅游产品就可能采取零星购买或多次购买的方式，按各部分产品的价格支付。这里，旅游产品的价格就以单项价格的形式出现，如客房价格、餐饮价格、机票价格、参观游览点的门票价格等。

二、旅游差价与旅游优惠价

旅游产品的价格除一般旅游价格外，还有旅游差价和旅游优惠价两种特殊的价格类型。

（一）旅游差价

旅游差价是同种旅游产品由于地点和季节的不同而引起的有一定差额的旅游价格。旅游差价主要有地区差价和季节差价。旅游需求在不同地区间、不同季节内存在很大差异，旅游供给也由于不同企业而各不相同，与旅游供求密切相关的旅游价格也必然会有一定差别。旅游差价即利用价格来调节供求关系。例如同一酒店在淡季时的客房价格就明显低于旺季时的价格，以此来刺激需求，扩大销售。

（二）旅游优惠价

旅游优惠价指在明码公布的价格基础上，给予旅游者一定比例的折扣或其他优惠条件的价格。旅游优惠价主要有三种：一是根据旅游者购买数量的多少实行优惠；二是给予特殊市场群体如同行业者、退休人员、儿童的优惠；三是举行促销活动时以价格折扣为主要手段的优惠。此外，提前预订在旅游业中应用也非常广泛。旅游优惠价是旅游企业争取市场、应付竞争的有力手段，便于旅游企业同旅游者或其客户保持长期良好的关系，这也是服务业市场营销取得成功的关键。旅游企业在经营中如果能恰当地运用旅游优惠价这一营销工具，不仅能保持稳定的市场份额，而且能通过与旅游者（客户）建立良好的关系，让旅游者（客户）主动为企业做宣传，从而扩大其市场份额。

三、旅游产品价格的决定因素

（一）旅游产品成本

从企业经营的角度看，产品成本成为产品价格的重要决定因素。只有当价格超过单位成本时，企业才能获得利润。旅游企业经营的旅游产品的成本除包括生产成本、销售成本之外，还应考虑因开发旅游产品可能造成的环境污染等引起的成本。它不能超过旅游供给价格。所谓旅游供给价格，是指旅游产品生产者提供一定量的旅游产品所愿接受的最低价格，是由边际成本决定的。旅游产品价格不仅包含产品成本部分，还应包含旅游企业的赢利部分。一般而言，旅游产品成本影响旅游价格，而旅游价格又影响旅游需求。因此，旅游企业应努力降低成本，提高服务效率和水平，形成有竞争力的旅游价格，巩固本企业产品在市场中的地位。

（二）旅游市场及需求情况

市场需求情况在很大程度上影响着旅游价格的高低。一般来说，一种旅游产品的价格不会超过该产品的旅游需求价格。对任何旅游产品，旅游者都会根据其自身的价值观念和消费经验形成一个理解价值。如果旅游价格超过了这一理解价值所反映的价格，就会遏制需求。现代旅游企业的经营是以旅游者为导向的，潜在市场的价值理解对旅游价格的最终形成产生重要影响。此外，如果在某一时期内某一旅游市场对某一旅游产品的需求大，那么旅游价格就会偏高；反之，价格则偏低。这种不同的需求情况反映到价格上就是旅游地区差价、季节差价、质量差价及批发零售差价。

（三）旅游市场条件及环境

在完全竞争的市场条件下，价格完全由产品的供求关系决定。在现代市场经济中，供求关系虽不是价格的唯一决定因素，但价格在很大程度上取决于旅游供求关系的变化。旅游产品的供给在某种程度上来说是不易变动的，而在国际旅游市场中旅游需求的波动却很大，其需求弹性也大。旅游产品的供求矛盾共同作用于价格，供不应求时旅游产品价格就较高，而供过于求时旅游产品价格则较低。

旅游产品不同于其他商品，有些旅游产品本身及其供给具有一定的垄断性。独一无二的自然风光和名胜古迹等旅游资源存在于世界特定的地区，是人工难以模仿的。到这些地方旅游，其旅游产品价格由资源所在国或地区确定，从而在价格上也体现出一定的垄断性。此外，旅游价格还受市场竞争状况、不同国家或地区的币值和汇率、通货膨胀情况及政府政策等因素的影响。分析旅游价格的决定因素，有利于旅游企业在进行价格决策时全面考虑，以适当的产品价格参与市场竞争，最终达到企业经营目标。

四、旅游产品的定价目标

旅游产品在定价之前必须首先确定定价目标。定价目标是旅游企业营销目标的基础，是企业选择定价方法和制定价格策略的依据。由于企业营销目标有多种选择，旅游产品的定价目标也是多种多样的。

（一）获取理想利润的目标

这是指旅游企业以通过制定较高价格，迅速获取最大利润为定价目标。一般说来，此类企业的产品或服务多处于绝对有利的地位，但由于旅游者的抵抗、竞争者的加入、替代品的出现等原因，旅游企业某种有利的地位不会持久，旅游产品的高价逐渐要降至正常水平。因此，旅游企业尽管以获取理想利润为目标，其产品的价格也应适当。旅游企业的定价目标应着眼于长期的理想利润，兼顾短期的理想利润，这是因为企业追求长期利润的目标会促使其不断提高技术水平，改善经营管理，这对企业和旅游者都有利。相反，如果企业只顾眼前利益，甚至不择手段地追求最高利润，必将使企业的信誉受到损害，最终有可能使短期利润也无法实现。

（二）取得适当投资利润率的目标

这是指旅游企业通过定价，在一定时间有利于其获取一定的投资报酬水平。采用此类定价目标的旅游企业，一般是根据投资额规定的利润率，然后计算出各单位旅游产品的利润额，把它加在产品的成本上，就成为该产品的出售价格。采用这种定价目标的旅游企业应具备较强的实力，自己的产品是畅销产品，不怕竞争对手的竞争，同时预期的利润率应该高于同期银行的存款利息率，但又不能太高，否则就容易遭到同类产品的竞争或旅游者的拒绝，预期的投资利润也就不可能实现。

（三）维护或提高市场占有率的目标

这是指旅游企业从占领旅游市场的角度来制定旅游产品的价格。市场占有率的高低，对于价格的高低有很大影响，一般来说，在占有率既定的情况下，为了维护或提高市场占有率，要运用低价格策略。采用这种定价目标，有时比采用投资利润率的定价目标更重要，因为一个企业的投资报酬率并不能反映该企业的市场地位，更不能反映与其他竞争企业的关系，而一个企业市场占有率的高低，则反映出该企业的经营状况和竞争能力，反映出企业的产品在市场上的地位和兴衰，反映出企业长期经营效果的趋向。但在采用这种定价目标时必须量力而行，尤其当运用低价策略扩大市场占有率时，有可能会诱使旅游者的需求量急剧增加，企业就必须有充足的产品或服务供应，否则供不应求的市场态势必将招致潜在竞争者乘虚而入，反而损害企业的利益。

（四）稳定市场价格的目标

这是指旅游企业为了保护自己，避免不必要的价格竞争，牢固地占有市场，在旅游产品的市场竞争和供求关系比较正常的情况下，以稳定的价格而取得合理的利润。因为激烈的价格竞争常常使企业之间两败俱伤，虽然从短期看可能会给旅游者带来一定好处，但是破坏了正常的市场供求格局，从长期来看，伴随企业低价而带来的低质量、低信誉产品等一系列问题终究会给旅游者带来损失，因而经营同一种或同一类旅游产品的主要旅游企业，应达成默契，制定较为稳定的价格，以消除价格战。市场中的小旅游企业则往往与这些实力雄厚或市场占有率较大的旅游企业保持一致的价格水平，也不轻易变动价格。

（五）应付与防止竞争的目标

这是指旅游企业通过服从竞争需要来制定旅游产品的价格，一般是将对旅游市场价格有决定性影响的竞争者的价格作为定价的基础。对于实力较弱的旅游企业，主要采用与竞争者价格相同或略低于竞争者价格出售产品的方法；对于实力较强又想提高市场占有率的企业，可采用低于竞争者的价格出售产品的方法；对于资产雄厚并拥有特殊技术或产品品质或能为旅游者提供较多服务的企业，可采用高于竞争者价格出售产品的方法；对于为了防止别人加入同类旅游产品或服务竞争的企业，在一定条件下，可采用一开始就把价格定得很低，从而迫使弱小企业退出市场或阻止竞争对手进入市场的方法。

一、确定定价目标

　　定价目标指产品价格实现以后企业期望达到的目标。不同企业有不同的定价目标，同一企业在不同的时期也可能有不同的定价目标，企业应权衡利弊加以选择。旅游企业定价目标包括利润导向、销售导向、竞争导向三种目标。定价目标同旅游企业经营总目标相适应并为它服务。有了定价目标，就便于选择最佳定价方案，从而使所定的实际价格既为旅游者所接受，又保证旅游企业获得一定的经济效益。目前，我国不少旅游企业在定价问题上随行就市，没有明确的定价目标，这样做不能发挥定价作为一种营销手段的作用，不利于满足旅游者的需要和提高企业经济效益。如果定价目标不同，那么定价策略和定价方法也应有所区别。如果定价目标是为占有更多市场份额，那么可采取渗透策略和以成本为中心的定价方法。如果定价目标为树立产品质量声望，那么可采用高价策略和以需求为中心的定价方法。

（一）利润导向的定价目标

　　以利润为定价目标共有三种情况：一是追求目标收益率；二是追求合理利润；三是追求最大利润。

1. 追求目标收益率（或叫营业收益率）

　　目标收益率就是规定预期收益水平占投资额和营业额的百分比，使企业可获得一定的投资收益率和一定数额的利润。追求预期的收益率是企业经常采用的一种定价目标。预期的收益可分为长期与短期。旅游企业在定价时必须考虑旅游产品的投资总额，并估算怎样的价格才能在预期内收回投资并可取得一定的利润。于是，定价时就可在产品成本外加上预期利润。预期利润率一般高于银行存款的利率，对有些竞争对手较少的旅游产品，预期投资收益率可能定得很高，产品可以高价投入市场。如果旅游产品本身竞争力弱，投资收益率可定得低一些，以实现长期的稳定利润。

2. 追求合理利润

　　合理利润既不是最大利润，也不是投资收益，而是为了保全自己、避免风险而采取的一种稳健的利润。合理的限度因市场需求和产品特点的不同而不同。

3. 追求最大利润

　　追求最大利润是旅游企业共同的定价目标，但追求利润的定价目标只能是长期目标，而绝不能是短期目标。虽然在短期内为了争取旅游市场很可能压低价格，甚至出现亏损，但目的是为了争取长期内的高额利润。因此，追求最大利润并不意味着任何时候都要高价出售产品。

（二）销售导向的定价目标

以销售为定价目标的旅游企业强调的是营业额和旅游市场占有率。作为定价目标，一个旅游企业的营业额和市场占有率说明该企业在市场上的地位和竞争力，后者尤其能反映这一点。以保持和扩大市场占有率作为定价目标，比用营业额和投资收益率来衡量企业经营的好坏还要准确。例如，当市场处于规模扩张时期，一个虽能取得预期的投资收益率但市场占有率却在下降的企业就不能说明它经营有方。

（三）竞争导向的定价目标

竞争导向的定价目标就是要通过定价策略去应付或避免竞争。这样，旅游企业在制定价格时，就可以参照在旅游市场供求关系起主导作用的竞争对手的价格来定价。有时可把价格定得同竞争者价格一致，有时可稍高或稍低，视市场及产品情况而定。但是，采取这种定价目标的企业，即使旅游产品的成本和需求发生变化，只要竞争者不改变价格，就必须坚持原价；如果竞争者开始提高或降低价格，这些企业也要立即调价。我国旅游企业在国际旅游市场竞争中常会遇到这种情况。

二、了解目标市场旅游者的购买能力和对价格的态度

旅游者必须有购买某种产品的需求、能力、愿望和权利，才会有购买的行为。旅游者是否接受某一产品，常常是由他们对旅游企业所确定的经营策略的态度所决定的。旅游者对产品价格的看法，在他们对旅游企业经营策略的态度中，占有重要的地位。通过了解旅游者的购买能力，以及旅游者对本企业产品的需求程度，有助于企业管理人员了解目标市场对价格的态度。旅游者的购买能力和他们对价格的态度，都对旅游企业的定价活动有直接的影响。

三、判断市场需要

由于不同产品的需求弹性不同，因而企业在定价时必须考虑弹性因素。

需求价格弹性的大小，一般以 $E > 1$ 或 $E < 1$ 来表示。如果价格下降或上升后，使需求量变化的幅度大于价格变化的幅度，即 $E > 1$，就称为需求价格弹性大或需求富有弹性。如果需求量变化的幅度小于价格变化的幅度，即 $E < 1$，就称为需求价格弹性小或需求缺乏弹性。

图6-1和图6-2分别为需求缺乏弹性和需求富有弹性。

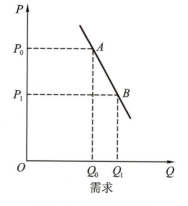

图6-1　需求缺乏弹性

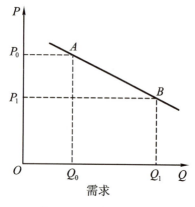

图6-2　需求富有弹性

需求弹性可由需求弹性系数来衡量。其公式为：

$$E = \left| \frac{\dfrac{Q_1 - Q_0}{Q_0}}{\dfrac{P_1 - P_0}{P_0}} \right|$$

其中：E——需求弹性系数；

Q_1-Q_0——需求变动量；

P_1-P_0——价格变动量。

国外旅游企业在制定价格决策时，往往要考虑这一商品是富有需求弹性的还是缺乏需求弹性的，也就是考虑$E>1$还是$E<1$。如果是$E>1$（即富有需求弹性）的产品，企业就往往采取降价策略，以刺激需求；相反，如果是$E<1$（即缺乏需求弹性）的产品，企业往往采取提价策略，因为即使提价，销售量也不会显著减少。至于某一商品究竟是属于富有需求弹性的还是缺乏需求弹性的，主要通过市场调研与分析来确定。

四、估算成本、需求量和利润之间的关系

了解市场需求在定价过程中的作用之后，企业管理人员应进一步分析需求量、成本和利润之间的关系。

（一）保本点分析

保本点是企业的营业收入总额与成本总额相等时的销售量。要确定企业生产某种产品或提供某种服务所需的成本费用，就必须将成本分为固定成本和变动成本两大类。变动成本总额随业务量的变化而成正比例增减；固定成本总额则不随业务量的变动而变动。总成本是固定成本总额和变动成本总额之和。总营业收入是产品单价与销售量之乘积。

了解保本点销售量，对于旅游企业确定产品价格来说，是非常重要的。进行保本点分析时，要分析在不同价格时，产品达到保本点时所需的销售量，以便了解各种价格对总营业收入、总成本和保本点的影响。

保本点分析简单易懂。但是在使用这种分析方法时，假定市场需求量不变，通过分析来确定抵补成本费用所需的最低销售量及价格，以使经营管理人员判断在某一价格下，旅游企业能否实现最低销售量。我们还需明确，保本点分析主要是强调达到保本销售量，而不是着重于实现市场占有率、投资收益率等定价目标。

（二）边际分析

边际收益（MR）指每增售一个单位产品时，总收益（TR）所增加的数额。平均收益（AR）是由总收益除以总产量得到的。图6-3表明边际收益低于平均收益。

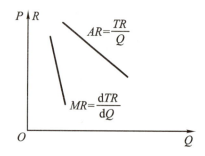

图6-3　边际收入和平均收入之间的关系

企业的边际成本（MC）和平均成本（AC）之间的关系，是确定企业生产量和销售量的一个关键性因素。平均成本是由总成本除以总产量（TC）求出的；边际成本指增加一个单位产量相应增加的成本。图6-4为边际成本与平均成本之间的关系。

从图6-5可以看出，产量用 Q 表示，价格用 P 表示时，在边际收益曲线与边际成本曲线相交时（即在 A 点），企业可获得最大利润。

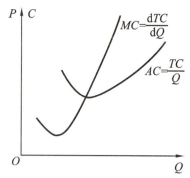

图6-4　边际成本与平均成本之间的关系

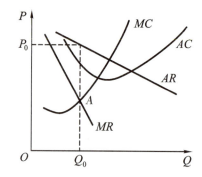

图6-5　运用边际收益和边际成本概念确定最大利润

上述的概念会使人们产生一种错觉，以为可以运用边际收益＝边际成本的方法精确地确定产品的价格。但是，只有在营业收入和成本保持不变的情况下，或者说在市场供需情况不变的条件下，才能确定获取最大利润时的价格。在实际中，成本和营业收入是在不断变化的，而且，竞争对手的策略可以很快地使本企业营业收入受到损害。在新产品定价时，如果尚未确定产品的成本和营业收入，就很难制定新产品的价格。但是，在现有产品定价工作中，特别是在竞争环境中，理解边际成本和边际收入之间的关系，对于大部分企业管理人员来说，还是有一定作用的。

五、分析竞争者反应

产品价格不仅取决于市场需求和产品成本，而且取决于市场供给，即竞争者的情况。现实的和潜在的竞争者对定价影响极大，那些容易经营、利润可观的产品竞争更为激烈。产品的最高价格取决于市场上对该产品的需求，产品的最低价格不能低于总成本。那么，产品价格在最高与最低之间究竟选取什么价位，受到竞争者同类产品价格的制约。因此，对竞争者的情况要深入了解，知己知彼，定价才能合理，才有竞争力。

六、选择定价策略

定价策略指企业贯彻定价目标和进行价格决策的具体措施。从旅游市场营销的角度出发，结合我国旅游企业经营活动的实际情况，目前经常采用的主要产品定价策略有以下几种。

（一）新产品定价策略

新产品定价是旅游企业营销中的一个非常重要的问题。新产品的定价策略将决定产品在旅游市场上的地位，也将影响它可能招来的竞争对手。目前旅游企业在制定新产品价格时主要采取以下三种定价策略。

1. 撇脂定价策略

撇脂定价策略是在产品生命周期的初期由于没有竞争对手而采取的一种高价策略。当然，这里说的高价是与高质量产品联系在一起的。高价意味着将富有特色的高档旅游产品投入市场。"撇脂"的原意指在鲜奶上撇取乳酪，含有取其精华之意。企业开发的新产品，采用撇脂定价策略有以下优点：第一，新产品刚投入市场，高价策略可以迅速收回产品研究和开发投资费用；第二，当旅游者对产品还不十分熟悉时高价会给他们以优质产品的印象；第三，在产品投放市场后价格变动从高降低比较容易，从低到高比较困难。

采取撇脂定价策略必须做好产品定位，加强营销活动，在旅游者心目中树立起优质旅游产品的形象，否则高价会阻滞销路。

2. 渗透定价策略

渗透定价策略指以低于预期价格的价格将新产品投放市场的策略。这种定价方法易于为市场所接受，可为产品迅速打开销路，同时薄利多销，防止竞争者蜂拥而至，有利于长期占领市场。此外，渗透定价策略还适用于购买力不强的旅游者。

总之，对以上两种定价策略进行选择时，旅游企业须认真考虑以下三方面因素。

第一，新产品的供应能力。如果企业的人力、物力、财力资源充足，能迅速供应大量产品，则应采取渗透定价策略。如果供应能力有限，一时难以提供大量保证质量的产品，就宜采用撇脂定价策略。

第二，竞争对手的情况。如果竞争企业林立且新的竞争者随时可以加入，宜采取渗透定价策略。如果竞争对手较少而新的竞争者不易挤入，可考虑采用撇脂定价策略。

第三，新产品的需求弹性。如果需求弹性大，宜采用渗透定价策略，实行薄利多销；如果需求弹性小，则采用撇脂定价策略。

3. 满意定价策略

满意定价策略是一种折中价格策略，它是介于撇脂定价策略与渗透定价策略之间的一种价格策略，所定的价格比撇脂定价低，而比渗透定价高，是一种中间价格。这种定价策略会使旅游企业取得一定的利润，也能够为旅游者所接受，因而被称为满意定价策略，又称"温和价格"或"君子价格"。这种价格有利于扩大销售。

（二）折扣策略

折扣策略指旅游企业为了扩大市场占有率，而用折扣价或让价的方式鼓励中间商或旅游者积极购买。折扣策略主要有以下四种。

1. 数量折扣

数量折扣指旅游企业为了鼓励客户大量购买而按购买数量给予不同折扣。购买数量越多，折扣越大。数量折扣又分为非累进折扣和累进折扣两种。

非累进折扣适用于一次性购买，数量越多，折扣越大。购买量增大，旅游企业所花费的流通费用相对减少，并且还可以加速资金周转。

累进折扣应用于批发业务。旅游企业规定在一定时期内，旅游批发商或零售商的购买达到一定数量后，给予折扣优待，而且数量越大，折扣越高。使用这种折扣方式的目的是使旅游批发、零售单位成为旅游企业的长期客户。

2. 同业折扣和佣金

同业折扣是旅游企业给予旅游批发商和零售商的折扣。例如，加强与旅行社的合作是酒店营销工作的重要内容。酒店给予旅行社的折扣和佣金数量是旅行社是否向酒店介绍客人的重要因素，"十六免一"是目前通行的做法。

3. 季节折扣

季节折扣适用于季节性强的产品。为了使旅游产品做到淡季不淡，除开发适合淡季的产品外，还应制定季节折扣价以鼓励旅游者购买。如酒店、航空公司常在淡季按季节折扣价出售房间、机座。但是，在制定季节折扣价时应有一定的限度，即降价后所增加的营业额必须大于所需的可变成本，否则企业就会亏损。

4. 现金折扣

赊销是市场经济条件下企业普遍采用的一种销售方式。现金折扣是指旅游者如用现金付款或提前付款，则可在原定价格的基础之上享受一定的折扣。采取现金折扣的目的是鼓励旅游者迅速付款，加快企业的资金周转，减少呆账损失，降低收款费用。

（三）心理定价策略

心理定价策略就是根据旅游者的消费心理，通过定价来刺激他们购买某项旅游产品的积极性。该策略主要包括尾数定价策略和声望定价策略。

1. 尾数定价策略

尾数定价策略就是利用一般旅游者喜欢价格便宜、对价格上升幅度太大难以接受的心理来进行定价，以达到稳定与扩大产品销售量、增加收入的目的。例如：在制定房价、菜价时要多选一些98元或9.8元的价格来制定，而不要定100元或10元。因为一般旅游者总感到一位数的价格比两位数的价格低得多，旅游者消费习惯上乐于接受尾数价格，不喜欢整数价格。相反的情况是，对享有一定声望的旅游企业和一些高质量的旅游产品不宜采用尾数定价策略，而应采用整数定价策略，因为高消费旅游者会认为带有尾数反映产品质量较低。

2. 声望定价策略

声望定价策略就是利用名牌战略效应吸引旅游者去消费。名牌高端产品价格适当高于一般产品价格，旅游者也可以接受。例如，旅游者经常把客房价格看作是客房质量的反映，也有的旅游者把购买高价客房作为提高自己声望的一种手段。据此，酒店应有意识地、在一定限度内提高客房价格。

运用声望定价方法应注意以下原则：

第一，要寻找以购买高价产品来提高自己声望的目标市场；

第二，低价产品最低不能低于旅游者所愿意支付的最低价格；

第三，当代和历史名人曾消费过的产品或居住过的地方，也可采用声望定价策略。

（四）习惯定价策略

旅游市场上某些产品经常被重复购买，其价格也就"习惯成自然"地为旅游者所接受，形成了一个习惯价格。经营者对这类产品定价时，要充分考虑旅游者的这种习惯性倾向，不可随意变动价格，应比照市场上同类旅游产品的价格定价。如由于成本变动而使利润有所损失，则应从增减产品的数量或质量上来弥补。否则，一旦破坏旅游者长期形成的消费习惯，就会使之产生不满情绪，导致购买的转移。例如，三星级酒店的自助餐一般定位为58元，如果改变这个价格，客人就会不太适应，甚至会反感。

（五）最小单位定价策略

它是指旅游企业把同种产品按不同的数量包装，以最小包装单位量制定基数价格，销售时，参考最小包装单位的基数价格与所购数量收取款项。通常包装越小，实际的单位数量产品的价格越高；包装越大，实际的单位数量产品的价格越低。这一策略的优点是：第一，能满足旅游者在不同场合下的需求，如客房内"迷你吧"摆放的酒水以小包装为主，200g装的酒对旅游者就很方便。第二，利用了旅游者的心理错觉，因为小包装的价格使人误以为便宜，在实际生活中旅游者不大愿意换算出实际重量单位或数量单位产品的价格。

（六）分级定价策略

分级定价策略指旅游企业利用旅游者不大会感觉到产品细微差别的心理，把产品分为几个等级，每一个等级制定一个价格。这样的定价可使旅游者觉得各种价格反映了产品质量上的差别，并可简化他们的选购过程，使他们有选择合适价格的余地。

分级定价策略在旅游业中被广泛应用。例如旅行社把同一旅游线路的价格分为豪华等、标准等、经济等三种；酒店业也常采用这种定价策略来确定房价结构，酒店对客房分级定等，制定不同的价格，就可吸引对房价有不同要求的旅游者。

分级定等时，级数不宜多。例如，一般说来，300间客房以下的酒店常有三种房价，300间客房以上的酒店常有五种房价。当然，企业产品具体应分为几个等级要根据各企业的情况而定。如大酒店通常有较多不同类型和大小的房间，而小酒店房间的类型和大小往往差不多，因此，大酒店的房价等级就比小酒店多。

价格的分布应当和统计学中的正态分布差不多。例如，由五种房价组成的价格结构一般为：40%客房的价格为平均价格，最高、最低价格的客房各占10%，次高、次低价格的客房各占20%。由三种房价组成的价格结构一般为：60%客房的价格为平均价格，最高、最低价格的客房各占20%。一般认为，这种金字塔形房价结构更有利于酒店参与市场竞争。如一个酒店可以把最低房价定得比竞争对手低，同时又可制定高于竞争对手的最高房价。这种正态分布的房价结构，更能满足不同旅游者的需求。

要使这种价格结构取得成功，各种等级的产品在质量上应有明显的区别。如酒店客房的面积、家具、位置、方向等方面应有明显的差异，使旅游者相信价格的差别是合理的。

采用分级定价策略时，各等级的差别不宜过大，也不宜过小。确定价格级差的方法主要有两种，一为固定差法，二为百位比差法。

希尔顿、万豪等酒店集团常采用分级定价策略。它们根据客房的具体情况，如不同的楼面、位置及不同的外景等，制定不同的客房价格。例如，外景好的单人房价格比外景差的单人房价格要高一些。这样，不但能让旅游者有机会选择不同价格的客房，而且能使酒店有机会推销那些价格稍高的客房。

那么，价格多样化到底能发挥多大作用呢？我们可从下面的一个简单案例中得到答案。

某酒店集团拥有200 000间客房，如果日平均出租率为75%，那么，每天有150 000间客房能出租。现在假设该酒店集团采用分级定价策略，并假设有一半客房可以提高价格，即每天实际出租的房间中有75 000间可以提高价格。我们做一个保守的估计，若该酒店集团每年有50次推销高价客房的机会，则一年中高价客房的推销机会为：

75 000（可得高价房总数）×50（一年的潜在推销高价客房的机会）= 3 750 000

假设每次推销的高价房比一般房间贵＄5，那么，一年中就可以创造＄18 750 000的额外收入。如果该饭店集团像从前一样，不采用分级定价策略，所有的单人房或双人房都只制定一个固定价格，而不存在高价或低价之分，那么就没有推销高价房的机会，也就损失了

＄18 750 000 的额外收入。

由此可见分级定价的重要。如何对产品进行分级定等呢？以旅游酒店为例，可根据以下几个因素来确定定价的宽度：

（1）客房的布置；

（2）客房的楼层；

（3）客房的外景；

（4）客房内的设备设施。

总之，旅游产品的价格主要受供求关系、产品质量、产品组合以及竞争因素的影响。在制定旅游产品价格时，首先必须以产品的价值为基础，同时还要根据市场需求状况采取灵活机动的定价策略。具体定价方法包括成本导向定价法、需求导向定价法和竞争导向定价法三种情况（任务三）。此外，在旅游产品价格实施过程中，还要根据产品的生命周期、消费者消费量、消费者心理状况等灵活掌握。

七、最终确定价格

运用适当的方法制定出基本价格后，还须考虑其他各种相关因素的影响，如政府的有关法令、旅游者的心理偏好、旅游中间商的要求等，根据各种有关情况，调整基本价格，制定出最终价格，以保证取得最佳的效益和最大的市场占有率。

任务三
旅游产品的定价方法

旅游产品定价方法，是旅游企业在定价目标指导下，运用定价策略，对产品价格进行具体计算的方法。定价目标、定价策略与定价方法是一个有机整体，定价方法选择的正确与否，是关系到企业定价目标能否实现的一个重要因素。旅游企业定价主要考虑产品的成本、市场需求和市场的竞争情况三个因素。在不同的情况下，企业定价所考虑的侧重点有所不同。下面分别就这三个因素介绍价格的确定方法。

一、成本导向定价法

许多旅游企业以产品和服务的成本为制定价格的根据，这其中又可分为：

（一）成本加成法

成本加成法指单位产品成本加上规定的利润比例所制定的价格，其中价格与成本之间的差额，就是加成的比例。

例如，某产品成本50元，假定加成比例为20%，其价格即为60元，其计算式为：

$$50 + 50 \times 20\% = 60（元）$$

这种方法主要用于制定食品和饮料的价格。

（1）成本毛利率法。在饮食行业，各种饮食品在生产和销售过程中，除原材料可以单独按品种计算外，其余开支，如加工、销售和服务费等，单独核算有许多困难，为了便于管理，采取了规定毛利率的办法。长期以来，我国一直把加工和销售饮食品的费用与利润、税金合并在一起，统称为毛利。毛利率是毛利额的相对数，即毛利与销售成本的百分比。

毛利率的公式为：

$$毛利率 =（销售价格 - 原材料成本）/销售成本 \times 100\%$$

成本毛利率法，即以饮食品成本为基数，按确定的成本毛利率加成计算价格。其公式为：

$$饮食品销售价格 = 成本 \times（1 + 成本毛利率）$$

1+成本毛利率，在饮食业习惯上又称为外加法。

例如：某菜肴每盘需要200克精肉，计12元；60克精制油，计2元；其他调料计1.7元。求每盘价格是多少？

计算成本为：12+2+1.7 = 15.7（元）

此种一般菜肴，外加毛利率45%。

$$价格 = 15.7 \times（1+45\%）\approx 22.8（元）$$

定价：22.8元／盘。

（2）销售毛利率法。以食品销售价格为基础，按毛利和销售价格的比值计算食品的价格。其公式为：

$$食品销售价格 = 成本 /（1 - 销售毛利率）$$

1-销售毛利率，在饮食业习惯上称为内扣法。

例如：河虾一盘，250克，计30元，调酱一小碟，计4元。求每盘价格。

计算：成本为30 + 4 = 34（元）；海鲜类菜肴，内扣毛利率为50%。

$$价格 = 34 \div（1-50\%）= 68（元）$$

定价：68元／盘。

成本加成法制定的价格并不是最合理的，从市场学观点来看，它只考虑了成本的因素，而没有分析消费者心理、市场需求和市场竞争。因此，无论在短期或长期，这种定价法都无法使企业获得最高利润。

（二）目标收益率法

目标收益率法也是以成本为中心的定价法。这种方法是，根据企业的总成本和估计的总销售量，确定一个目标收益率，为核算定价的标准。

其计算产品单价的公式为：

$$单价 =（总固定成本 + 总变动成本 + 目标利润）/ 预计销售数量$$

式中，总变动成本 = 单位变动成本 × 预计销售数量

若预计目标利润为零，即不亏不盈，则由此可以得到保本销售量定价方法：

$$保本销售价格 =（固定成本 + 变动成本）/ 销售量$$

或

$$保本销售量 = 固定成本 /（销售价格 - 单位变动成本）$$

由此原理，酒店业得出较为有名而又实用的千分之一法。

目标收益率法在旅游企业中尤其酒店业中广为应用，制定客房产品价格时具体使用的是千分之一法，实质上是目标收益率法的特殊形式和具体应用。

链接

千分之一法

千分之一法，又称千分之一规则或四分之一经验公式。这是指酒店建筑所需投资通常占其总投资的 60%~70%，因此酒店的房价与造价之间有着直接的联系，许多人认为酒店要想获取利润，房价就应占造价的千分之一。具体公式为：

平均每间客房售价 =（建造总成本 / 客房间数）÷ 1 000

例如：某酒店总造价 2 亿元，有客房 400 间，则每间客房的售价为

每间客房的售价 =（200 000 000/400）÷ 1 000=500（元）

按这一经验公式要求，酒店要有一定百分比的举债和产权并且在计划期内债务数额不变，酒店经营的其他产品，如餐饮产品，需达到一定百分比的利润，否则应用千分之一法就难以制定出合理的房价。另外，千分之一法存在着明显的应用局限性，主要就在于旅游目的地物价一般上涨较快，此方法把当前产品的价格与过去的建筑费用联系在一起，显然没有考虑当前的各项费用和通货膨胀等因素。

二、需求导向定价法

需求导向定价法，是根据旅游者对旅游产品所能给予他们的价值的看法和市场的需求程度，而不是根据成本来制定价格的。企业常使用的以需求为中心的定价法有两种形式。

（一）理解价值定价法

该法根据旅游者理解的价值，也就是根据买方的价值观念，而不是根据卖方成本的定价。这就要求企业运用经营组合中的那些非价格因素影响旅游者，提高旅游者心目中对旅游产品价值的定位，再根据旅游者的价值观念制定相应的价格。

理解价值定价法与西方流行的产品定位理论相吻合。企业在某一目标市场销售某种产品，应事先确定这种产品的市场形象。产品和服务在旅游者心目中的地位取决于三个要素：产品和服务的市场形象，产品和服务给予旅游者的利益，本企业的产品和服务与竞争对手的差别。其中最主要的是，旅游者对产品和服务所能给予他们的利益的理解，这是旅游者选择产品的关键。采用理解价值定价法，旅游企业管理人员必须善于识别本产品所能给予旅游者的独特利益，通过广告促销等途径，使自己和竞争对手区别开来。

采取理解价值定价法，应根据旅游者的价值观念，制定初步的价格策略，然后根据这个价格水平，预测销售数量，并据此估计所需成本、费用，核算这一价格能否产生理想的利润，如果能够达到目标，那么这个价格便可以确定下来。

链接

里程当钱花

2019年，携程联手国航，在OTA行业中首家推出国航"现金＋里程"购票服务：拥有国航常旅客会员卡的旅客在携程App上购票时，可用里程直接抵扣机票款，买一张机票最高可抵30%票价。

据了解，随着乘飞机出行日益普遍，多数旅客对"累积里程"已不陌生。不过，由于一些旅客并不是经常坐飞机，想兑换免费机票的话，往往要花费很长时间累积所需的大额里程。对此，国内各大航空公司纷纷推出了"里程当钱花"服务。具体来看，旅客在航空公司官网购票时，可按照兑换标准，将会员账户里的里程直接扣减机票款。比如，国航App上线了"现金＋里程"购票功能，支持里程抵扣部分票款。

为满足旅客的新需求，携程与国航再次在用户服务方面开展深度合作，在业内第一家引入国航"现金＋里程"购票服务。据携程机票相关负责人介绍，目前，凡是国航知音会员，在携程App上预订由国航承运且带有"里程抵现"标签的机票，登陆凤凰知音账户后，即可用凤凰知音里程抵扣国航客票票价，买一张机票最高可抵30%票价。需要提醒的是，最低兑换里程数目为100里程。另外，预订北京—广州、北京—成都、西安—北京等热门航线的部分航班，还可享100里程抵50元的"福利"。

（二）区分需求定价法

该法也称价格区别对待策略，指旅游企业可以根据不同的旅游者，不同的时间和地点，依据基本价格而确定不同的价格。例如，对不同的旅游者，同种产品或服务价格不同；在不同地点和时间，出售相同的产品或服务价格不同。

要有效地实行区分需求定价法，应注意：① 旅游市场必须能够细分；② 低价细分市场的买主没有机会向高价细分市场的买主转售；③ 高价竞争者没有压低价格进行竞争的可能；④ 分割市场所需的费用，不超过采用区分需求定价法所能增加的营业收入。

旅游企业经常采用区分需求定价法。在同一酒店里即使房间设备相似，但由于一些主观或客观的因素，房价也会有相当的差别。例如，有些旅游者喜欢顶楼，以赏景色；有些旅游者喜欢底楼，以图方便；有些旅游者喜欢楼层顶头离电梯远的房间，以求安静；有些旅游者则情愿离电梯更近些，以求便利。

因此，不同的旅游者对同一酒店内不同类型的客房有着不同的需求强度，酒店制定不同价格就能适应不同旅游者的不同需求，而这种价格上的差别，主要反映旅游者对酒店客房使用价值上的看法，并不是客房成本的差别。

此外，酒店的地理区位也是确定房价的重要因素。例如，交通方便、邻近风景区或旅游点、靠近商业中心的酒店的地理区位较好，价格可定得高些；反之，地理区位差的酒店，必须制定有效的经营策略来抵消地理区位的影响，只能制定较低的价格。

三、竞争导向定价法

在竞争激烈的旅游行业中，旅游企业的定价常常不得不以应付竞争为目标，竞争迫使各旅游企业必须使用同样或近似的价格。如果其中一个企业比其他企业的定价高，那么就有可能在激烈的竞争中失去一部分市场。反之，如果该企业将产品价格降低至竞争者的价格之下，就必须保证有更多的销售量以弥补由于降价而减少的利润。如果发生一家企业率先降价后其他企业尾随降价的情况，该企业就会很快失去价格优势。因此，只有具有很大成本优势的企业才敢于率先降低价格，否则由此引发的价格大战将对各方都产生极为不利的影响。

以竞争为中心的定价法中常为旅游企业采用的是随行就市法。随行就市法有两种情形。一种情形是，本行业处于自由竞争状态，各个企业以本行业的平均价格水平或习惯价格水平作为自己的定价标准。这种方法非常适用于成本难以精确估测、竞争对手的价格变动难以预测的旅游企业。此定价既可以应付竞争，又可以保证适当的收益。另一种情形是，本行业中有少数企业处于垄断地位，起着价格领袖的作用，各个中小企业为了应付竞争就尾随其后，依据价格领袖的定价确定自己的价格。

在某企业与其他竞争企业的产品有某些差异的情况下，该企业并不需要完全按照竞争者产品的价格制定本企业产品的价格，其价格可高于或低于竞争者的平均价格水平。至于选择稍高的价格还是选择略低的价格，要根据其他定价目标进行。高于竞争者的价格可以增加本企业产品的豪华形象，反之则可以突出产品廉价的形象。

任务四
旅游产品价格调整

由于目标市场的需求、企业的成本和财务状况以及市场环境等因素不断发生变化，使企业营销处于一个动态发展的环境之中。因此，旅游企业在制定产品的基本价格之后，还要依据环境的变化对旅游价格进行适当的修订乃至变更基本价格。

一、旅游产品价格修订
旅游价格的修订指在不改变产品基本价格的基础上对原价格进行适当的调整，以适应变化的环境。旅游产品价格的修订主要包括：基于一项产品的定价而对整个产品线的其他产品价格进行修订；与促销活动相互配合的促销性价格折扣；因旅游需求季节性和地区性的不同进行季节价格修订及地区价格修订等。下面主要介绍旅游价格修订中的数量折扣、付款方式及时间折扣、预订折扣。

（一）数量折扣
与其他产业的产品类似，旅游企业也鼓励旅游者或中间商大量购买其产品。对批量购买产品的买主予以价格上的折扣。

（二）付款方式及时间折扣
旅游企业为了鼓励旅游购买者采用指定的付款方式，而对按此方式付款的购买者进行价格折扣。如果旅游企业鼓励旅游者用信用卡结账，就会对持特定信用卡付款的旅游者给予适当的价格折扣。此外，付款时间决定着旅游企业流动资金管理的效果。在限定期限内，如果旅游者能够较早付款，就会改善企业的现金流量，因此，旅游企业为鼓励旅游者提前付款可采取一定的价格折扣措施。

（三）预订折扣

旅游预订是旅游产品销售中的重要环节，也是旅游购买的主要方式。提前预订会给旅游企业在运营安排及现金流量等方面带来众多好处。为鼓励旅游者提前预订，旅游企业可对提前一段时间预订者进行价格折扣。

二、旅游产品价格调整的情况

价格调整分为主动调整和被动调整两种形式，在不同的情况下，旅游企业需做出不同的抉择。旅游企业调价后，还要认真对待旅游市场反应。

（一）主动调整价格

旅游企业往往要根据市场的变化主动对产品的价格进行调整。那么，在什么情况下进行价格调整？是提价还是降价？企业的价格调整会出现什么问题？旅游企业必须做到心中有数。

1. 降低价格

旅游企业降价的主要原因有：

（1）市场供大于求。在供大于求的情况下，旅游企业往往会首先考虑加强促销、采用新的销售渠道、努力提高产品质量，如果这些措施仍然无法保证产品的销售量，就只好考虑降低价格。

（2）应对低价竞争。当某旅游企业的竞争对手进行低价竞销，吸引了很多旅游者，夺走其一部分市场时，在激烈的价格竞争中，该旅游企业可考虑降低价格。

（3）提高市场占有率，增加利润。当旅游产品的需求弹性较大时，旅游企业希望通过降价提高产品销售量，以降低单位成本，提高市场占有率，从而实现理想的利润，在市场竞争中掌握主动权。

但是，调低价格也可能会引起以下问题：

（1）在需求弹性小的情况下，调低价格，不见得能增加企业的总销售量。

（2）由于大多数旅游产品缺乏垄断性和专利保护，产品容易雷同，价格竞争往往是旅游企业竞争的主要手段。当某旅游企业率先降价时，可能会挑起本行业的价格战。

（3）调低价格之后，产品成本在售价中的比重提高，单位产品的利润率会下降。

（4）调低价格之后，企业产品的销售量可能会有所提高，但所获得的销售量和营业收入不一定能抵消价格下降带来的影响。

（5）降价之后，就不易恢复原先的价格。

因此，旅游企业在决定降价之前，必须采取审慎的态度，进行周密的分析和研究。如果企业只有调低价格，才能实现所需的销售量，使市场占有率和总利润有所提高，那么降低价格才有意义。

2. 提高价格

提高价格，往往会引起旅游者和旅游中间商的反感，也会使本企业营销人员不满。但是，在一些特定的情况下，旅游企业必须考虑提价：

（1）需求拉动的情况。旅游企业在市场供不应求的情况下，为熨平供求曲线，平衡供求关系，增加企业利润或为提高产品市场形象，可考虑适当提价。

（2）成本推动的情况。当发生通货膨胀时，会引起物价的普遍上涨。企业的成本上升，价格必然要相应提高，有时价格提高的幅度要超过成本上升的幅度。

旅游企业在提价时，应尽可能提高产品和服务的价值，同时利用各种有效的信息渠道，向旅游者说明提价的原因，努力使旅游者理解和接受，并帮助旅游者解决因提价而产生的一些问题。

在通货膨胀严重时，旅游企业常用的应变措施有：

（1）限时报价。所报价格局限在指定时间内，过时另议。或在合同中附加随市场行情调整价格的条款。

（2）将组合产品分割或把原来与产品一起定价的附加服务项目分出来，另行定价。

（3）减少现金折扣和数量折扣，或提高数量要求。

（4）重视高利润市场，对高利润的产品和市场，加强营销力量。

（5）在万不得已的情况下，在保证产品质量、功能和服务质量符合有关规定的前提下适当降低产品质量、减少产品功能和附加服务。

（二）被动调整价格

在更多的情况下，旅游企业的价格调整往往是对竞争者改变价格所作出的反应。需要说明的是，被动调整不一定是被迫调整，而是在竞争对手先降价时所作出的反应。

当旅游企业面临竞争者降价竞销挑战时，可考虑采用以下的对策。

1. 维持原价

旅游企业对竞争者的价格变动不作任何反应，一般在以下情况中采用：本企业降价会大大减少现金流量及目标利润时；不降价也不会失去很多市场份额时；维持原价会使目标市场增加对本企业的信心，从而重新获得市场份额时。

2. 采用非价格竞争手段

通过改进旅游产品质量，提高服务水平，并通过信息沟通，使目标市场了解到本企业的产品功能价格比要高于竞争者。如果能够成功，企业不但不会丧失市场份额，而且会增加利润。

3. 降价

当竞争者价格下降时，企业也可以随之降价，使价格接近竞争产品的价格水平或与竞争产品的价格保持一致。一般当竞争者价格下降而企业价格不变将使销售量大幅度减少时；产品的需求弹性大，目标市场对价格较为敏感时；企业具有明显的成本优势，保证降价后的利润不至于大幅下降时；非价格竞争措施效果不佳，不足以吸引和保持一定市场份额时，可采用随之降价的手段。

4. 提价

提高本企业产品价格也是应对竞争者降价的一种措施。如果产品需求弹性小，目标市场并非价格敏感型，这时旅游企业就可以提高价格，并强化非价格竞争手段，利用宣传促销措施在旅游者心目中塑造本企业产品高质量、高档次的形象。只要价格提高幅度能够为旅游者接受，并能够保持市场份额，那么提价就是成功的。

由于竞争者降价总是准备已久、经过深思熟虑的，企业要想在短时间内作出反应，采取应变措施，是很难恰到好处的。因此，最好在事前制定出反应程序，以便届时按程序作出反应，使反应较及时、有效。由于旅游业价格变动频繁，这种程序被广泛地采用。

（三）根据市场反应调整价格

首先，分析产品的需求弹性，通过需求弹性的大小，测定价格的升降幅度是否适当。例如，某种富有弹性的产品降价2%，销售量增长却不到2%，这就说明降价的幅度还不够大，可考虑提高降价幅度。

其次，由于旅游者和旅游中间商对价格变动的理解不同，有时会出现始料不及的反应，旅游企业需要认真对待。例如，降价原本希望吸引更多购买者，增加销售量，有时对某些旅游者却适得其反，因为他们可能对降价产生误解：或是企业产品质量不好，或是产品质量下降，或是企业经营陷入困境等。又如，提价本应抑制购买，但有些旅游者却有不同的理解：可能是产品畅销，产品质量提高，产品一定有特殊价值，不及时购买将来可能还要涨价或者买不到等。

 项目小结

本项目主要讨论了旅游市场营销组合中的重要组成部分——旅游产品的定价策略。其内容主要包括旅游产品的定价原理、定价目标、定价步骤及策略、定价方法等，以便旅游企业制定合理的价格。旅游产品定价策略运用得是否恰当，直接影响到旅游企业市场营销的成功与否。但是，由于旅游产品受诸多因素的影响，旅游企业往往需要依据具体情况对价格作出适当的调整。

海南三亚希尔顿酒店定价

三亚海棠湾希尔顿逸林度假酒店拥有463间宽敞舒适的客房，绵延435米的银色沙滩以及安全的海泳区域，2 400平方米的超大泳池及独立的家庭、儿童泳池，儿童泳池可加温，以外还设有水疗中心、健身中心、多种水上运动、网球场、儿童乐园以及万达海棠湾国际俱乐部电玩室及电影院等。步行即可抵达海棠湾洁白无垠的沙滩。简约典雅的装饰风格，可欣赏一望无际的蔚蓝海域、绵延的沙滩及葱郁的园林景观的观景房。房间价格根据离海远近不同，各有差别：

园景房1 998元

海景房2 988元

池畔房2 998元

池畔海景房3 288元

豪华海景房3 588元

全海景房3 988元

池畔全海景房4 288元

豪华全海景套房4 988元

时尚全海景套房4 988元

逸林全海景套房5 858元

当然，这些都是最初的报价，并非永恒不变的。网上预订有优惠，面对市场竞争状况还不时推出各种优惠促销：新客特惠、每日特惠、亲子特惠、情侣特惠、限时抢购、学生专享、常住优惠等。

问题讨论

酒店运用了哪些定价方法？试分析这些方法或策略在市场定价上有哪些优点或不足。

一、想一想

1. 影响旅游产品价格形成的因素有哪些？

2. 简述不同定价目标的内容。

3. 简述旅游企业产品的定价步骤。

4. 如何理解各种定价策略？

5. 简述旅游企业的定价方法。

6. 旅游企业应如何面对市场变化调整自己的价格策略？

二、练一练

请选择一家酒店，把你所学知识应用到一个旅游产品定价之中（产品定价应考虑测定产品需求、预测成本及选择合理定价方法等因素）。

项目七

旅游产品营销渠道策略

学习目标

1. 掌握旅游产品营销渠道、旅游中间商的概念
2. 熟悉旅游产品营销渠道的作用、内容和类型
3. 掌握旅游产品的营销策略
4. 了解旅游中间商的功能及旅游营销渠道的发展趋势

案例导入

亿客行的在线旅游帝国

亿客行（Expedia）是全球最大的在线旅游公司，其业务量约占全球在线旅游市场的三分之一，2007年通过与艺龙的合作正式进入中国市场，现有业务部门遍及美国、加拿大、法国、英国、比利时、德国、意大利以及西班牙。

亿客行作为一家在线旅游产品预订服务商，它自己并不提供旅游产品，主要靠"代理＋批发商"模式来销售旅游产品供应商的产品并获取佣金。佣金的获取方式或是亿客行以供应商规定的价格出售产品后按一定比例收取佣金的代理（Agency）模式；或是亿客行从供应商那里以固定的价格获取产品，然后赚取销售差价的批发商（Merchant）模式。

亿客行发展历程：

▲ 1996年，亿客行创办，向用户推出旅游产品在线查询和预订服务；

▲ 1999年，从微软分拆出来在纳斯达克独立上市（股票代码：EXPE）；

▲ 2000年，收购Travelscape.com公司；

▲ 2002年，推出商务旅行公司；

▲ 2003年6月—2005年1月，亿客行被美国互联网巨头IAC（InterActiveCorp）收购并私有化，这阶段IAC还收购了Hotels.com、Hotwire、Egencia、TripAdvisor等旅游网站；

▲ 2005年8月，IAC将其所有旅游业务打包在亿客行分拆，并打包上市，代码仍是EXPE；

▲ 2007年，与CruiseShipCenters建立长期战略联盟并入选标准普尔500指数；

▲ 2008年，将商旅服务公司命名为Egencia，收购欧洲Venere.com网站并建立联盟网络；

▲ 2009年2月，推出PassportAds和StorePoint Expandables媒体解决方案并宣布取消所有酒店租车、邮轮和几乎所有的航班预订改变和取消费用，并不再收取网上航空订票费；并在欧洲推出佣金模式的Easy Manage代理酒店项目；

▲ 2010年，亿客行被评为世界上最大的在线旅游公司，通过Hotwire推出模糊酒店预订模式并收购强大的移动旅游应用程序Mobiata；

▲ 2011年5月，通过旗下艺龙与腾讯的合作进入中国市场；

▲ 2011年9月，与亚洲航空公司成立合资公司；

▲ 2011年12月，把TripAdvisor分拆出来，并在中国成立到到网；

▲ 2012年5月，Egencia收购北欧旅游管理公司VIA旅游；

▲ 2012年7月，推出亿客行旅客偏好分析工具（ETP）；

▲ 2012年12月，艺龙与亿客行拓展成全球旅游合作伙伴关系；

▲ 2013年3月，收购全球领先的酒店元搜索公司Trivago大部分股份；

▲ 2013年8月，亿客行与Travelocity宣布达成战略营销协议；

▲ 2014年7月，亿客行用6.58亿美元收购Wotif；

▲ 2015年2月，亿客行斥资16亿美元收购Orbitz；

▲ 2015年5月，亿客行将艺龙股份转让给携程；

▲ 2015年11月，亿客行斥资39亿美元收购HomeAway；

▲ 2017年6月，亿客行完成对SilverRaill的收购；

▲ 2018年3月，亿客行更名为Expedia Group, Inc；

▲ 2019年7月，全球上市互联网30强榜单发布，亿客行排名第25位。

 想一想

1. 亿客行属于哪一类型的旅游企业？它处于营销渠道的哪一环节？

2. 除了常规的旅游产品营销渠道之外，你认为还有哪些新兴的营销渠道？

3. 如何看待旅游产品在线销售这一现象？

任务一
旅游产品营销渠道类型

　　旅游产品从旅游生产企业到旅游消费者的过程，是通过一定的渠道实现的，即在"特定的时间""特定的地点"，以"特定的方式"提供给"特定的旅游消费者"。由于旅游企业的选择不同，旅游产品的营销渠道就呈多种多样的状态。

一、旅游产品营销渠道的概念

　　旅游产品营销渠道又称为分销渠道或通道，指旅游产品使用权转移过程中所经过的各个环节连接起来而形成的通道，即旅游企业把旅游产品销售给旅游消费者的途径。旅游产品营销渠道的起点是旅游产品的生产者，终点是旅游消费者，中间环节包括各种代理商、批发商、零售商、其他中介组织和个人等。

什么是OTA

一、OTA简介

　　OTA，全称为Online Travel Agency，中文译为"在线旅行社"，是旅游电子商务行业的专业词语，指旅游消费者通过网络向旅游服务提供商预定旅游产品或服务，并通过网上支付或者线下付费，即各旅游经营主体可以通过网络进行产品营销或产品销售。

　　OTA的出现将原来传统的旅行社销售模式放到网络平台上，更广泛的传递了线路信息，互动式的交流更方便了旅游消费者的咨询和订购。

　　与传统旅行社相比较，OTA具有以下明显特征：

　　第一，移动定位服务。在旅游中基于位置的移动定位服务包括导航服务、位置跟踪服务、安全救援服务、移动广告服务、相关位置的查询服务等。比如根据当前定位，通过在线旅游服务商的App等相关应用，可以查询附近酒店、旅游景点、娱乐设施等相关信息，在选择预订的同时，可以在地图应用的导航下，实现空间到达。

第二，移动支付。移动支付通常称为手机支付，就是用户使用移动终端（一般是手机）对所消费的商品或服务进行账务支付的一种方式。移动支付对实物货币有着可替代性作用，不受时空限制，具有先天的优势，在当前的消费行为中起着重要作用。移动支付服务的水平，将成为改善用户体验的重要组成部分。

第三，移动信息服务。移动信息服务指用户在移动过程中自动接收到的来自广告商或其他组织的相关具有针对性的信息。例如很多人进入某地自动收到当地旅游主管部门的欢迎信息。移动互联网最关键的应用是高度个性化、高度相关性的信息传递，这些信息由客户定制的，包括客户个人信息及其想关注的信息。因而，对目标客户或者是进入一定旅游区域的用户进行相关信息的推送，可以引导其消费行为的产生。

第四，信息互动服务移动。这是一种基于移动互联网的为目标用户发布大容量及强交互性内容的信息发布服务。相关数据显示，目前旅游市场传统业务交易量的增长率逐年下降，而自助游呈现爆炸式增长。当前的网络问答社区以及搜索服务为自助游提供信息支持的同时，更体现了这个时代用户对于个性化的追求。通过移动互联网提供服务，让旅游消费者可以随时随地搜索旅游信息。

二、我国OTA简介

目前，我国OTA主要有携程集团、飞猪旅行网、去哪儿网、马蜂窝、途牛等，下面简单介绍携程集团和飞猪旅行网。

（一）携程集团

携程旅行网创立于1999年，总部设在中国上海。2003年12月，携程旅行网在美国纳斯达克成功上市。2015年10月26日，携程网和去哪儿宣布合并。2018年7月13日，携程发布消息称，包括海外一日游产品等在内的出境游，已经实现平台上的国内供应商100%具备旅行社、出境游"双资质"。2019年10月28日，携程宣布更名，从Ctrip正式更名为Trip.com Group，即携程集团。作为中国领先的综合性旅行服务公司，携程集团成功整合了高科技产业与传统旅游行业，向超过3亿会员提供集无线应用、酒店预订、机票预订、旅游度假、商旅管理及旅游资讯在内的全方位旅行服务。

（二）飞猪旅行网

飞猪旅行网是阿里巴巴旗下的综合性旅游出行服务平台。"飞猪"整合数千家机票代理商、航空公司、旅行社、旅行代理商资源，直签酒店、客栈民宿等为广大旅游者提供机票、酒店、客栈、门票、签证代理、旅游卡券、租车、邮轮等旅游产品的信息搜索、购买及售后服务，并全程采用支付宝担保交易。"飞猪"是面向年轻消费者的休闲度假品牌，与面向企业差旅服务的阿里商旅一起构成阿里巴巴旗下的旅行业务单元，让旅游消费者获得更自由、更具想象力的旅程。

二、旅游产品营销渠道的作用

旅游产品营销渠道是由多个组织机构和个人构成的，因而旅游产品营销渠道往往表现为较为完整的体系，对整个旅游产品的流通起着极大的促进或制约作用。

1. 旅游产品营销渠道是保证旅游企业再生产过程顺利进行的前提条件

旅游企业是旅游产品生产、经营的基本单位。旅游企业生产的产品，不仅要符合社会需要，还必须及时地销售出去。通过旅游产品营销渠道，加速旅游产品的销售，满足旅游消费者的需要，从而实现旅游企业的战略目标。这样，旅游企业的再生产过程才能顺利进行。如果旅游产品营销渠道流通不畅，即使企业生产出优质、对路的产品，也不能保证产品一定能够顺利地到达旅游消费者手中，这必然使旅游企业再生产过程受阻。

2. 合理选择旅游产品营销渠道是提高旅游经济效益的重要手段

旅游产品营销渠道的数量、环节多少以及容量等问题，对旅游产品的销售有着直接的影响。只有合理选择产品营销渠道、加强产品营销渠道的管理以及适时营造新的产品营销渠道，才能加快旅游产品的流通速度，加速资金周转，合理使用营销资源，提高旅游企业的经济效益。

3. 旅游产品营销渠道能确保旅游市场信息有效沟通

各渠道在旅游产品销售过程中，总是能够与旅游消费者进行最直接的接触，也最能了解旅游消费者的消费偏好、消费类型及消费趋势。旅游市场信息可以通过各种营销渠道反馈给旅游产品的生产者。

4. 旅游产品营销渠道策略直接影响其他市场营销策略的实施效果

旅游产品营销渠道策略与产品等营销策略密切相关，而且建立产品营销渠道需要较长的时间和资金，需要营销渠道间长期的合作和信任，因此，旅游产品营销渠道一经建立，一般不轻易变更。随着旅游产品营销渠道的确定，旅游企业的定价、促销等策略也就相对固定下来了。例如，旅游产品的广告宣传活动主要由旅游企业负责还是由中间商负责，或是双方共同负责，旅游企业的价格策略与中间商的价格策略如何相互配合等均受旅游产品营销渠道策略的影响。

三、旅游产品营销渠道的内容

（1）旅游产品营销渠道起点是旅游产品生产者或供应者，终点是旅游消费者。旅游产品营销渠道是包括从起点到终点的各个流通环节组成的系统。

（2）旅游产品营销渠道是相关经营组织和个人的组合，除了起点和终点外，还包括各种类型的旅游中间商。旅行社就是典型的旅游中间商。

（3）在旅游产品营销渠道中，旅游产品和服务在一段时间内的使用权发生转移，而非永久使用权转移，更不是所有权转移。

（4）旅游产品营销渠道包含多种层次。

四、旅游产品营销渠道的类型

在旅游市场营销中，由于旅游市场、旅游企业、旅游中间商以及旅游消费者等多种因素的影响，旅游产品营销渠道（以下简称营销渠道）也就形成了多种多样的状态，即便是同一种旅游产品，也有可能通过不同的营销渠道销售。一般来说，旅游产品的营销渠道有直接、间接、长、短、宽、窄、单、多等多种类型。

（一）直接营销渠道和间接营销渠道

直接营销渠道和间接营销渠道的区别在于旅游企业的营销活动是否通过旅游中间商进行。

1. 直接营销渠道

它是指旅游企业在其市场营销活动中不通过任何一个旅游中间商，而直接把旅游产品销售给旅游消费者的营销渠道（图7-1）。尽管这种渠道没有介入其他成分，也无层次环节多少之分，从结构上看比较单一，但旅游企业面对的旅游消费者群体却比较庞杂。如旅游景点、旅游饭店、博物馆。

图7-1　直接营销渠道

通过这种营销渠道，旅游企业直接和旅游消费者交往，有利于直接获得旅游消费者的信息，有助于改善旅游产品的质量，控制旅游产品的成熟过程和程度，强化旅游企业的形象。在旅游产品直接销售量大和旅游消费者购买力较为稳定的情况下，旅游企业可以省去中间商的营销费用，以较小的成本获取较大的收益。

2. 间接营销渠道

旅游企业通过旅游中间商把旅游产品销售给旅游消费者。这些旅游中间商就组成了间接营销渠道。间接营销渠道是目前主要的旅游产品营销渠道。渠道越长，旅游产品市场扩展的可能性就越大，但旅游企业对产品销售的控制能力和信息反馈的清晰度就越差。间接营销渠道按中间环节的多少和使用平行渠道的情况分为三种。

（1）一级营销渠道

这种营销渠道具有两个环节（图7-2），旅游企业→旅游零售商为第一个环节，旅游零售商→旅游消费者为第二个环节，旅游企业通过这两个环节把旅游产品销售给旅游消费者。这种营销渠道具有降低成本、减少开支从而提高旅游企业经济效益的优点，但仅适宜于营销批量不大、地区狭窄或单一的旅游产品。

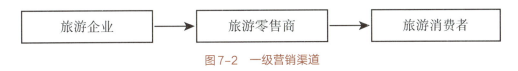

图7-2　一级营销渠道

（2）多级营销渠道

这种营销渠道具有三个环节（图7-3），即旅游企业→旅游批发商为第一环节，旅游批发商→旅游零售商为第二环节，旅游零售商→旅游消费者为第三环节。这种营销渠道在国际旅游业中使用较为广泛。由于大型旅游批发商的规模、网点比零售商大得多，而且销售地区较广，具有较为明显的优点。

这种营销渠道的同种变形，如图7-4所示。

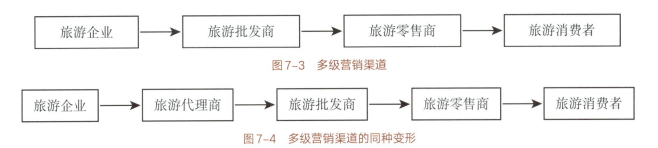

图7-3　多级营销渠道

图7-4　多级营销渠道的同种变形

这种营销渠道增加了旅游代理商，在国内外旅游业中，应用较为广泛。对旅游代理商的选择是这种营销渠道的关键。旅游代理商的营销能力、控制地域、忠诚程度，关系到这种营销渠道的效果。

（3）多级多层营销渠道

这种营销渠道很繁杂，共有5个层次、12个中间环节（图7-5）。旅游企业→旅游代理商→旅游批发商→旅游零售商→旅游消费者为第一个层次；旅游企业→旅游批发商→旅游零售商→旅游消费者为第二个层次；旅游企业→旅游批发商→旅游消费者为第三个层次；旅游企业→旅游零售商→旅游消费者为第四个层次；旅游企业→旅游消费者为第五个层次。选择利用这种营销渠道时，必须注意分析市场大小及结构，选用一种或若干种营销渠道加以组合使用，同时也要注意调整、充实现有的营销渠道，根据自己的需要慎重地选用新的旅游中间商。

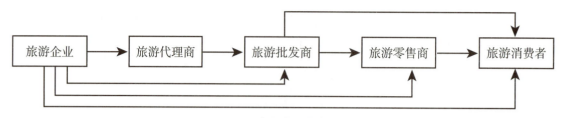

图 7-5　多级多层营销渠道

（二）长渠道和短渠道

对于间接营销渠道来说，根据其介入的中间商层次的多少又可区分为长渠道和短渠道。旅游产品从脱离生产者即旅游企业开始直到旅游消费者购买为止，整个过程的中间环节或中间层次越多，营销渠道就越长。反之，营销渠道就越短。如图7-6、图7-7、图7-8所示。

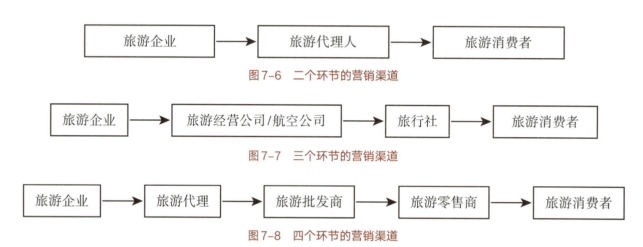

图 7-6　二个环节的营销渠道

图 7-7　三个环节的营销渠道

图 7-8　四个环节的营销渠道

营销渠道短，旅游企业承担的销售任务就多，信息传递快，销售及时，能较为有力地控制营销渠道（如控制价格、提供服务、进行宣传）；营销渠道长，批发商、零售商就要完成大部分营销职能，信息传递慢，流通时间较长，旅游企业对营销渠道的控制就较为困难。

（三）宽渠道和窄渠道

旅游营销渠道的宽度，一般指一个时期内销售网点的多少、网点分配的合理程度以及销售数量的多少。这主要取决于旅游企业希望自己的旅游产品在目标市场上扩散范围的大小，也就是希望占据多少市场供应点以及什么样的供应点。通常所说的要多设销售网点，就是指加宽旅游营销渠道。有的大旅行社，如美国运通公司，在美国本土东部、西部、中西部、中南部各州都有分公司，还有几千个零售代理商，这样的旅游营销渠道就相当宽。因而，宽渠道指使用的同类中间商较多、旅游产品在市场上的销售面较广的旅游营销渠道。一般化、大众性的旅游产品主要通过宽渠道进行销售，通过多家旅游批发商或代理商批发给更多的零售商去进行销售，从而能大量地接触旅游消费者，大批销售旅游产品。如近年来中国日益兴起的赴新加坡、马来西亚、泰国观光度假旅游等旅游产品的营销渠道就是宽渠道。

所谓窄渠道，就是使用的同类中间商较少，旅游产品在市场上的销售面较窄的旅游营销渠道。窄渠道对旅游产品生产企业而言，比较容易控制，但市场的销售面就会受到限制，因此，旅游窄渠道一般只适用于专业性较强的或费用较高的旅游产品的销售，如穿越塔克拉玛干沙漠旅游、攀登高原雪山旅游、环球旅游等旅游产品。

（四）单渠道和多渠道

根据旅游企业所采用的渠道类型的多少，旅游营销渠道又可分为单渠道和多渠道。有些旅游企业采用的营销渠道类型比较单一，如所有产品全部由自己直接销售或全部交给批发商经销，称为单渠道。有的旅游企业则根据不同层次或地区旅游消费者的不同情况而采用不同的营销渠道。如在本地区采用直接渠道，对外地采用间接渠道，或同时采用长渠道和短渠道，这些都称为多渠道。有时把采用多渠道的销售系统又称为双重销售系统。一般情况下，旅游企业生产规模较小或经营能力较强，可采用单渠道销售旅游产品。反之，则可采用多渠道，以便扩大产品的覆盖面，灵活地大量销售自己的旅游产品。

链接

美国市场营销协会

美国市场营销协会（American Marketing Association，简称AMA）于1937年由市场营销企业界及学术界具有远见卓识的人士发起成立。如今，该协会已发展成为世界上规模最大的市场营销协会之一，拥有30 000多名会员，他们在世界各地从事着市场营销方面的工作以及营销领域的教学与研究。作为面向营销人的领先机构，美国市场营销协会被视为市场营销从业者和学术研究人员的可信赖的主要资源平台。提供值得信赖的市场营销资源，提供培训以及各种实用工具，帮助会员了解市场营销领域的相关知识，获得受益终身的经验、有价值的市场信息和业务联系。

美国市场营销协会中国办公室于2013年成立，这是其第一家海外办事处。通过网站、电子通信、杂志期刊、培训活动等渠道，为中国的市场营销从业者带来全球范围内的最新营销资讯、大师级的专家视角、专业机构的市场研究报告等高质量内容，帮助他们提升职业技能；立足中国，汇聚来自企业和商学院的各路营销精英、学者教授，共向搭建一个属于中国营销人的生态圈。

五、选择营销渠道类型的影响因素

旅游企业在进行营销渠道类型决策时，会受到许多因素的影响和制约，旅游企业就必须在充分考虑这些影响因素的前提下对可供选择的营销渠道进行评估和决策。一般情况下，影响不同类型的营销渠道选择的因素主要有旅游产品、市场、企业自身和环境等。

（一）旅游产品

旅游产品是旅游企业进行营销渠道类型决策时首先必须考虑的因素，其影响和制约作用主要由旅游产品的性质、种类以及档次、等级等方面表现出来。一般来说，餐厅、旅游景点、商务性酒店、汽车旅馆、旅游汽车公司等旅游企业主要是采取直接营销渠道销售自己的产品或服务；而游船、度假酒店、机场酒店、包机公司等，尤其是经营跨国旅游业务的旅游企业，由于市场销售面广，则往往采用间接营销渠道开展市场营销活动。对于高档的旅游产品，购买者较少，并且许多人是回头客，因而这类产品的营销工作，往往采用直接营销渠道进行，如探险旅行社等旅游企业经营的特种旅游产品就是如此。大众化的较低档次的旅游产品，由于市场面较广、旅游消费者较多，采用间接营销渠道的优点就很突出，易于在较大的空间内吸引、争取广大的客源。

（二）市场

旅游市场十分复杂，有多种因素对旅游营销渠道类型的选择产生不同程度的影响，其中最主要的因素为旅游消费者、旅游中间商和同类产品竞争者。

旅游消费者对营销渠道的影响首先表现为产品消费需求的大小。消费需求大的产品要求能在市场上广泛分布，并具有一定的区域延伸性，此时，营销渠道就应当既"长"又"宽"。其次，旅游消费者的消费习惯对于营销渠道选择也会产生很大影响。如旅游消费者购买频次较高，交易工作量就会相应增大，旅游企业一般就应当多利用一些中间商开展销售活动；相反，如果购买频次低，每次购买量大，企业就可以少利用一些中间商，而采用较短的营销渠道来进行销售。此外，有的旅游产品的旅游消费者分布比较集中，营销渠道就可短一些，直接一些；而如果旅游产品的旅游消费者分布于全国各地，甚至于世界各地，营销渠道就应当长一些，宽一些。

旅游中间商的性质、功能及对各种产品的销售服务是旅游企业进行营销渠道选择的关键影响因素。例如，需要以高质量服务为保障的旅游产品，就必须有具备高水平服务或设备的中间商进行销售。零售商的实力较强，经营规模较大，旅游企业就可直接通过零售商经销产品；零售商实力普遍较弱，经营规模较小，旅游企业就只能通过批发商进行销售。

同类产品竞争者的影响主要表现为竞争者的销售渠道对旅游企业销售渠道的选择所具有的重大影响。随着经济的发展和旅游市场的进一步开拓，旅游产品生产者和供给者的数量日益增多，竞争也随之加剧。一方面，旅游企业可以以竞争者的销售渠道选择为借鉴，利用竞争者已经成功使用的销售渠道，加以模仿，采用大致相同或相似的销售渠道，在同一销售渠道与竞争者的产品进行竞争。另一方面，旅游企业可以独辟蹊径，尽量避开竞争者已使用的销售渠道，开辟新的销售渠道，以便争取更大的获利空间。总之，面对快速、多变的环境，企业要根据竞争者的渠道选择，因地制宜，灵活机动地采取适合自己的营销渠道。

（三）企业自身

旅游营销渠道的选择还必须考虑旅游企业自身的多方面情况，并进行实事求是的判断。旅游企业产品组合的广度和深度对营销渠道决策影响很大。一般情况下，零售商和旅游消费者对产品需求品种多、批量小，如果旅游产品组合面太窄，产品单一，就不能很好地适应零售商和旅游消费者的需求，而必须通过批发商进行营销；如果旅游产品组合面较广、较深，产品品种较多，就容易适应零售商和旅游消费者的需要，采用的营销渠道就可短一些、直接一些。旅游企业的经营实力既包括企业的资金实力，也包括其社会声誉的影响。旅游企业越大、资金实力越雄厚，营销渠道选择的灵活性就越大；旅游企业的社会声誉越好，影响越大，就越有可能挑选和利用各种有利的营销渠道。

旅游企业对自己产品的市场营销活动是否有相应的管理能力也会影响其营销渠道的选择。如果旅游企业管理营销业务的能力较强，就可自行组织营销系统；如果旅游企业缺乏营销管理方面的经验，就只能依靠中间商来开展营销。

（四）环境

各种政治、经济、自然的特征与变化都会对旅游企业的营销渠道决策产生影响。

一个国家在旅游市场方面的政策及经济环境的变化对旅游企业的营销渠道影响很大。中国实行改革开放以来，旅游市场得到极大的发展，旅游产品的营销渠道大大拓宽，出现了多渠道流通的局面，极大地促进了旅游产品的市场营销。但是，旅游市场营销要受到国家许多政策的限制和约束，如为了保证旅游市场的正常秩序，国家规定经营国内旅游业务的旅行社不能到海外招徕、组织客源，只有国际旅行社才有此权利。

自然环境对营销渠道的影响主要表现在地理条件方面，若旅游产品地处交通便利地区，开展直接营销的可能性就较大，而地处偏远地区的旅游产品，由于受地理条件的限制，则只能采用较长的营销渠道。

同时，选择旅游产品营销渠道时，还应考虑各种自然社会突发因素，包括各种不可抗拒的自然灾害和人为灾害。

一、旅游中间商的概念

在旅游市场不断发展并逐渐成熟的条件下，大多数旅游产品并不是由旅游生产企业直接供应给旅游消费者，而是要经过或多或少的中介组织，即旅游中间商。旅游中间商指介于旅游生产者与旅游消费者之间，专门从事旅游产品或服务市场营销的中介组织或个人。

旅游中间商是社会分工和商品经济发展的产物，在旅游市场营销活动中有着客观存在的必然性。由于旅游产品的生产和消费之间存在数量、品种、时间、地点等方面的矛盾，为解决这些矛盾并节约社会劳动，就需要中间商发挥生产与消费"联结人"的作用。对于旅游产品的生产企业来说，旅游中间商是专门化的市场营销组织，市场接触面广、信息来源多、熟悉旅游消费者并可实行规模化经营，因而旅游生产企业借助于旅游中间商，就可使自己的产品打入广阔的市场，节约资金占用，提高营销效率和投资收益等。旅游中间商的这一优势作用可用图7-9来表示。

从图7-9中可以看出，假定有2个旅游产品的生产企业和10个旅游消费者，若没有中间商，旅游生产企业和旅游消费者之间要进行20次产品的购销交易活动，而一旦有了中间商，则只要进行12次交易即可达到预期的营销目的。因而，尽管实际旅游市场营销工作十分复杂，但旅游中间商随着社会分工的日益细化、旅游市场的不断发展，其作用也越来越突出。

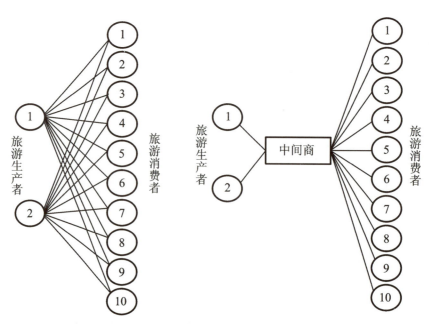

图7-9　旅游中间商存在的必要性示意图

旅游企业按照是否方便旅游消费者购买和是否能取得预期经济效益的基本原则，对营销渠道进行科学、合理地设计、组织和决策，就必然要涉及在营销渠道的营造中是否选用中间商以及中间商的质量如何等问题。

二、旅游中间商的类型

　　由于旅游中间商在旅游市场营销中的作用不一，旅游生产企业与这些中介组织或个人的责权利关系不同，因而旅游中间商的类型也就呈多样化形态。

（一）旅游经销商

　　旅游经销商指将旅游产品买进以后再卖出的中间商，它的利润来源于旅游产品购进价与销出价之间的差额。旅游经销商与旅游产品的生产企业共同承担市场风险，其经营业绩的好坏直接影响到旅游生产企业经济效益的高低。旅游经销商多种多样，最主要的有旅游批发商和旅游零售商两类。

1．旅游批发商

　　旅游批发商往往是一些从事批发业务的旅行社或旅游公司。按照国外旅游学界的普遍看法，旅游批发商的业务是将航空公司或其他交通运输企业的服务与旅游目的地旅游企业的地面服务组合成整体性的旅游产品，然后通过某一销售途径推向大众。也就是说，旅游批发商通过大量地订购旅游交通运输、酒店、旅游景点等企业的单项旅游产品，将这些产品编排成多种时间、价格的包价旅游线路，然后再批发给旅游零售商，最终出售给旅游消费者。一般来说，旅游批发商的经营范围可广可窄。有的旅游批发商可在全国甚至在海外通过设置办事处或建立合资企业、独资企业等形式进行大众化产品的促销工作，或者广泛经营旅游热点地区的包价旅游产品；有的旅游批发商也可在特定的目标市场中只经营一些特定的旅游产品，如专项体育活动、专项节目活动等产品；有的旅游批发商则可以以某一交通运输工具组织包价旅游，如中国的长江三峡豪华游艇包价旅游、开汽车穿越塔克拉玛干沙漠的包价旅游等。

　　在少数情况下，旅游批发商也对旅游消费者进行直接销售活动。此时旅游批发商要对旅游消费者的整体旅游活动负责，旅游消费者旅行所必需的费用须全部计入所报价格中，包括旅游消费者的食、住、行、游、娱等活动乃至行李搬运费、小费等费用。

2．旅游零售商

　　旅游零售商指直接面向广大旅游消费者从事旅游产品零售业务的旅游中间商。他们与旅游消费者联系最为紧密。为适应旅游消费者的多种需求，旅游零售商要熟悉多种旅游产品的特点、价格和日程安排，要了解和掌握旅游消费者的经济支付能力、生活消费需要和方式等情况，以帮助旅游消费者挑选适应其要求的旅游产品。同时，旅游零售商在市场营销活动中应具有较强的沟通和应变能力，要与旅游目的地的酒店、餐厅、景区以及车船公司、航空公司等旅游接待企业保持良好的联系，能根据旅游市场及旅游消费者的需要变化而相应地调整服务。一般来说，旅游零售商的主要职责为：向旅游消费者提供广泛的和正确无误的旅行咨询服务；做出包含海、陆、空在内的各种交通运输安排；做出旅游消费者在旅游活动过程中的食宿，观光，音乐会、剧场入场券等特殊节目以及行李的运送等方面的安排；制定单独旅游、个人陪同旅游、团体旅游等旅游产品；对有特殊兴趣的旅游，如宗教朝觐、会议旅游、奖励旅游、业务旅游、学生旅游和体育旅游等做出安排、预定；处理旅游活动中所涉及的一切琐碎事宜，如对有关健康、保险、旅行支票、语言学习资料等事宜的处理和咨询。

由于旅游零售商从一定意义来说是代表旅游消费者向旅游批发商以及提供旅游产品的企业购买产品，为保护旅游消费者的应得利益，促进旅游零售业务的顺利开展，旅游零售商在与旅游批发商以及旅游产品的生产企业发生联系、签署有关购销协议时，一般要关心、注意以下问题：首先是对方的质量、信誉，也就是旅游批发商等企业提供的旅游活动是否可靠，各项活动的开展是否准时，处理业务工作的效率如何，出现意外事故时抢救、处理措施的保障程度如何等。就其所提供的产品而言，往往包价旅游产品事前的调研工作较为扎实，产品开发、实施方案较为可靠，同时对市场的宣传促销力度较大，因此，在实际工作中旅游零售商愿意大量购进包价旅游产品，向旅游消费者推销。其次要关心、注意对方提供的旅游产品的价格。例如与同类产品的价格相比，若报价过高，对旅游消费者的吸引力就会降低，推销难度增大，旅游零售商的经济效益就不明显；若报价偏低，则可能会使旅游消费者产生对旅游产品质量的怀疑，客观上也不利于产品的推销工作。

旅游零售商一般为旅行社，旅游发达国家的超级市场、航空公司等往往也是旅游零售商。

与一般的生产企业不同，旅游企业不一定只是批发商或零售商。对于同一个旅游企业来说，在不同的营销渠道中，它可能担任不同的角色。如A旅行社为一个来自美国的旅行团组织了一次包价旅游活动，它是以旅游批发商的身份进行销售活动的；同时，它又为B旅行社的一个团队提供了当地导游的服务，那么可以说它又是旅游零售商。

（二）旅游代理商

旅游代理商，指那些只接受旅游产品生产者或供应者的委托，在一定区域内代理销售其产品的旅游中间商。旅游代理商不拥有旅游产品的所有权，其收入来自被代理企业支付的佣金。旅游代理商的主要职能是在其所在地区代理旅游批发商或提供行、宿、游等旅游服务的旅游企业向旅游消费者销售其旅游产品。

旅游产品生产企业在自己推销能力不能达到的地区，或是无法找到合适的销售对象的情况下，利用旅游代理商的营销资源可以寻求营销机会，因而，对代理商的利用是对利用经销商的一种补充，尽管利用代理商的风险转移程度比利用经销商要低得多。一般而言，在旅游产品比较畅销的情况下，利用旅游批发商等中介组织的机会比较多，而在新产品上市初期或产品销路不太好的情况下，则利用代理商的机会就比较多。

在实际工作中，旅游代理商由于直接面对广大的旅游消费者，或以旅游消费者服务为主，同时经营少量的旅游产品的批发业务，因而旅游代理商往往又是旅游零售商，但其收入主要以收取佣金为主。

三、旅游中间商的功能

旅游中间商在旅游市场营销中占有特殊的地位，对旅游产品营销渠道的形成和运行起着重要作用。一般来说，旅游中间商的功能主要体现为市场调研、市场开拓、促进销售和组合加工产品等功能。

（一）市场调研

旅游消费者是影响旅游企业生产经营成败的关键因素，其数量的多少、层次的高低、购买力的大小对旅游企业的经济效益有着直接的影响。旅游中间商就可以利用自己直接面向旅游消费者的有利地位，真实、客观、全面地调查、掌握旅游消费者的意见和需要，从而为旅游企业提供准确、及时的信息，帮助旅游企业对市场的变动作出及时地反应，使其产品和服务能不断适应旅游消费者的需求。

（二）市场开拓

旅游市场需求的频繁变化和强有力竞争，客观上要求旅游企业不断进行市场开拓，才能在市场中生存和发展。旅游中间商专门进行旅游产品的购销工作，对市场的变化及走向有着强烈的敏感性，能对市场的未来发展有较为准确的判断，并善于寻找市场的空隙，捕捉市场营销机会。旅游企业与旅游中间商如果能友好沟通、协作，就能将旅游产品的生产优势与市场开拓的营销优势结合在一起，使旅游生产企业与旅游中间商都得到成长。

（三）促进销售

旅游产品要获得大量旅游消费者的欢迎，一定要促进市场中潜在的旅游需求转化现实的旅游需求。旅游中间商往往是旅游促销的专门人才，各自拥有自己的目标群体，与社会各方以及市场中各部分有可能形成良好的公共关系。他们依靠自身所特有的宣传、广告、咨询服务和其他多种形式的促销活动，来激发旅游消费者的购买欲望，促进市场需求的形成和旅游生产企业与旅游消费者之间的联系。

（四）组合加工产品

任何一个旅游企业均不能完整地提供旅游消费者在旅游活动中所需的食、住、行、游、购、娱等环节的各种旅游产品。旅游中间商运用自身与多家旅游企业的联系，具有对多种旅游产品加工、整合的能力。例如，为满足旅游消费者多方面的需要，旅游中间商将各种旅游产品组合起来，形成系列化的、完整的旅游产品，提供给旅游消费者，其内容包括了安排接送，代订大交通（机票、火车票）酒店、餐饮、观光游览，组织会议，提供导游，安排商务、文化体育等活动。这种组合还可按旅游消费者的不同要求，形成不同的组合方式和价格形式。

链接

激励旅游中间商的方法

以旅行社为旅游中间商的代表，可设置下列奖励措施。

1. 收返两条线

对景区的门票收入管理和奖励资金的返回实行两条线管理，互不干扰。

2. 购奖不见面

对所有旅行社实行统一购票进入景区，而奖励政策则在年度结束后完成，以购定奖，多购多奖，少购少奖。

3. 立司两分开

一方面为确保奖励政策的稳定性，以地方法规的形式，将奖励政策确定下来，确保奖励政策的长期和稳定。另一方面，出台奖励实施细则，细化奖励标准和认定办法，就优惠奖励的范围、具体内容、奖励标准作出具体的规定，明确旅行社组团人数、奖励的部门，形成一个综合指标，对旅行社组团进行科学、公正、准确地确认，及时对旅行社给予奖励。

4. 门票同价钱

为更好地实现集中奖励、组团即奖、统一合理、科学奖励的目标，应对所有组团旅行社实行统一门票价格，统一在园门购票或签单确定人数，所有奖励优惠在年底、月底集中兑现。

5. 组团即有奖

旅游奖励政策的最终落脚点是促进本地旅游业的发展，在奖励的范围上应防止过窄、过少的现象，奖项设置要合理，找准奖励对象，扩大奖励范围，多组多奖，质优奖高。可设3个或5个奖励级别，或者根据旅行社组团的人数、逗留时间、档次等不同的情况，每招徕到一个游客，就给一定额度的奖励。同时，要扩大受惠主体的范围，使旅行社不但可以在所做业务中获益，根据接待人数领取奖励，而且可以以组团规模、组团质量获奖，这样可以激励旅行社想方设法地做好业务，同时不断提高组团质量。

6. 奖励多方式

在对旅行社的奖励方式上也要大胆创新。多种奖励措施齐头并进。可根据旅游组团情况不同、季节不同、人数不同等多个方面给予多层次、多方面的奖励，使奖励政策系统化。如可根据实际情况，对接待入境旅游与接待国内旅游的地接社采用不同的奖励标准和措施；在旅游淡季、旺季的门票价格可以采用不同优惠标准；不同季节的星级酒店价格采用不同优惠；包机、专列、会议等采用专项优惠标准；各地近期重点开发境外、境内客源市场组团时可采用不同的优惠标准等。以更加鲜明，更加优势的优惠奖励政策激发旅行社推广本地景点的积极性。

四、选择旅游中间商的原则

1. 经济效益的原则

追求营销活动的经济效益是旅游企业一切营销决策的基本出发点。对旅游中间商的选择，自然也应该坚持这一原则。将选择旅游中间商所可能引起的销售收入增长，与所需要花费的成本做比较，以评价旅游中间商选择的合理性。

2. 控制的原则

旅游企业对旅游中间商的选择，不仅要考虑经济效益，还应考虑旅游企业能否对其进行有效的管理和控制。旅游中间商是否稳定，对于旅游企业能否维持其市场份额，实现其长远目标至关重要。利用旅游中间商来进行市场营销，就应当充分考虑所选择的旅游中间商的可控程度。

3. 时空分布合理的原则

旅游营销渠道的地理分布，要根据目标旅游消费者的分布情况做科学的布局，同时也要考虑淡旺季等因素的影响。

任务三
旅游产品营销渠道策略

旅游企业要经过较长时间才可能形成和完善旅游产品营销渠道。这是由于旅游企业的经营目标发生变化、产品结构重新调整、目标市场不断扩展、营销力量成熟壮大等原因所致，同时更重要的原因在于旅游企业与旅游中间商的相互合作关系要通过市场长期的检验和磨合后，才能相对固定下来，形成利益联系紧密、思想观念统一、友谊深厚且持久的市场营销体系。因而，旅游产品营销渠道在渠道形式、管理、调整等方面的决策及其策略运用就尤为重要。

一、良好的旅游产品营销渠道的特征

（一）连续性明显

旅游企业所选择的营销渠道应能保证其产品连续不断地从生产领域、流通领域转移至消费领域，旅游中间商应尽可能不发生脱节、阻塞和不必要的停滞现象。这客观上要求旅游企业在选择和营造自己的营销渠道时，应注意所选的渠道是否环环紧扣，是否与最终的旅游消费者紧密联系。若旅游产品营销渠道的连续性差，旅游产品在营销渠道的某个中间商处被搁置，不仅旅游中间商要发生损失，丧失应有的经济效益，而且由于旅游产品不能迅速触达目标市场中的旅游消费者，必然会使旅游企业失去销售良机，不能及时满足市场需求，使其市场竞争优势下降，还可能会影响到旅游企业长期的营销能力。因此，连续性明显是良好的旅游产品营销渠道的首要特征。

（二）辐射性突出

营销渠道的辐射性直接影响着旅游企业产品的市场覆盖面和渗透程度。旅游企业的营销渠道实际上是以自己为起点向旅游中间商进行辐射，然后再以各旅游中间商为起点进一步向外辐射而形成的多层次扇面网络，见图7-10。

从图7-10中可知，旅游营销渠道的扇面越大，旅游企业产品的市场覆盖面就越广，市场渗透力也就越强，而且所形成的市场营销机会就会明显增多，旅游企业的市场风险也就相应下降。当然，在旅游实践中，由于旅游企业的性质不同、规模不一、营销目标不等，即便是同一种旅游产品，对市场的覆盖也不可能完全一样。

（三）配套性全面

旅游产品的营销活动，不仅是物质产品的转移过程，也是相关信息、服务等方面的流动过程。因此，旅游营销渠道若能同时兼有营销活动所需要的各种配套功能，就能更有效地保证旅游企业的产品顺利地完成由生产领域、流通领域向消费领域的转移。旅游企业所选择的旅游中间商，除具有买卖交易的能力外，最好还同时具有促销、运输、开发市场等配套功能。这样，旅游中间商在交易活动中，不但能保证实体性的旅游产品能顺利地进行流转，而且所具备的市场调研、信息收集反馈、运输等辅助功能，将会更有效地促使旅游企业的产品在目标市场中营销，更有针对性地满足多种旅游消费者的需要。

（四）经济效益理想

旅游企业选择、确定的营销渠道应当尽可能以较少的成本获得较高的收益，实现理想的经济效益。因此，这种具有良好经济效益状态的旅游营销渠道应能使旅游产品的流通、营销

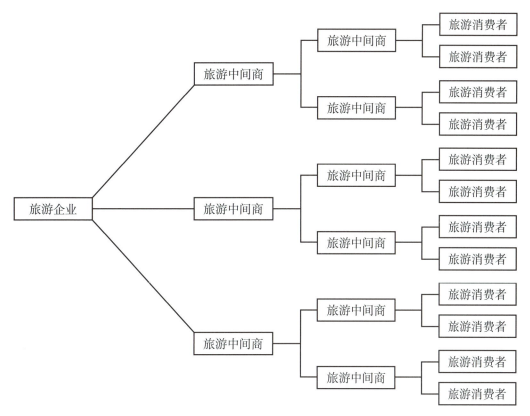

图7-10　旅游营销渠道辐射扇面示意图

费用降低。这些费用包括交易成本、资金成本等。交易成本的降低主要取决于交易环节的减少和交易成功率的提高，因为交易环节的减少可使旅游产品流通的流转费用减少，而交易成功率的提高则可使无效的营销费用降低，这就要求旅游企业在选择营销渠道时要尽可能减少不必要的中间环节，同时要谨慎地选择适当的旅游中间商为交易对象。降低资金成本主要在于加快企业资金的周转次数，提高资金的周转效率。总之，对旅游产品营销渠道经济效益的评估、测量应从总体上综合各种因素后进行考察，不能只强调某一方面的优势，而应追求旅游营销渠道综合效益的最优化。

二、旅游产品营销渠道形式的选择策略

　　旅游产品营销渠道形式的选择和设计，要以旅游企业的经营要求为出发点，以其营销目标为指导，既要保证旅游产品及时到达目标市场中的旅游消费者的手中，保持营销渠道具有较高的工作效率，又要保证营销费用支出较少，且能取得良好的旅游经济和社会效益。因而，旅游产品或服务营销渠道形式的决策，要建立在对市场认真调研、综合分析旅游企业的战略目标和营销因素组合策略的基础上，首先确定营销渠道目标，然后才能作出相应的一系列决策，如直接营销渠道或间接营销渠道的决策，营销渠道长度、宽度的决策等。

（一）确定营销渠道目标

确定旅游产品的营销渠道目标，其目的在于使营销渠道能与本企业战略目标和营销策略融为一体，从而与目标市场相适应。一般来说，确定营销目标可从以下方面进行分析。

（1）旅游产品的种类有多少？生产经营的数量、质量如何？

（2）目标市场的数目、位置、规模、购买总量如何？旅游市场需求的状态、特征、潜力怎样？

（3）旅游消费者购买旅游产品的动机、方式有哪些？

（4）旅游市场的结构及其变动趋势，竞争者的数量、规模、实力以及竞争方式如何？

（5）旅游产品的发展趋势、变动方向及相关生产经营技术等影响因素如何？

（6）旅游企业及其产品进入目标市场的策略和方法如何？

（7）旅游企业的目标销售收入、目标市场占有率、目标利润为多少？

（二）直接营销渠道和间接营销渠道的选择

旅游直接营销渠道与旅游间接营销渠道的区别，实际上就是旅游企业在市场营销活动中是否使用旅游中间商的问题。一般来说，旅游市场营销中，旅游企业两种营销渠道兼而有之，这是由旅游企业自身的特性所决定的。由于旅游产品的目标市场十分分散，旅游企业往往无法凭借自身的力量来建立广阔的营销网络，因而要获取充足的客源，就必须因地制宜，依托多种类型的旅游中间商进行营销。同时，许多旅游企业的产品具有边生产边消费的特点，其企业本身就是营销的场所，有一定比例的产品要利用自己的销售力量或网络来完成。

在实际工作中，旅游企业对是否采用直接营销渠道或间接营销渠道的决策，最终以如下两项标准来判断：① 本企业产品的销量数量或销售额。② 本企业为维护各种营销渠道所必须支付的营销费用。这一费用标准可用单位产品销售量所耗费用，也可用单位产品销售额所耗费用来表示。若旅游营销渠道销出的产品数量多，且单位产品销售量所消耗的费用低（或单位产品销售额所消耗的费用低），则该种类型的营销渠道就是理想的渠道。但是，若在此基础上选择的是旅游间接营销渠道，则还应针对旅游中间商在目标市场、经营规模、营销实力、偿付能力、信誉程度和合作意愿等方面的不同，准确地评估、挑选旅游中间商，使纳入营销渠道的旅游中间商具有较高的质量。旅游营销渠道的选择还与旅游企业的实力和在市场上的地位有紧密的关系。实力雄厚的旅游企业，往往自身可以建立强大的营销网络，对旅游中间商的依赖性相对小些；实力较弱的旅游企业则对旅游中间商的依赖性大一些。若目标市场广阔或欲进入新的市场时，旅游企业就必须建立间接营销渠道才能取得良好的营销效果。另外，旅游企业欲提高产品的销售量或市场竞争加剧时，也必须较多地依赖旅游间接营销渠道。

（三）营销渠道长度的选择

旅游企业营销渠道的长度取决于旅游产品从旅游生产企业至旅游消费者的途径中所经历的中间层次或环节的多少。经过的中间环节越多，则营销渠道越长。一般情况下，短渠道由于中间环节少，自然就可减少中间环节所发生的营销费用，旅游消费者购买的旅游产品的价格就有可能较为便宜。同时，短渠道还加快了旅游企业与旅游消费者之间的信息沟通速度，尤其有可能减少或避免过多的中间环节导致的信息失真、误传等情况的发生，如我国近年来随着旅游业的发展，一些大型企业纷纷到海外客源集中地建立自己的办事机构或代理商网络，同时加大在这些旅游市场中的广告等促销宣传力度，力求将大量、直接的信息传递给当地的旅游消费者，促进旅游消费者的购买活动。另外，由于旅游短营销渠道的中间环节少，营销工作及时，旅游企业就能较有力地控制整个营销渠道的运作。

然而，在实际工作中，由于多种因素的影响和制约，旅游企业最终所选定的营销渠道长度不一定为最佳的理想状态，只能是在多种选择中确定较为合适的营销渠道长度。

（四）营销渠道宽度的选择

旅游营销渠道的宽度指不同层次的营销渠道中利用同类旅游中间商数目的多少。旅游企业在选择、确定营销渠道的时候，往往由于各个目标市场情况不一，就有可能出现多种类型、多种级别的营销渠道形式同时并存的局面。归结起来，旅游营销渠道宽度的大小，主要由对广泛营销、选择性营销和独家营销三种类型营销方式的选择而决定。

1. 广泛营销

广泛营销也称密集营销，是在渠道层次中选择大量的中间商，充分与旅游产品的营销市场接触。在旅游消费者集中的地方或者旅游企业的主要目标市场，就应采用这种渠道形式。如西班牙一个大的酒店集团以英国度假市场为目标，就通过尽可能多的旅游经营公司广泛销售自己的旅游产品，取得了良好的效果。中国的许多旅游产品生产供应商也往往通过中国国际旅行社、中国青年旅行社和中国旅行社等大型旅游批发商销售旅游产品。但是使用这种宽渠道形式，旅游企业可能会收到一系列不利的结果，如对产品营销失去控制，因竞争激烈而跌价，渠道成员服务质量滑坡以及形象受到损害等，因而旅游企业采用此种渠道时要充分考虑到其负面影响。

2. 选择性营销

选择性营销指只选择那些有支付能力、有推销经验以及服务上乘的旅游中间商在特定区域与层次推销本企业的产品。这种渠道形式适用于价格较高的产品。这是因为旅游消费者购买这些产品要通过慎重考虑与选择，因而要求中间商具有一定的专业知识、服务水平以及较好的声誉。如中国近年来出国旅游的人数逐年增多，许多旅游消费者经常选择购买在中国享有良好声誉的中国国际旅行社的出境旅游产品。另外，在旅游消费者较少但相对集中的市场，也可选用这种较窄的渠道。使用这种营销渠道，旅游企业对渠道可进行适度的控制，有利于维护产品的形象与企业的信誉。

3. 独家营销

独家营销指在一定的市场区域内仅选用一家经验丰富、信誉良好的中间商来推销旅游企业产品，这是最窄的渠道形式。产销双方一般都签订合同，规定双方的销售权限、利润分配比例、销售费用和广告宣传费用的分担比例等。旅游企业开拓新市场时，这种营销渠道可以密切与中间商的协作关系，提高中间商的积极性，有利于旅游产品市场的开拓和信誉的提高。另外，一些特殊的高价旅游产品也常采用这种营销渠道。独家营销有利于旅游企业控制营销渠道成员，不足之处在于灵活性小，不利于旅游消费者的选择购买。

链接

旅游目的地营销的策略选择

旅游目的地营销是一个新的课题。近年来，随着营销理论逐步导入景区经营管理工作，市场细分、定位战略和4P营销组合策略，已为国内众多景区的营销管理者所熟知，并在市场实践中得到广泛运用。跟景区营销相比，旅游目的地营销的策略选择有什么不同呢？

景区营销运用最多的是4P营销组合策略，即产品（Product）、价格（Price）、渠道（Place）和促销（Promotion）。这一策略选择的思维基点，主要是从企业和产品出发的。虽然我们一直强调重视消费者需求，但满足消费者需求的目的还是为企业获取利润。而旅游目的地营销在这个基本出发点上有一个变化，就是要融合4P和4C，并且我们应更多地运用4C营销组合策略。

4C营销组合策略，简单讲就是以消费者为导向的营销策略，其基本要素是：消费者（Customer）、成本（Cost）、便利（Convenience）和沟通（Communication）。4C营销组合策略成为旅游目的地营销的策略选择，意味着我们思考问题的出发点要从以旅游消费者为中心，把旅游消费者满意度放在第一位。

三、旅游产品营销渠道的管理

加强旅游营销渠道的管理，才能保证其运行活动按事先预定的方式和轨迹进行，才能达到选择、确立旅游营销渠道的目的，使旅游企业和旅游中间商获得应有的经济效益。由于旅游营销渠道有直接与间接之分，客观上旅游间接营销渠道的构成较为复杂，管理难度较大，因而加强对旅游营销渠道的管理，主要指对旅游间接营销渠道的管理。

（一）旅游营销渠道成员的要求与控制环节的转移

旅游间接营销渠道的管理难点和核心，就是旅游企业如何调动旅游中间商的积极性、主动性，使其充分发挥出应有的合作精神，并且随市场情况的变化而灵活、有效地调整旅游企业与旅游中间商的关系等一系列问题。这是因为参加旅游营销渠道的成员，各自的需要和动机不一样，旅游间接营销渠道往往只是一个不稳定的联合体。在旅游间接营销渠道中，旅游生产企业旨在使营销渠道中的其他各方注重自己的产品，努力扩大自己产品的销售量，同时又希望尽量减少营销费用。旅游批发商在追求高销售量和高利润的同时，更加关心开发既能使自己减少风险，又能使旅游零售商愿意接受、代理的产品。旅游零售商一般很希望能得到多种旅游产品，以便更好地向旅游消费者销售，同时这些产品又能带来高额利润，旅游消费者往往希望有多种旅游产品供选择，以便较为方便地挑选、确定自己愿意购买的产品。

旅游企业在众多渠道成员诸多动机并存的情况下，对间接营销渠道的控制就面临着很大的困难，旅游企业要对不同条件下对渠道成员的影响力有较为全面的认识，以便能准确地抓住影响营销渠道的关键所在。当新的旅游产品刚刚面市时，由于广大旅游消费者对此知晓程度较低，因而旅游产品在市场上处于供过于求的状态，此时旅游产品的生产者、供应者为打开销路，就往往以低价形式或其他优惠条件，大幅度让利给旅游批发商，借助旅游批发商的产品整合能力和市场开拓经验，设法扩大旅游产品在市场上的销售，此时旅游批发商就有可能对整个营销渠道首先起到控制作用。而当旅游产品一旦进入成长期后，市场开始呈现出供不应求的状态，旅游市场由原先大量团队包价旅游进入多种包价形式与散客并存的状况，旅游批发商对产品或客源的影响力减小，控制力减弱，旅游产品的生产、供应企业在营销渠道中的地位发生了变化，其决策特点、供应方式、价格水平等方面的要求就会对营销渠道产生突出的影响。在旅游目的地中，这种随旅游淡、旺季变化而相应发生的营销渠道控制环节转移的现象十分典型。

（二）加强与旅游中间商的合作

加强与旅游中间商的合作，调动其积极性，是营销渠道管理的重要任务。旅游中间商与旅游企业是相互独立的，旅游中间商可以是这家企业的代理，也可以是其他企业的代理，它可以推销中国业务，也可以推销欧洲业务，有的旅游中间商甚至同时销售两个竞争对手的同类产品。旅游中间商一般对旅游企业不承担义务。为增强旅游中间商的合作精神，应关心和重视对旅游中间商的优惠与奖励措施。首先，维护旅游中间商的尊严，尊重旅游中间商的利益，这是赢得旅游中间商合作的首要前提。其次，要帮助旅游中间商增加收入，因为旅游中间商的收入来自旅游产品的差价或佣金，他们十分关心旅游产品的销售量和差价及佣金比例，旅游企业可以根据旅游中间商的组团能力、企业规模、计划销售和付款情况，进行区别对待，这是奖励旅游中间商的重要手段。最后，旅游中间商的优惠形式要多样，方法要灵活，可以采用如下一些形式：减收或免收预订金，组织奖励旅游，领队优惠（即按国际惯例，凡满15名付费游客的旅行团，可以增加一名领队，享受免费旅游），邀请旅游中间商旅游，联合宣传与推销，颁发奖品以及进行其他物质和精神奖励。

四、旅游产品营销渠道的调整

旅游企业的营销渠道在建立后并不是一成不变的。随着旅游市场行情的变化，要使渠道保持良好运行，就必须不断分析、评价旅游中间商的营销行为，及时调整渠道构成。

（一）对旅游中间商的评价

旅游企业要采取切实可行的办法，对旅游中间商的工作绩效进行检查与评价。对旅游企业影响作用大的旅游中间商，往往应成为企业合作的重点。对于绩效一般或低于企业要求的旅游中间商，要找出原因及补救办法，必要时改变现有的渠道结构，剔除绩效差的旅游中间商，以保证渠道的效能。对旅游中间商主要评价以下几方面内容：

（1）旅游中间商历年的销量指标完成情况和水分大小；

（2）旅游中间商为本企业提供的利润额和费用结算情况；

（3）旅游中间商为本企业推销产品的积极性；

（4）旅游中间商为本企业的竞争对手工作的情况；

（5）旅游中间商对本企业产品的宣传推广情况；

（6）旅游中间商满足旅游消费者需求的程度；

（7）与其他旅游中间商的关系及配合程度；

（8）旅游中间商占企业产品销售量的比重大小。

（二）营销渠道调整的方式

旅游企业根据市场变化情况调整营销渠道的方式主要有以下三种。

（1）增减旅游营销渠道中的旅游中间商。对效率低下、推销不力、对营销渠道整体运作有严重影响的旅游中间商，应予以剔除。如有必要，可另选合适的旅游中间商加入营销渠道。有时因竞争者的营销渠道宽度扩大，影响到自己的销售量，也应增加旅游中间商的数量。

（2）增减某一旅游营销渠道。随着市场的变化，旅游企业有时会发现自己的营销渠道过多，有的营销渠道作用不大。从提高营销效率的角度考虑，可以适当缩减一些营销渠道。相反，当发现现有营销渠道过少，不能使旅游产品有效抵达目标市场而影响了旅游产品的销路时，则应增加新的营销渠道。

（3）改变整个旅游营销渠道。这意味着取消原来的营销渠道，建立新的营销渠道。当旅游企业原有营销渠道产生无法解决的矛盾冲突，造成了整个营销渠道的极大混乱及功能的严重丧失，或者由于旅游企业的战略目标和营销组合实行了重大调整，都可能对营销渠道进行重新设计和组建。在对整个营销渠道进行改变时，旅游企业必须进行认真、细致的调查研究，权衡利弊，再做抉择。

五、旅游营销渠道的发展趋势

随着旅游市场的不断发展和完善，旅游市场竞争越来越激烈，旅游企业依靠单一的营销力量和手段进行市场营销，已显得越来越落后，旅游营销渠道日益复杂，出现了以旅游营销渠道联合化为主要特征的发展趋势。同时，新兴的信息技术的迅猛发展和网络技术的普及，使网络营销方式更多地出现在旅游业的营销之中。

（一）营销渠道的纵向联合

旅游企业营销渠道的纵向联合，指用一定的方式将营销渠道中各个环节的成员联合在一起，采取共同目标下的协调行动，以促使旅游产品或服务的市场营销整体经济效益提高。这种纵向联合大致可分为两种形式。

1. 契约型的产销联合

它是指旅游生产企业同其所选定的各个环节的旅游中间商以契约的形式来确定各自在实现同一营销目标基础上的责权利关系和相互协调行动。其主要特征为：营销渠道中的各环节成员共同为营销渠道整体利益的实现承担着相应的义务，有着统一的行动，同时尽管各渠道成员保持着某种形式的长期合作关系，但基本上仍是相互独立的经济实体。

2. 紧密型的产销一体化

它是指旅游企业以延伸或兼并的方式建立起统一的旅游产品的产销联合体，使其具有生产、批发和零售的全部功能，以实现对旅游市场营销活动的全面控制。其具体形式主要有：自营营销系统，即拥有庞大资本的旅游生产企业自行投资建立自己的销售公司和营销网格，直接向目标市场销售自己的旅游产品；联营营销系统，即旅游生产企业与旅游中间商共同投资或相互合并建立起统一的产销联合体，共同协调旅游产品的产销活动。

旅游营销渠道的纵向联合可在一定程度上缓解和避免营销渠道成员间由于追求各自的利益而形成的相互冲突，以及由此对营销系统所造成的损失，并且还由于整体协调功能的增强而提高市场营销活动的效率，从而使整体效益得以提高。

（二）营销渠道的横向联合

旅游营销渠道的横向联合，指由两个以上的旅游生产企业联合开发共同的市场的营销渠道。这种横向联合又可分为松散型联合和固定型联合两种形式。其中，松散型联合往往是为了共同开发某一市场，而由各有关旅游企业联合起来，共同策划和实施有助于实现这一市场机会的营销渠道。如旅游包机公司与旅游目的地的旅游生产企业联合起来共同开发某一客源市场。而固定型联合则往往以建立同时为各有关企业开展市场营销活动的销售公司为主要形式，如旅游目的地的有关生产企业联合成立旅游公司。旅游营销渠道的横向联合能较好地集中各有关旅游企业在市场营销方面的相对优势，如各企业可能都有自己的营销网格，联合起来就可能同时扩大各旅游企业的市场覆盖面等。

（三）集团联合

旅游集团联合，就是以旅游企业集团的形式，结合旅游企业组织形式的总体改造来促使旅游企业营销渠道的发展和改造。由于旅游企业集团是由多个企业联合而成的，是具有生产、销售、信息、服务等多种功能的经济联合体，它往往能通过集团内的营销机构为集团内各生产企业承担市场营销工作。

旅游企业集团的联合是一种比较高级的联合形式。它的市场营销功能比较齐全，系统控制能力和综合协调能力都比较强，对市场营销活动能进行较为周密地系统策划，并能建立起健全、高效的运行机制，从而能促使旅游市场营销活动的整体效益有很大的提高。

上述旅游市场营销渠道联合化的发展趋势表明，旅游市场营销渠道越来越依靠合理的社会分工来获取专门化效益，这客观上也表明旅游市场的不断发展和进步。同时也要看到，旅游企业营销渠道的发展必须建立在公平、有秩序的市场竞争基础上，否则旅游企业营销渠道的联合就难于形成和维持。另外，这一联合化的发展趋势还必须依赖于一定的物质技术基础和条件，如现代化的通信设备将有助于使各旅游企业的营销渠道汇集在一起，形成体系完整、覆盖面广阔的营销体系。此外，旅游营销渠道联合化的发展态势，必将使旅游企业经营的业务多样化，甚至有可能超越传统的旅游产品经营范围，扩展到与旅游市场相关的其他市场，还必然会由于市场面的扩大，使得旅游中间商复杂化，银行、超市、航空公司等企业也会经营旅游产品的销售业务，成为广泛的旅游中间商。对于旅游企业来说，旅游营销渠道联合化的发展趋势，要求旅游企业对传统企业制度进行改造和更新，以便扩大规模和实力，在旅游市场中处于主动、有利的地位，实现市场营销规模效益。

链接

酒店联合体

酒店联合体是相对于酒店集团而存在的。酒店集团一般通过控股经营、特许经营和管理合同的方式将处于多个区域的酒店纳入集团的范围，发挥品牌的优势，实施连锁化的经营。而酒店联合体则是采取了比酒店集团更为松散的组织形式。按照Housden（1984）的定义，酒店联合体是独立拥有的酒店的自愿联合，成员酒店通过联合体可以获得单一酒店无法取得的重要资源（例如预定网络）。作为一种网络型组织，酒店联合体通常处于网络中心的管理部门。但是与酒店集团的集团总部不同，酒店联合体的中心管理部门并不真正拥有酒店（非控股），也没有管理酒店的责任（非管理合同），不能要求成员酒店按照统一的管理模式运营（非特许经营）。酒店联合体成员可以保留自己的品牌，由业主按照自身的意愿管理酒店，同时参与联合体的一系列支持性活动（如联合促销，人员招聘和培训等）。酒店联合体的成员酒店既享受到了隶属于酒店联合时所拥有的种种好处（例如集体采购），又拥有自己管理酒店的权利。因此，酒店联合体是独立酒店联合运作的一种有效方式。

目前，全球著名十大酒店集团有：① 万豪国际；② 锦江国际集团；③ 希尔顿；④ 洲际酒店集团；⑤ 温德姆酒店集团；⑥ 雅高集团；⑦ 精选国际酒店集团；⑧ Oyo 酒店；⑨ 华住酒店集团；⑩ 北京首旅如家酒店集团。

（四）网络营销

电子计算机技术和互联网技术使旅游企业的产品和服务信息、价格信息能够实现及时的更新和更远距离的传输，同时使旅游产品和服务信息的发布也由单一媒体的传输发展为多媒体的传输，信息流动从单向转为双向互动。

网络营销指企业或组织利用互联网技术，对企业产品与服务进行宣传和销售的营销方式和手段。

随着互联网影响的进一步扩大，人们对网络营销的理解进一步加深，越来越多网络营销推广的成功案例让人们逐渐意识到网络营销的诸多优点，网络营销逐渐发展成为重要的营销方式。

1. 网络营销的优势

（1）传播范围广，速度快，成本低，受众关注度高。网络营销传播范围广，速度快，不受时间、地域的限制，具有内容详尽、多媒体传送、形象生动、双向交流、反馈迅速等特点，可以有效降低企业营销、信息传播的成本。55%的互联网用户在上网时不做任何其他事情，较高的受众关注度是网络营销高效率的重要保障。

（2）无店面租金成本。网络营销无店面租金成本，可以实现产品直销功能，能帮助旅游企业减轻库存压力，降低运营成本。

（3）覆盖全球市场。国际互联网覆盖全球市场，网络营销为旅游企业架起了一条通向国际市场的绿色通道。通过它，旅游企业可方便快捷地进入他国市场。

（4）具有交互性和纵深性。网络营销不同于传统媒体的信息单向传播，而是信息交互传播。通过链接，旅游消费者只需要简单地点击鼠标，就可以得到更多、更详尽的旅游信息。另外，旅游消费者可以通过提交在线表单信息随时向旅游企业反馈意见，进一步减少了旅游消费者和旅游企业之间的距离。同时，网络营销可以提供进一步的产品查询需求。

（5）多维营销。纸质媒体是二维的，而网络营销则是多维的，它能将文字、图像和声音有机地组合在一起，传递多感官的信息，让旅游消费者身临其境般感受旅游产品或服务。

网络营销的载体基本上是多媒体、超文本格式文件，旅游消费者可以对其感兴趣的旅游产品信息进行更详细的了解，亲身体验旅游产品、服务与品牌。

（6）针对性强，可重复和可检索。网络营销针对性非常强，通过提供众多的免费服务，网络平台一般都能建立完整的用户数据库，包括用户的地域分布、年龄、性别、收入、职业、婚姻状况、爱好等。有可重复性和可检索性，网络营销可以将文字、声音、画面结合之后供用户主动检索，重复观看。

2. 常见的网络营销形式

（1）搜索引擎营销。通过开通搜索引擎竞价，让用户搜索相关关键词，并点击搜索引擎上的关键词创意链接进入网站（网页）进一步了解用户所需要的产品信息。

（2）搜索引擎优化。指在了解搜索引擎自然排名机制的基础上，使用网站内及网站外的优化手段，提高网站在搜索引擎的关键词排名，从而获得流量，进而产生直接销售或建立网络品牌。

（3）电子邮件营销。是以订阅的方式将行业及产品信息通过电子邮件的方式提供给目标用户，以此建立与用户之间的信任与信赖关系。

（4）即时通信营销。利用互联网即时聊天工具进行推广宣传的营销方式。

（5）视频营销。如今，视频领域有着极高的市场关注度，以抖音、快手为代表的短视频平台逐步兴起。

视频营销特别是短视频营销，受众群体广泛，通过创意视频，将产品信息植入视频短片中，以大众化的形式表现出来，也不会引起太大的用户群体排斥，更容易被用户群体所接受。

（6）体验式微营销。体验式微营销以用户体验为主，以移动互联网为主要沟通平台，配合传统网络媒体和大众媒体，通过有策略、可管理、持续性的线上线下互动沟通，建立、转化和强化顾客关系，实现客户价值的一系列过程。体验式微营销突破传统上"理性消费者"的假设，认为消费者消费时是理性与感性兼具的，消费者在消费前、消费中、消费后的体验，才是研究消费者行为与企业市场营销的关键。体验式微营销是以社交网络服务（SNS）、微博、微电影、微信、微视、微生活、微电子商务等为代表的新媒体形式，是除了传统广告推广形式之外的一种低成本传播形式。

（7）O2O立体营销。O2O立体营销，是基于线上（Online）、线下（Offline）全媒体深度整合营销，以提升品牌价值转化为导向，运用信息系统移动化，帮助品牌企业打造全方位渠道的立体营销网络，并根据市场大数据分析制定出一整套完善的多维度立体互动营销模式，从而实现大型品牌企业全面营销效果，以全方位视角，针对受众需求进行多层次分类，选择性地运用报纸、杂志、广播、电视、音像、电影、出版、网络、移动在内的各类传播渠道，以文字、图片、声音、视频、触碰等多元化的形式进行深度互动融合，涵盖视、听、

项目七／旅游产品营销渠道策略

光、形象、触觉等人们接受资讯的全部感官，对受众进行全视角、立体式的营销覆盖，帮助企业打造多渠道、多层次、多元化、多维度、全方位的立体营销网络。

（8）新媒体营销。新媒体营销指利用新媒体平台进行营销的模式。新媒体营销突出体验性（experience）、沟通性（communicate）、差异性（variation）、创造性（creativity）、关联性（relation）等特点，例如网络杂志、博客、微博、微信、标签（TAG）、社交网络服务（SNS）、多人协作的写作系统（WIKI）等都是新媒体营销的有效载体。其中H5营销和直播营销是近年来新媒体营销的典型代表。

H5原本是一种制作万维网页面的标准计算机语言，由HTML5简化而来，如今却借由微信移动社交平台，走进大家的视野。

从市场营销角度来讲，通过H5在页面上融入文字动态效果、音频、视频、图片、图表、音乐和互动调查等各种媒体表现形式，将品牌核心卖点精心梳理、重点突出，展示给用户，方便用户阅读、体验和分享并形成有效互动。

直播营销是一种营销形式上的重要创新，以直播平台为载体，充分体现出互联网视频的特色。直播营销具有的优势：① 具有较强的话题效应；② 能够精准地吸引目标用户；③ 能够实现与用户的实时互动；④ 具有较强的情感特色和仪式感。

（五）活动营销

活动营销是围绕活动而展开的营销，以活动为载体，使企业获得品牌影响力的提升或是销量的增长。

活动营销不但是集广告、促销、公关、推广等一体的营销手段，也是建立在品牌营销、关系营销、数据营销的基础之上的全新营销模式。

相对于单纯的媒体传播和广告来说，活动营销变被动为主动，吸引目标群体主动参与体验，与目标群体零距离接触，通过在线上或线下与目标群体的灵活沟通互动，有效提高营销的影响力。

 项目小结

旅游产品的生产经营活动与旅游消费者的购买、使用过程往往受多种因素的影响，在时间、空间上存在一定的差异。同时，在客源量大、客源结构复杂的条件下，旅游企业除发挥自身的营销优势外，还必须运用旅游市场中的中介组织力量，与之形成较为稳定的营销利益共同体，促使旅游产品在广阔的空间为广大的旅游消费者所知晓、认可和购买。本项目对旅游产品的营销渠道类型，旅游中间商的选择，有关营销渠道的形式、管理、调整等的决策及策略等应用问题进行了深刻的探讨。

Win Win Win三赢商机经营策略

科威资讯是中国台湾地区一家著名的旅游资讯公司，提供三赢（Win Win Win）商机经营策略。根据上述的概念，科威推出了"旅游网络e计划"，协助旅游企业以最少的成本和人力，将旅游产品刊登在各大门户网站，包括PC Home、SeedNet等，以发挥最大广告效应，同时使旅游消费者能在最方便的环境下收集到所需要的旅游资讯。此外，科威资讯还提供套装的网络软硬件设备，包括免费网页、B2B网站、电子邮件（E-mail）及最适合旅游企业使用或商务使用的非对称数字用户线路（ADSL）、主机空间等，以完全符合该计划中的设计精神：让参与计划的旅游企业赢得先机，让门户网站赢得浏览人数，让旅游消费者赢得资讯的三赢局面，即Win Win Win。

为了做好服务，避免与旅游企业发生利益的冲突，科威资讯将自身定位为"Enabler"——电子商务沟通的桥梁，提供的是完整而周全的B2B服务，以及进行电子商务交易所需要的环境和工具，但本身并没有直接面对旅游消费者成立旅行社或建立网站的计划。这种坚持中立的做法不会让科威与旅游企业之间产生利益上的冲突。

科威资讯强调优势行销。分工合作、迅速直接与积极经营是"旅游网络e计划"的三大特色。"旅行社负责提供商品资讯""门户网站提供用户交流"，而"科威提供的行销机制"更提供了企业资源整合规划（ERP）的后台作业。这样，科威资讯以为业界建构出丰富的资料库为基准，再串联门户网站将旅游产品直接呈现在旅游消费者眼前，不需通过层层的超链接，也不需等待开启网页的时间。另一方面，门户网站为了提供网友丰富多样的内容和维持自身品牌形象，必定会用尽一切网络优势，积极经营"旅游频道"。"旅游网络e计划"是从全新的视角，为旅游业提供了一套电子商务的整合解决方案，以求创造多赢商机的优势行销。

问题讨论

网络销售是目前企业开展市场营销的重要途径之一，科威资讯也用网络开展了它的业务。您认为使科威资讯成功的关键因素是什么？

复习思考题

一、想一想

1. 试举出几种旅游营销渠道的类型并说出它们各自的优缺点和适用范围。

2. 若你是一名销售经理，试说明你将如何选择旅游产品的销售渠道。

3. 旅游零售商应怎样处理与旅游批发商和旅游消费者之间的关系。

4. 旅游营销渠道有哪些发展趋势？这些发展趋势会给旅游企业带来什么样的机遇？

二、练一练

模拟一个旅游企业，试制定一份营销渠道选择决策报告，说明该企业为什么要选择某种营销渠道。

项目八

旅游产品促销

学习目标

1. 了解旅游促销的作用、类型以及促销组合预算
2. 掌握旅游产品的促销概念、策划和技巧
3. 将所学的知识应用到实际工作中

案例导入

南非借力"世界杯"

南非虽有"游历一国等于环游世界"的美名，但在众多的旅游资源中，"自然"为其赢得了无数赞誉和奖项。南非的自然美景令人流连忘返，种类繁多的野生动植物让人唏嘘惊叹，而其世界自然遗产更是堪称生物史上的奇迹。因"无可匹敌的美景"和热情好客的人民，南非被国际权威旅游杂志Condé Nast Traveller评为"2006年度全球第五大最受欢迎的旅游目的地"，不愧为"自然之园"。

第一，借助南非"世界杯"的成功举办，启动名为"20种新体验南非10日游"的市场推广活动，大力提升南非旅游业在国际市场的影响力和地位。

第二，推出的"20种新体验南非10日游"市场推广活动包括"山水风光旅游""生态旅游""民俗旅游""考古旅游""高尔夫运动休闲游"等重点项目，活动的影响范围将覆盖全球14亿人口。

南非旅游部的统计显示，"世界杯"期间入境南非的游客总数达102万人，比上一年同期增长25%。

想一想

结合案例讨论促销在旅游营销中的作用。

任务一
旅游产品促销概述

一、旅游促销的作用

在旅游业中，促销就是通过与市场进行信息沟通，来赢得旅游消费者的注意、了解和兴趣，为旅游目的地或旅游企业及其产品树立良好的市场形象，从而促进销售。促销的实质是信息的沟通，促销的过程就是信息沟通的过程。旅游企业与旅游消费者信息沟通的技巧与方式已经成为影响企业营销效果的关键因素。

旅游促销的作用主要表现在以下四个方面。

1. 传递旅游信息，加强沟通联系

旅游企业通过促销活动可以将有关旅游产品及服务的信息及时有效地与潜在旅游消费者进行沟通，以达到增进了解，促进销售的目的。

2. 突出产品特点，强化竞争优势

通过旅游促销活动，突出旅游产品的功能与特点，传播旅游产品差异化的市场特色，赋予旅游产品与竞争对手不同的市场象征性形象，加深旅游消费者的了解与信任，由此形成旅游消费者对旅游产品的消费偏好，提高旅游产品的市场竞争力。

3. 树立良好形象，提高市场地位

在旅游供给大于旅游需求的市场背景下，旅游企业可以通过广告或者公共关系等促销手段，在旅游市场上强化自己的市场形象，赢得旅游消费者更多的关注和兴趣，从而促进销售，提高企业的市场地位。旅游企业也可以通过促销活动对企业的市场形象进行维护、修正、调整、重塑。例如：香港发生导游强制内地游客购物并殴打内地游客事件后，香港旅游发展局及时与大陆旅游主管部门进行协调沟通，第一时间安抚内地游客，并通过媒体呼吁内地游客赴港旅游不要贪图便宜，同时对香港旅游市场进行整顿，重塑香港整体旅游形象。

4. 刺激旅游需求，引导旅游消费

旅游产品季节性强，需求弹性大，旅游企业可以在节假日加强促销，引导市场旅游潮流。例如：生态休闲游的兴起就与旅游有关部门的引导有关。

二、旅游产品成功促销的十大要诀

（一）明确促销目的

明确为什么需要开展这次促销，是实施有效促销的开端。例如，这次促销是为了开创新的业务，还是为了在市场低迷时期去刺激需求？再如美国南达科他州的印第安人部落期望到他们的保留地去旅游的人数增加，他们的目标是：为客人提供床和早餐服务；增加印第安人产品的市场；改变人们对美国印第安人的错误认识，让人们了解拉科他（Lakota）、达科他（Dakota）等地的印第安民俗文化。印第安人并不依靠南达科他州旅行社或其他旅游组织，他们自己来促销。

（二）识别目标人群

本次促销所针对的是本企业产品或服务的潜在旅游消费者，还是回头客？他们是购买行为的决定者还是这一行为的影响者？这一人群是单一的群体还是特殊的公众？他们是年轻人还是老年人？是高收入者还是低收入者？促销目标人群的确定极大地影响着促销者应该表达什么，怎样表达，何时表达，在哪儿表达，由谁来表达等决定。

（三）选择匹配方式

促销的方式很多，哪种方式的促销最适合本次促销的目的和目标人群？触及和影响这些目标人群的最佳方法是什么？一般有两种沟通渠道可供选择：人员与非人员沟通。在人员沟通渠道中，两个或更多的人直接交流。这种交流可以是面对面的，个人对群体的，通过电话或者是邮件来沟通。人员沟通可以让人们表达自己的意见并获得反馈。人员沟通对于某些高风险或容易观察的产品有很大的影响。旅游业的产品通常被视为高风险的产品，因为它们事先不能被试用，因而在某人决定旅游活动之前，他要收集一些来自其他人的信息用来选择旅行社和酒店。旅游企业通过向旅游消费者提供满意的产品、解决自身问题和帮助旅游消费者获取公司和产品的信息来控制他们对其他人的口头影响。非人员沟通渠道是那些没有个人接触和反馈的信息媒介，其中包括媒介、氛围和事件。媒介有大众媒介、户外媒介、印刷媒介和特定媒介等。氛围是人为设计的诱发和驱动旅游消费者购买倾向的环境。事件是用以给旅游消费者传递信息的事情，旅游企业可以通过记者招待会、大型开幕式、公众旅游和其他事件来进行与特定旅游消费者的沟通。

（四）设计实施方案

实施方案包括如何实施本次促销，何时是开展促销宣传的最佳时间，何处是开展促销宣传的最佳地点，采用什么样的方式。为实施方案还应将旅游广告促销、营业推广、公共关系、人员推销和网络销售等促销要素按照一定方式有机地组合在一起。

（五）落实产品供应

本次促销如按方案执行，届时是否备有足够的产品或服务去满足这些需求？如果你正在促销一种周末度假产品，你一定要确信当你的旅游消费者前来接受你的这些促销承诺时，这些产品确有供应。

（六）预备补救措施

任何人都无法做到能够完全正确地预测每次促销所能产生的旅游消费者回应程度。如果你的促销出乎意料地格外成功，你可能无法满足因此而激发出来的大量需求。因此应事先计划出某种补救措施。这种补救措施可能是某一菜单品种的替换、档次升级的客房、头等舱座位或者其他，总之得有补救办法。考虑这类补救措施时，要保证这些替代产品在价值上要相当于或者高于所促销的产品，作为对给旅游消费者造成不便的补偿。

（七）切合实际宣传

促销宣传的内容不能言过其实，千万不要说假话、说大话或者作虚假的允诺。旅游消费者因促销宣传而产生的期望值程度必须能够得到满足，以使旅游消费者满意。

（八）进行内部沟通

将所促销的产品以及促销的做法告知本公司的员工。对于价格、数量、兑现促销的程序、日期、时间以及其他关键性细节，一定要以书面形式传达清楚。对于旅游消费者来说，最令人气恼的事情莫过于对某公司的促销做出响应后，结果却发现该公司无人知道此事。

（九）全面评估促销效果

这次促销工作是否完成了事先预定的任务？完成情况是超出预期还是低于预期？如果超出预期，下次还这样做是否仍会有效？如果低于预期，是哪些方面出了问题？旅游消费者是否记住了此次促销传递的信息？他们浏览信息的频率和对促销的评价如何？他们过去和现在对公司和产品的看法如何？多少人购买了产品？多少人向他人传递了信息或是光顾了本企业？

（十）认真总结记录

将这次促销所做的各项工作及其效果进行总结和记录，为下一次的促销活动做准备。

三、旅游产品促销预算与促销组合

（一）促销预算

企业所面对的最困难的决定是在促销方面要投入多少资金和人员。百货公司大王约翰·瓦纳美克（John Wanamaker）曾说过："我知道我有一半的广告投入是无用的，但我不知道是哪一半。"企业怎样来决定它的促销预算呢？一般采用以下四种方法来决定。

1. 量力而行法

量力而行法就是根据自身的经济承受能力，企业为自己设定一个能支付得起的促销预算。许多企业均采用此法，常常是有多余资金再做促销广告，没有资金则不做。这种决定促销预算的方法虽然简单，但完全忽略了促销、广告宣传对销售量和销售业绩的影响，导致每年的促销预算不确定，可能会造成广告费用超支，但大多数的结果是广告投入不足。采取此法的企业不会超出自己的支付能力去进行促销活动，故这种企业一般没有长期的广告宣传促销计划。

2. 销售百分比法

许多企业采用销售百分比法，把销售额或预期销售额的一定百分比作为广告促销预算额。企业使用这种方法的原因是它简便易行，如一些餐厅认识到餐饮业的平均促销支出为销售额的4%，他们就以此作为促销预算。

销售百分比法的优点是：用这种方法意味着促销支出与企业的"可支付"相比更灵活，还能促使管理人员考虑促销支出、销售价格和单位利润的关系。但它却错误地把销售视为促销的原因而不是结果，因此，无法根据市场需要，充分利用市场机会以提高销售额。用这种方法会产生两种相反的结果：一个是良性循环。当销售额增加时，促销预算也增加，促销预算增加又会带来销售量的提高。另一个是恶性循环。当销售量降低时，促销预算也随之降低，促销力量变弱，销售量进一步减少。

3. 竞争对抗法

以竞争对手的促销费用为基础，确定本企业足以与之抗衡的预算法。即让自身的促销费用与竞争对手的促销费用保持相当或从行业协会那里获取整个行业的促销支出水平估算，从而以行业平均的支出水平为基础来制定预算。运用此法的前提是充分了解主要竞争对手的促销费用及其变动情况，同时应注意不要盲目跟在对手后面跑而造成促销费用的浪费。因为不同旅游企业的声誉、经济实力、机会目标是不大相同的，企业间有较大的差异，各自有不同的促销需要。另外，要注意由于竞争对手对其促销费用情况进行封锁，致使信息不真实而造成的失误。

4. 目标任务法

它是最符合逻辑的预算制定法。用这种方法的企业可以通过以下方式来制定预算：根据企业的市场战略和销售目标来具体确定促销目标。按照促销目标的要求制订促销计划，再根据计划估算完成任务的成本，进行促销预算。这种方法比较科学，能适应市场营销变化，灵活地确定促销预算，尤其是在新产品介绍上市时，对发动强大的促销攻势占领市场有很大益处。由于目标任务法是通过促销计划确定促销预算，促销目标明确，所以也便于检验效果。

（二）促销组合

在做好预算的基础上企业还必须把总预算分配给那些主要的促销工具：旅游广告、公共关系、营业推广、人员和网络销售。只有把各种促销工具协调组合起来才能较好地实现营销目标。同行业的不同企业在促销组合上差别较大，同一企业也可以用不同的广告、人员推销、营业推广和公共关系等促销组合来实现其特定的销售目标。企业总是期望用较少的投入来实现相同的目的。而促销组合的设计也是相当复杂的。如当麦当劳决定在他们的快餐销售中发行100万美元彩票（营业推广形式之一）的时候，必须以广告的形式告知公众。许多因素影响着企业对促销工具的选择。营销人员通过各种促销手段向目标市场传递有关企业和产品的信息。促销组合的各个要素与旅游消费者的沟通可以是直接的，也可以是间接的；信息的流向可以是单向的，也可以是双向的；信息反馈的速度快慢和数量多少存有区别；促销活动的组织者对于信息的传播、信息的内容及灵活性的控制度也存在差异。因此，要搞好促销必须全面地、综合地考虑问题。每种促销工具都有其特点和成本，营销人员只有了解这些特点，才能正确地选择和组合这些促销工具。

1. 广告

广告的公开性要求广告所宣传的产品应该是合乎标准、合法和声望高的。由于许多人通过广告来了解产品，所以旅游消费者都认为购买该产品会得到广泛的认可和接受。销售者可以通过广告重复它的产品信息，宣传介绍关于企业规模、影响力和成就等方面的积极因素。如果旅游消费者多次面对同一个信息，那么这些促销信息就会有效。广告可以塑造产品的长期形象，也可以刺激短期的销售，而且广告能以较低的成本覆盖地理上较分散的旅游消费者，接触到推销人员无法接触的旅游消费者，创造销售人员无法创造的形象。此外，电子广告可以在网络搜索引擎和网站中插入一些小型广告条幅，引起旅游消费者注意；同时还可用较低成本瞄准目标人群，具有较好互动性。

2. 人员推销

人员推销的优点是：能够得到立即反馈，收集现场信息，进行双向沟通。此外，在培育旅游消费者偏好、信赖和促进购买方面效果很好。与广告相比，人员推销有其独到之处，它是在两人或多人间的互动。推销人员可以观察旅游消费者的特点和需要，记住其兴趣，抓住其注意力，还可以让其倾听并做出反应，达到瞄准目标客户，建立长期关系之目的。但人员推销是企业成本最高的促销工具。美国企业用在人员推销上的支出是广告费用的3倍。而人员推销有时不能有效接触客户，一些人面对推销员的推销会采取防御姿态，而当他们面对一些非人际化的沟通时却较少地采用防御姿态。

3. 营业推广

营业推广是一种战术性的手段。它包括：发放优惠券、组织竞赛抽奖、包价等。它结合了人员推销与广告的优点，能够吸引旅游消费者的注意力，提供快速的信息反馈。通过给旅游消费者提供额外利益的诱惑和好处来刺激他们购买，广告的宣传方式是"买我们的产品"，而营业推广则说"现在就买"。营业推广的方法在时间上弹性很大，而且在任何时间内只要策划得好都能取得好的效果。营业推广可以使产品销售更富戏剧性，可以用来扩大降价产品的销售、提高淡季销量、对抗竞争对手、激励中间商。但营业推广的效果是短期的，对建立长期的品牌偏好并没有效果。它无法建立品牌忠诚，不能长期被使用。在开展营业推广时，也应注意与其他促销要素有机配合。

4. 公共关系

公共关系首先是可信的，通常都不会被看作是一种商业信息，不会像广告那样受到人们的偏见和质疑。新闻故事、特写和新闻事件对于旅游消费者来说比广告更真实、可信，而且与其他促销相比，宣传成本较低。公共关系可以做到广告和推销人员做不到的事情，作为新闻性的信息比起消费指导性的沟通更容易让人接受。与广告相似，公共关系可以使企业和产品更富戏剧性，使发布的信息可信且有影响力。公共关系活动可以确保一个企业形成持续、正面的形象。商业信息片如微视频，是广告和公共关系的结合。旅游企业用微视频展示针对性的产品和服务来吸引旅游消费者。当然进行公共关系和宣传活动往往需要进行仔细地计划，花费一定的时间和精力，活动设计也有一定的难度。

四、旅游产品促销类型与效果的衡量

（一）促销类型

在旅游服务业中，人们在开展促销方面有很多不同的做法。其中绝大多数促销活动都可以按照下列类型或类别进行归类。

1. 价格促销

在这类促销中，刺激购买的诱因都以价格为基础。价格是其中主要的吸引因素，因而在促销信息中往往被突出地加以强调。

2. 劝试促销

设计这类促销活动的目的在于诱使目标对象试用被促销产品或服务。

3. 竞争促销

这类促销的目的在于，通过采取某种形式的刺激措施，从竞争对手那里夺取市场份额。

4. 介绍促销

这类促销的目的是向市场介绍某一新产品或新的服务项目。

5. 联合促销

这种类型的促销是将企业的某一产品或服务与另一企业的产品或服务组合起来进行促销。这类促销通常是在对双方明显都有益的情况下采用的。

6. 常客奖励促销

这类促销的目的是通过增加对多次购买者的某种奖励或报偿来争取回头业务或回头客。

7. 有奖抽彩促销

这种类型的促销是通过提供某种中奖机会，诱使人们购买产品或服务。

8. 尊重、赏识促销

这类促销的目的是用于吸引那些希望受到他人尊重的人。如：在接待规格上给予旅游消费者特别承认，具体形式包括为其提供可享用头等舱、会员制楼层或免费升级待遇等。

（二）促销效果的衡量

企业综合运用了多种促销手段，最终效果如何，很难用量化指标去评价。尽管如此，仍需对促销活动的效果进行科学的衡量，以检验促销活动是否达到了预期的目标，并根据实施情况对其做出合理的改进。衡量促销效果的标准有销售量、沟通效果、回想率、市场占有率和重复购买。

1. 销售量

各种促销手段在形式和内容上有所不同，对于销售量提升的作用也有差别。有的促销手段可在短期内大幅提升销量，有的促销手段却需较长时间才能看到效果。所以，用销售量来衡量促销是否成功，需要结合不同促销手段的特点具体分析。

2. 沟通效果

促销提供了与目标旅游消费者进行沟通的机会，要量化沟通效果是比较困难的，但可以对部分旅游消费者进行跟踪访问与调查，计算一次促销活动后，旅游消费者对产品了解的指数增加情况及购买比率等。

3. 回想率

成功的促销活动应该能够给旅游消费者留下深刻的正面印象，即有较高的回想率。对回想率的测试主要是调查旅游消费者对促销活动的认知、美誉及联想。如果通过对旅游消费者的跟踪调查，表明旅游消费者对产品并未形成深刻的记忆、产生美好的联想，则说明此次促销的效果并不理想。

4. 市场占有率

通常旅游企业使用促销策略是希望能达到拓展新的旅游消费者群，扩大市场占有率的目的。在促销活动结束之后，可以检查购买企业产品的旅游消费者群是否有所扩大？有没有吸引新的旅游消费者及竞争对手的旅游消费者来购买本企业的旅游产品。

5. 重复购买

促销活动对巩固现有旅游消费群体有重要作用，应将现有旅游消费者的重复购买率作为衡量促销活动是否成功的标准之一。

广告是最具劝说性的促销组合要素。广告是由企业以付酬方式或由特定出资者出资，利用各种传播媒体，就企业的理念、产品或服务向目标市场的公众进行宣传和渗透的非人员接触促销手段。旅游广告是由旅游目的地国家和地区、旅游组织或旅游企业出面以付费的方式选择和制作有关旅游方面的信息并由媒介发布出去，以扩大影响和提高知名度，树立旅游目的地国家与地区、旅游组织与旅游企业的形象的一种促销形式。

一、广告的作用与种类

（一）广告的作用

广告是一种非人员的信息沟通方式，是塑造企业形象、提高企业信誉、扩大企业知名度的重要工具，是企业进行有效竞争的有力武器，它的作用表现在以下三个方面：

1. 传播旅游信息，广泛招揽旅游消费者

现代社会广告媒体的多样性，信息传播的高效性，为旅游消费者获取广告信息提供方便与快捷，不仅使旅游消费者选择多样化，从中受益，还使旅游企业从中受益，推动了旅游事业的发展。

2. 促进市场开拓，提高销售业绩

广告搭起了沟通生产者和消费者的桥梁，旅游企业通过广告宣传提高了自身知名度，塑造了企业形象，有利于市场开拓，增加旅游商品的销售。

3. 传播社会文化，丰富文化生活

旅游产品的基本内涵是旅游资源，因此旅游广告通过宣传旅游产品，展现旅游资源的历史性、民族性、艺术性等，达到推销产品的目的，在此过程中旅游广告起到传播文化、提高审美情趣的作用。

一个成功的广告对消费者的影响过程分为三个阶段，见表8-1。需要说明的是，认识阶段指广告所引起潜在消费者对观念、产品和服务等的认识的阶段。感觉阶段指潜在消费者对广告所宣传的产品和服务等的形成感觉和态度的阶段。行动阶段指潜在消费者在广告影响下采取的行动的阶段。

国外一些营销专家对广告进行研究并设置了一些成功广告的模型。其中，模型1又称为AIDMA模式，它表达了广告表现要遵守的一般原则：

表8-1　广告对消费者的影响过程

广告基本阶段	模型1	模型2	模型3	模型4
认识阶段	引起注意	知晓	知晓	知晓
	产生兴趣	接受	喜欢	有兴趣
感觉阶段	激发欲望	偏好	偏好	评价
	储存记忆	购买意向	确信	试探
行动阶段	采取行动	购买	购买	采用

A代表Attention（引起注意）。广告首先要唤起消费者注意，使人们注意你的广告就等于你的商品推销了一半。有一家小店在门前摆了一个大酒桶，颜色很漂亮，而且在桶上面挂了一个牌子"不准偷看！"这种禁止的牌子反而激起了人们的好奇心，不少人停下脚步，往桶里看个究竟，头一伸进桶口，立即被一股清醇、芳香的气味所吸引，桶底写着："我店经营与众不同，清醇、芳香的生啤酒，一杯仅五元，请享用。"不少人看后都到这家小店品尝其啤酒。

I代表Interest（产生兴趣）。通过新奇、有趣的艺术构思使人发生兴趣，要研究消费者心理，只有消费者感兴趣了才会产生购买欲望。到过比利时首都布鲁塞尔的人都会去看看那尊闻名世界的塑像——撒尿的小男孩（它是为纪念一个名叫于连的小男孩机智地用自己的尿浇灭敌人炸药导火线，挽救了全城人的生命这一历史事件而建的）。小于连撒的"尿"多年来长流不断。某节日广场人山人海，一些观看塑像的游客们被小男孩"尿"中散发出的醇香气味所吸引，想了解个究竟，一个大胆者亲自上前品尝了一下，惊喜地发现是上好的啤酒，人们一传十、十传百，当场痛饮，厂家专门派人免费向游客发放一次性纸杯，品尝过啤酒的游客都十分好奇地打听是哪家啤酒厂创造了这样一个绝妙的广告。原来这是比利时撒利尔酒厂精心设计的一幕广告，从此该厂一举成名。

D代表Desire（激发欲望）。瞄准消费者的欲望进行广告诉求，通过广告宣传把消费者的购买欲望激发出来。例如，泰隆拉链广告的画面简洁，整个画面突出装有拉链的香蕉，上面有一句广告语："泰隆拉链装在香蕉上也不会滑漏。"画面下的文字是："您想买不会出麻烦的拉链，请选择泰隆。泰隆拉链创使用期最长的纪录，可以放心使用50年以上，用泰隆拉链的服装千千万，买拉链请看清泰隆牌号，以免受滑漏之苦。"该广告构思奇特，能刺激人的视觉，给人新奇感，引发人们的视读兴趣，在香蕉皮上装拉链极巧妙地体现了商品的高质量。

M代表Memory（储存记忆）。在广告创意中要有意识地加强消费者对广告的记忆效果，广告表现要能给人留下深刻的印象和记忆。不少广告在宣传中尽量使用简洁语言，利用直观形象刺激物、重复、韵律化等手段加强消费者的记忆。如：牙刷广告"一毛不拔"；口香糖广告"百嚼不厌"；吸尘器广告"一尘不染"；复印机广告"除了钞票，我们承印一切"等。有创意的广告言简意赅地表述产品的精华并能够提供关键的信息。如果人们不懂你在说什么，他们便不会相信你；如果人们不听你在说什么，他们便不会懂得你；如果你说的话索然无味，那么他们就不会听你说。除非你的话有新鲜感，有创造性，有想象力，否则你不会使他们感到兴趣盎然。在旅游业，创意好的广告例子有很多，如山东旅游主管部门在中央电视台投放的广告："好客山东"（Friendly Shandong）。

A 代表 Action（采取行动）。广告的作用在于创造新的需要，诱导人们立即行动，去购买他们所"要"的东西，这是广告宣传的最终目的。

（二）广告的种类

由于广告业不断迅速发展，广告媒介也与日俱增，广告种类很多，划分的标准和方法也很多。

1．根据企业要传播的信息内容分类

（1）以传播产品性能特征信息为内容的商品广告；

（2）以传播服务项目和服务特色信息为内容的服务广告；

（3）以宣传企业宗旨、实力进行整体形象塑造为内容的公共关系广告。

2．根据企业广告所发挥的直接作用分类

（1）以提高和扩展产品知名度为目的的显露广告，其主要以单纯宣传产品的品牌为内容；

（2）以增加消费者对产品了解为目的的认知广告，其主要以具体介绍产品的特征和长处为内容；

（3）以积极与对手开展竞争为目的的竞争广告，其主要以有针对性地进行优势对比，消除疑虑误会为内容；

（4）以迅速扩大销售量为目的的推销广告，其主要以发布对即时购买欲望具有强烈刺激效应的促销信息为内容。

3．根据企业广告的作用期限分类

（1）以促进眼前销售为目的的现实销售广告；

（2）以长期拓展企业目标市场为目的的战略营销广告。

4．根据企业广告的影响范围分类

（1）全国性广告；

（2）区域性广告；

（3）地方性广告；

（4）行业性广告。

（三）旅游广告的特点

旅游广告作为一种分类广告，具有一般商业广告的各种特点，如有偿性、时效性、目的性、指向性与形式多样、内容广泛等特点。此外，由于旅游产品在生产、销售、推广及消费中的特点，又决定了旅游广告还具备有别于一般商业广告的其他特点，主要有以下六点。

1. 旅游广告是一种非人员沟通方式

旅游广告是以付费的方式，通过特定的媒介来发布旅游信息，以达到与市场进行沟通的目的。

2. 高度公开的信息沟通方式

发布旅游信息的媒介必须是大众媒介，所以旅游信息必须是真实有效的。

3. 提供有选择的信息

旅游广告所发布的信息并不具备强制性，旅游消费者可以对不同的广告信息进行选择，从而做出购买决策。

4. 表现力的多元性

旅游广告可以综合运用各种表现形式，如文字、语言、图画、人物、色彩、动画以及现代的声光电技术。

5. 高度互动性

旅游广告可以通过与市场进行互动来达到提高知名度、美誉度，促进销售的目的，例如：四川成都在全球公开招募熊猫守护使，通过与报名者在网络互动，提高了成都在世界的知名度。

6. 广告诉求的丰富性

由于旅游是满足人们心理需求的市场活动，所以旅游广告必须从心理角度出发，满足人们的心理需求，而人们的心理需求是多种多样的，所以，旅游广告的诉求也必须是多种多样的。

二、广告媒体类型与选择的原则

（一）可供选择的各类广告媒体

1. 大众媒体

（1）报纸。报纸是旅游企业中较为流行的媒体形式。由于报纸拥有不同收入、不同年龄、不同性别及不同职业的广泛的读者群，而且大部分的报纸几乎每天都要发行，使得报纸广告具有较高的接触性和足够的接触频率。与其他媒体相比，报纸广告的发行面广、覆盖率高且成本低。报纸广告向潜在消费者传递的信息也更为详细，而且能够设置在最合适的位置。当然，报纸广告也有它的局限性。虽然它可以接触到众多的人群，但很难瞄准目标市场，尤其是对于使用细分战略的企业而言，报纸广告显然具有较高的"浪费"因素；报纸广告杂乱，缺少视听上的沟通，无法展示运动的画面，造成其在信息表达上的局限性，缺乏生动感；由于报纸的更新速度很快，报纸广告的生命周期也很短，复制效果差。

（2）杂志。杂志与报纸一样都属于印刷媒体。与报纸相比，杂志广告的优点是：杂志有较高的威望和可信度；印刷精美，复制效果好，便于保存，使用寿命长；它能传递有关产品和服务的详细信息，并有一定的针对性。杂志往往拥有自己固定的读者群，企业可以根据自己的目标读者群来选择杂志刊登广告。但杂志的接触频率较低，并需要花费较长的制作时间，即出版周期长。此外，杂志时效性低，灵活性差，受形式的局限，而且成本较高。

（3）广播。广播广告的优点是：具有相当低的成本；不同的广播节目拥有不同的听众群体，使广告主能较为精密地瞄准细分市场；制作比较简单，并具有很强的时间弹性，灵活性强；传播迅速而且重复播出的频率很高。但是，广播广告自身不能提供可视性的信息，无法进行视觉沟通，在一定程度上影响了广告效果，对于一些需要传递较为复杂、信息详细的旅游产品广告而言，广播并不是一个理想的选择。另外，广播广告的生命周期很短，容易被遗忘。广播广告也很杂乱而且不易集中受众的注意力，会和其他活动（如开车、做饭）一起分享受众的注意力，广告赞助者的信息容易被忽略掉。

（4）电视。电视广告的优点是：它既有视觉效果，又有听觉效果，集声、色、形、像于一体，丰富的色彩和画面为展现广告信息提供了广阔的舞台，多样的手段使得电视广告具有较好的说服效果，能吸引观众的注意力并给观众留下深刻的印象；随着电视在家庭的普及率越来越高和电视网络的扩展，电视广告能接触到大量的潜在消费者，具有高接触率和高覆盖率；电视广告的传播速度快，灵活性强，可反复宣传；与广播一样，不同电视台、不同节目一般拥有自己固定的观众群，有利于企业瞄准目标市场；具有强制性接受效果，是较受欢迎的一种媒体。但是，制作电视广告和从电视台购买广告时间都需要花费较高的成本，在黄金时间、节假日、重大事件发生时情况尤其如此。此外，电视广告也是稍纵即逝的，因此其生命周期同广播广告一样短暂，也由于这个原因，通过电视广告往往不能传递非常详细的信息。

2. 户外媒体

（1）霓虹灯广告、灯箱广告。它具有文字清晰、图案简洁、生动醒目、突出厂家和产品品牌等优点。它通过强烈的变动的图案文字和色彩给人以视觉上的刺激，在瞬间对产品或厂家产生深刻印象以诱发潜在需求。一般来说，高建筑物上的霓虹灯广告比矮建筑物上的宣传效果好，多种色彩的综合运用比单一色彩具有更强的刺激力。在设计霓虹灯和灯箱广告时可以充分利用现代照明技术和光导纤维，从活动、变幻流动等方面着手使其流光溢彩、变化万千，以强化广告效果。

（2）橱窗广告、路牌广告。利用企业店面橱窗和附近的路牌来介绍产品和服务招徕客人。其设计色彩要醒目明快、对比强烈、文字简练、个性突出、短而精、内容清楚。不少企业还在车站、码头、机场高速公路途中等地竖立广告牌。

（3）交通广告。一些企业利用火车、地铁、公共汽车、客轮、客机等交通工具的内外部作为载体做广告，如不少酒店在长途汽车的座椅套上，在地铁车厢内做广告，以吸引客人，方便购买。

（4）空中广告。不少企业利用气球、伞、风筝等媒体来做广告，这是近几年来才出现的广告形式，其色彩鲜艳夺目或依蓝天映衬，随风飘舞，或按预定路线放飞、飞行，其高度在人们视线可见的范围内，能收到广大区域的注视效果，一旦被人们发现，会引起"连锁反应"和长时间注目效果，是其他媒体无法比拟的。在北京国际旅游年"轻骑杯"风筝邀请赛中济南轻骑摩托车厂作为赞助单位，不失时机地制作了一个大型轻骑摩托车形状的风筝，放上天空，引起数万观众的注目。这个广告既为风筝比赛增色不少，又大大提高了企业知名度。

气球是空中广告的一种最常见的形式，它色彩鲜艳，投入资金少，制作简单，影响面大，传播效果好，常常被旅游企业所选用。

（5）模型广告。采用形象、生动、夸张的手法制作大型的实物模型和气模广告以宣传产品，招徕消费者。南京古南都饭店曾在圣诞前夕于饭店门口竖了一个巨大的高约14米的圣诞老人气模广告，十分引人注目。美国底特律一家食品公司制作了一块高6.96米，长34.48米的巨型面包广告，行人走近后不仅听到介绍面包的声音和悠扬悦耳的音乐，而且还能闻到面包的香味，强烈地诱发人们的食欲。

宏伟、庞大、醒目的户外广告可以对目标旅游消费者产生正面的视觉刺激，能抓住旅游消费者的注意力；和广播电视相比，户外广告无疑具有较长的生命周期；户外广告同时还提供了频繁的接触频率和广泛的接触范围；户外广告摆放的位置较灵活，在城市繁华地段和商业中心的户外广告，无疑能吸引众多旅游消费者的目光和他们的多次关注。不过，户外广告也有不足之处：它不能有效地瞄准目标客户，因为其所接触的是大范围的人群，没有一定的针对性，会产生较高的"浪费"现象；户外广告的形式本身决定了它不能传达复杂和详细的信息，在表现形式上有一定的局限性；制作户外广告也需要花费较长的时间。

3. 印刷媒体

一些旅游企业采用直接邮寄广告的方式。直接邮寄广告的优点是：针对性非常强，客户可以触摸、感觉、保留或传递给其他人。它直接瞄准目标市场而不像其他媒体那样产生较高的浪费；虽然直邮广告也受到一定的限制，但在时间安排上十分灵活，且在它被寄出几天后就可以到达客户手中；直接邮寄广告与目标消费者之间进行的是一种个性心理的接触，具有高度的个性化，便于与客户进行一对一的沟通；能够测量"客户响应的程度"，发出者确切地知道被邮寄的直邮广告数，而且能通过不同的方式来测量"响应"程度（如通过统计回收意见表、收回赠券数量），而其他的媒体评估广告效果就相当困难。在旅游业中此类广告属于直接响应类的广告。直接响应广告的目标通常就是发展资料库或查询地址名录。一旦这些查询产生，旅游组织就可以通过免费电话，或邮寄赠券卡以及一些"伴随"材料，比如游客指南、小册子、地图等来促销。澳大利亚旅游者协会曾在《旅行者》杂志上刊载了广告，通过使用免费800电话或邮回一张填好的赠券，读者就可以得到一本136页的旅行计划书。澳大利亚旅游协会正尽力以此方式建立一个具有相关的人口统计资料和旅游喜好信息的查询资料库。但是，此类广告常会被当作"垃圾邮件"，有较高的丢弃率。这种直邮广告的称呼通常是"亲爱的住户"等，有时，人们对收到这种直邮广告很恼火，经常还没打开或阅读就把它扔掉了。要解决这种抗拒心理，直邮广告只有具有高度的个性化或独特性，才不会被人当作垃圾扔掉。目前不少旅游企业创造性地采用一些新颖的直邮广告形式：邮寄和赠送企业日历、宣传册、新闻信、明信片、生日卡、节日卡、圣诞卡、客人意见调查表、企业小报、优惠券、免费小礼物等，为企业做宣传。如杭州之江度假村在不同的季节分别给老客户寄上不同的卡片，并印有总经理和部门经理的签名，以邀请客户光顾度假村。还有一些企业在各种日常用品，如在购物袋、火柴盒、信封背面、挂历、台历、汽车票、火车票、登机票、机票套、扑克牌等上面做广告。如中山大厦营销部针对大厦绝大部分客源来自苏州、无锡、常州、上海，也就是高速公路沿线这一情况，在沪宁高速开通时，选择了在汽车票背面做广告这一方式。将知名度高、社会经济效益好的上海大众汽车公司作为合作伙伴（该公司花钱购置的10辆高级尼桑大客车是目前沪宁高速公路上最好的车型），与该公司谈妥在该公司出售的车票背面印刷中山大厦的介绍，并注明客人凭票入住可享受住房、餐饮等优惠条款。

4. 其他特定媒体

（1）歌曲广告。如南京某酒店将企业的特色菜编成歌，请著名歌唱家演唱，并配以酒店设备服务介绍背景，将其拍成MTV向市民做宣传。

（2）幻灯广告。某美食中心为了推广其早茶，曾与电影院合作，要求电影院在每部新片放映前播放该店的早茶宣传幻灯，以吸引市民去享用早茶。

（3）雕塑广告。溧阳天目湖宾馆为宣传该宾馆的招牌菜——天目湖砂锅鱼头，树立自己的品牌，在酒店门口花了三万元做了一个几米高的鱼头大师朱顺才的卡通雕塑。该雕塑形象生动，成为天目湖度假区一景，许多度假客人在品尝了天目湖宾馆正宗的砂锅鱼头后，还不忘和雕塑合个影，而客人拍后的照片就是最好的区别于其他鱼头的宣传。酒店利用鱼头大师的无形资产做了很好的广告。

（4）奖励广告。国外一酒店挖空心思地设计了儿童喜爱的纸制玩具模型，其中汽车、飞机、电船等小巧精致，令儿童爱不释手。凡光顾该店的儿童都能免费得到一份自己喜爱的纸制玩具。这一办法花钱不多，但颇为高明，孩子们既可以吃到他们喜爱的美味佳肴，又可以获得一份礼品，纷纷要求父母带其去这家酒店就餐。

（5）新媒体广告。如广西旅游主管部门在广西特色节日，"三月三"前，在微信朋友圈投放一段富含本土风情的视频，向用户展现广西动态的美，精准触达广西用户与重点目标城市的旅游爱好者，激发广西本地用户主动传播广西旅游，充分利用了朋友圈广告社交价值，拉动用户口碑与旅游品牌好感度的提升。

（二）选择广告媒体的原则

任何一种广告媒体都不是完美无缺的，关键在于要为广告选择一个最合适的媒体。在选择广告媒体时，需要综合考虑多种因素，在反复权衡的基础上选择理想的广告媒体。媒体选择要达到"广、快、准、廉"的目的。广：信息传播范围或覆盖面广，影响大；快：信息传播快而及时；准：对准目标市场需求者，所登广告正好是他们经常接触的媒体；廉：在这种媒体上做广告，费用最省，效果最佳。

同时还应注意几个一致：

1. 广告媒体的特征与企业广告目标相一致

企业若以提高知名度、美誉度为目的，应选择覆盖面广、表现和艺术感染力强的广告媒体。企业若以扩大市场份额、提高竞争力为目的，应选择吸引力大、信息容量大、针对性强的广告媒体。企业若以促进即时销售为目的，应选择时效性强、刺激性强的广告媒体。

2. 广告媒体的特征与企业产品的特征相一致

企业应根据不同产品和服务的特征来选择广告媒体，以求产品和服务特征得到充分表现。使用时间长、无季节差异的产品可选用相对固定的广告媒体。生命周期短、季节性明显的产品应选用时效性较强的广告媒体。

3. 广告媒体的特征与目标市场的特征相一致

企业根据目标市场的特征来选择广告媒体，应考虑目标市场受众对广告媒体的接触能力、目标市场受众的接受能力及环境。例如，广告牌应立于人烟稠密的市中心，不应在人烟稀少的农村。

4. 广告媒体的特征同企业自身能力相一致

企业应根据自身的实际能力来选择广告媒体。如果企业经济实力比较雄厚，可任意选择各种合适媒体。如果企业经济实力有限，应尽可能选择费用小、效果好、针对性强的广告媒体。

三、广告策划和实施过程

（一）广告策划和实施的几项步骤

旅游广告策划和实施须经过：明确广告目标、确定目标受众、选择合适的媒体、创作广告信息、安排广告推出、回答客户问询六个阶段。

步骤1：明确广告目标。广告目标就是你想要你的广告为你做什么。广告通常用于：通知消费者你的产品或服务已经上市，并告诉他们如何去购买；劝导消费者，使其相信你的产品或服务优于你的竞争对手；提醒消费者使用你的产品或服务。

步骤2：确定目标受众。假定你已知道自己想说什么以及想说这些话的目的，那么下一步的工作便是需要正确地识别出你要对谁去说这些话。

步骤3：选择合适的媒体。任何企业都希望不用花很多的钱便可以影响尽可能多的潜在消费者。但是，在你可选择用来宣传你的产品或服务的众多媒体中，哪一个是最有效并且花钱最少的广告媒体呢？这需要依据你的产品或服务以及你的目标消费者而定。在某些情况下，它可能是电视、广播电台或杂志；在另外一些情况下，你可能选择自媒体广告、户外广告或地铁广告。对广告媒体的选择还取决于你有多少钱可以花，广告在你的整个营销计划中所要扮演的角色。

步骤4：创作广告信息。你的产品或服务的特点、你的广告目的以及广告预算的大小都决定你在创意工作中哪些事情可为，以及哪些事情不可为。你应注意使你的广告适应你的目标人群、适应你的产品或服务以及适应你的预算。

步骤5：安排广告推出。你通过自己（或你的广告代理商）的创造性工作为市场准备了一则优秀的广告。但此时还不能宣布大功告成！恰当地选择广告推出的时间、地点对广告是否成功是至关重要的环节。当你选择广告的推出时间和地点时，要考虑你的目标市场人群的需要。

步骤6：回答客户问询。你在恰当的时间和地点做完广告之后，会不断有人打来电话询问广告中的有关事宜。当电话铃声响起时，要有人接听电话。当你激发起消费者的购买兴趣后，你一定要确保能够履行你在广告中约定的事项。满足广告所带来的问询要求。

（二）广告策划者的选择

根据你的技术能力以及经费预算的大小，你希望自己操办某次广告还是希望同某一广告代理商签订合同，让其替你筹划该广告。旅游服务业广告工作的范围很宽，下至当地报纸广告的策划，上至全国范围内电视广告的安排。

1. 自己策划广告

如果你的经费实力不允许你雇佣广告代理商，你就要自己做广告。这里有几点建议：

首先，要建立广告记录文档。该文档中应包括你所策划过和使用过的各项广告，从而可帮你检查每次广告的有效程度。它记录每次广告的播发过程以及对广告效果的说明。这一简单的记事簿可为你和你所在的企业提供一套完整的历史资料，即做过哪些广告，在哪些媒体上做的，以及广告做出后的效果。此外，你还可以考虑在你的广告记录文档中选记你的竞争者所做的最成功的广告。通过分析这些档案资料，有助于断定你的主要竞争对手们目前正在采用何种广告策略以及你可采取哪些措施去对抗竞争者的举动。

其次，注意广告的主要内容设计。通常广告由四部分组成：广告标题、广告正文、广告插图、广告识别标记。

（1）广告标题。广告标题是绝大多数平面广告的重要部分。它是广告要表达的中心思想，具有点明主题、引人注意、扣人心弦、让人驻足、促其购买等特点。著名的广告人大卫·奥格威曾详细地调查分析过人们对文字广告的不同部分的注意情况，其调查结果表明：读标题的人平均为读正文人的五倍。另一项研究结果表明，50%～70%的广告效果来源于广告标题。广告标题可分为：

① 直接标题。直接点明广告主题，使人一看就知道广告所要传达的信息的内涵。

② 间接标题。以富有情趣、耐人寻味的语言诱导消费者读正文、看图片、找答案。

③ 复合标题。分为结构上的复合和内容上的复合。一般由两个或两个以上标题组成，它综合直接标题与间接标题的优点。广告标题是否具有吸引力，在很大程度上取决于广告人的想象力和对潜在消费者的了解程度。一个好的标题能引起潜在消费者的需求欲望和好奇心，吸引其读下去。例如，北京天地大厦的广告标题为：

正标题／主标题：巢融温暖，天地情无限

　　　　　　　　中国北京天地大厦

副标题：记忆中，慈母给予的安逸和温柔

在创作广告标题时要注意以下几点：

① 主题突出。大卫·奥格威曾把广告标题比喻为商品的价码标签，即让人一看就了解广告主题。

② 简明、具体。标题文字要简明、精练，内容具体、实在，一般以6～12字为宜。

③ 引人注意。有些字词如：免费、新、如何、突然、当今、就在此地、惊人、轰动、了不起、奇迹、廉价、从速等，能够很好地吸引人的注意力，诱发消费者的好奇心、喜悦和兴奋之情，另外，字体大小也会对人的注意力产生影响。

（2）广告正文。它是广告最重要的构成部分，用来陈述广告所要宣传的内容，是对广告标题的具体解释和说明，为潜在消费者提供具体产品和服务信息，它要能吸引消费者，促使消费者采取购买行动。在写作广告正文时应做到：直截了当、开宗明义、一针见血、不含糊其词；内容要具体、属实，避免使用空洞、抽象的语言；语言通俗易懂，尽量使用口头用语；多提供有关咨询和服务的信息，努力阐明产品的优点。

广告正文的表现方法可以分为：解释性正文、幽默性正文、描述性正文、证书性正文、对话性正文和叙述性正文等。

（3）广告插图。广告插图是一种视觉语言，是广告中最重要的视觉要素。广告插图能形象地表达出广告所要宣传的内容和语言难以表达的思想，对广告语言起到补充的作用。具体地讲，它能迅速、有效传递广告要宣传的主题思想；能吸引读者的注意力，诱导其看下去；使广告更为可信，增加说服力；能通过写实、对比、夸张、象征、比喻、悬念、抒情、排列、陪衬等表现手法来增强广告的感染力。

北京天地大厦的插图是一个用树叶和树枝搭成的鸟巢，里面有两只未孵化的鸡蛋。它的寓意是把大厦比做家，大厦提供的服务使您感觉仿佛就像在家一样。

（4）广告识别标记。虽然广告识别标记不如广告正文那么重要，但它却是企业产品在潜在消费者心目中的重要标记。它一般放在广告文最后。广告的识别标记可以用口号或企业徽标来体现，广告口号讲究对称、押韵、优美、富有情趣、容易记忆。如古北水镇以"长城脚下的星空小镇"这一口号来描绘它北方小镇的优美。

2. 选择广告代理商策划广告

如果你在经济实力上请得起广告代理商，那么即便你认为有能力策划、实施自己的广告，也应当聘请广告代理商来做。因为广告专业人士有最佳的条件在当今复杂的市场营销舞台上引航。选择广告代理商不只是选择一名广告服务供应商，而更像是选择一名经营伙伴，因此，在结成这一至关重要的伙伴关系之前，先要了解很多的问题。广告代理商会向你提供反映其业务资质的各种凭证，例如，其业已完成的广告作品、所获得过的各种奖项、过去和目前的客户名单等。你应认真查看这些资质凭证并且从该广告代理商过去以及目前的客户那里了解有关的反映，以便对该广告代理商的强项和弱点有全面的了解。你应对照自己企业有关方面的情况去评价某一广告代理商的强项和弱点，以便了解自己在哪些方面需要更多的帮助。你还应了解广告代理商内部的一些工作，如客户管理、调研工作、创意点子、媒体策划和制作广告等。最重要的问题是要问清楚：你所委托的广告项目实际上将由哪些人去做；是由一支有经验的创意队伍去做，还是由一批新雇的人员去做。你一定要确信你所选择的广告代理商了解你的市场和你的消费者。良好的调研，不论是由广告代理商自己去搞，还是广告代理商委托另一家调研单位去搞，都可以增加你和你的广告代理商对目标市场的了解。如果某广告代理商刚一见面就马上想跟你谈创意计划、媒体选用或签订合同等事宜，你应三思而行。一家好的广告代理商会首先聆听，从而尽可能多地了解有关你的产品或服务、你的市场或消费者以及你的营销理念等方面的情况，然后才会去涉及实际的战略设想。选择广告代理商的方法之一是将你的广告工作"对外招标"。你可以从不同的"竞标方案"中免费获得大量的优秀方案。在招标阶段，你可以考虑在投标的代理商中多找几家作为初选对象，从而使你能够在它们中间进行比较。至于对某一广告代理商使用多久或者多长时间需要变换一下，则只能由你自己去判断。常用的更换代理商的客观测量标准包括：销售量在下降、有关的产品品牌在现有消费者和潜在消费者中的知名度降低、消费者对你的广告有负面的反馈意见、广告中错误过多、广告不能如期登出等。

四、广告创意

（一）广告创意的定义

广告创意简单来说就是通过大胆新奇的手法来制造与众不同的视听效果，最大限度地吸引消费者，从而达到品牌传播与产品营销的目的。广告创意指广告中有创造力地表达出品牌的销售信息，以迎合或引导消费者的心理，并促成其产生购买行为的思想。

广告创意由两大部分组成，一是广告诉求，二是广告表现。

（二）广告定位与广告创意

广告定位是广告创意的前提，广告创意是广告定位的表现。

广告定位所要解决的是"做什么"，广告创意所要解决的是"怎么做"，只有明确做什么，才可能发挥好怎么做。一旦广告定位确定下来，怎样表现广告内容和体现广告风格才能够随后确定。由此可见，广告定位是广告创意的开始，是广告创意活动的前提。

（1）创意是广告策略的表达，其目的是创作出有效的广告，促成购买。

（2）广告创意是创造性的思维活动，这是创意的本质特征。

（3）创意必须以消费者心理为基础。

（三）广告创意的原则

创新思维或称创造性思维，指人们在思维过程中能够不断提出新问题和想出解决问题方式的独特思维。可以说，凡是能想出新点子、创造出新事物、发现新路子的思维都属于创新思维。在广告创意过程中必须运用创新思维。为此，应把握以下原则：

1. 冲击性原则

在令人眼花缭乱的报纸广告中，要想迅速吸引人们的视线，在广告创意时就必须把提升视觉张力放在首位。照片是广告中常用的视觉内容。据统计，在美国、欧洲、日本等经济发达国家和地区，平面视觉广告中95%是采用摄影手段。

2. 新奇性原则

新奇是广告作品引人注目的奥秘所在，也是一条不可忽视的广告创意规律。有了新奇，才能使广告作品波澜起伏，奇峰突起，引人入胜；有了新奇，才能使广告主题得到深化、升华；有了新奇，才能使广告创意远离自然主义向更高的境界飞翔。

在广告创作中，由于思维惯性和惰性形成的思维定式，使得不少创作者在复杂的思维领域里爬着一条滑梯，看似"轻车熟路"，却只能推动思维的轮子作惯性运动，"穿新鞋走老路"。这样的广告作品往往会造成消费者视觉上的麻木，弱化了广告的传播效果。

3. 包蕴性原则

吸引人们眼球的是形式，打动人心的是内容。独特醒目的形式必须蕴涵耐人思索的深邃内容，才拥有吸引人一看再看的魅力。这就要求广告创意不能停留在表层，而要使本质通过表象显现出来，这样才能有效地挖掘读者内心深处的渴望。

好的广告创意是将熟悉的事物进行巧妙组合而达到新奇的传播效果。广告创意的确立，围绕创意的选材，材料的加工，电脑的后期制作，都伴随着形象思维的推敲过程。推敲的目的，是为了使广告作品精确、聚焦、闪光。

4. 渗透性原则

人最美好的感觉就是感动。感人心者，莫过于情。情感的变化必定会引起态度的变化，就好比方向盘一拐，汽车就得跟着拐。

出色的广告创意往往把以情动人作为追求的目标。如一个半版公益广告"你是否考虑过他们？"画面以两个农村孩子渴望读书的眼神和教室一角破烂不堪的课桌椅为背景，已审核报销的上万元招待费发票紧压其上，引发读者强烈的心理共鸣。农民挣钱不容易，而有的人用公款招待却大手大脚。如果我们每人省下一元钱，就可以让更多的贫困孩子实现读书梦想。这个公益广告的情感表达落点准确，诉求恰当。

5. 简单性原则

牛顿说："自然界喜欢简单。"一些揭示自然界普遍规律的表达方式都是异乎寻常的简单。近年来国际上流行的创意风格越来越简单、明快。

一个好的广告创意表现方法包括三个方面：清晰、简练和结构得当。简单的本质是精炼化。广告创意的简单，除了从思想上提炼，还可以从形式上提纯。简单明了绝不等于无须构思的粗制滥造，构思精巧也绝不意味着高深莫测。平中见奇，意料之外，情理之中往往是传媒广告人在创意时渴求的目标。

总之，一个带有冲击性、包蕴深邃内容、能够感动人心，新奇而又简单的广告创意，首先需要想象和思考。只有运用创新思维方式，获得超常的创意来打破消费者视觉上的"恒常性"，寓情于景，情景交融，才能唤起广告作品的诗意，取得超乎寻常的传播效果。

链接

用非凡旅行故事送走负能量

澳大利亚旅游局在2018年针对18~30岁的年轻用户群体推出了一个"Aussie News Today"（今日澳洲新闻）的新闻频道，并在社交媒体上进行了一次创意营销。

广告搭起了沟通旅游生产者和旅游消费者的桥梁，旅游企业通过广告宣传提高了自身知名度，塑造了企业形象，有利于市场开拓，增加旅游商品的销售。

为了吸引更多年轻人来澳大利亚旅游，澳大利亚旅游局在"今日澳洲新闻"社交媒体新闻频道上，通过三位年轻的澳洲达人在国内各地的旅游故事，专门分享澳大利亚各类积极消息。"今日澳洲新闻"通过构建媒体内容网络，与多个国际媒体、社交媒体平台合作，当媒体向年轻受众用户推送了"坏消息"，会紧接着对用户推送澳大利亚旅游局准备的澳洲好消息，以对比资讯形成澳洲对年轻游客的吸引力。

澳大利亚旅游局行政总裁John O'Sullivan："我们打算通过Aussie News Today提供有趣、不平凡和令人振奋的日常生活故事，向全世界年轻游客展示澳大利亚众多旅游景点与别处不同的体验。"年轻人成不了大事？澳大利亚旅游局说：才不是！虽然年轻游客只占总游客人数的25%，但是买买买的"剁手能力"却是强大的，总消费直接占去了46%的小半边江山。瞄准了这一"隐形富豪群体"，澳大利亚旅游局邀请年轻澳洲"网红"们在社交媒体上花式炫旅游，澳大利亚去哪里玩？怎么玩？全球数百万年轻人都能同步看到。

玩转了社交媒体，却总能与海量的负面消息、假新闻撞车，用户在刷新闻的同时免不了累积负面情绪。澳大利亚旅游局说：我来安抚你！巧妙抓住用户"求安慰"的心理需求，与营销诉求相结合，利用时下最火的大数据算法，精准锁定人群，及时推送澳大利亚好玩有趣的好消息，开辟线上情景营销的新玩法。

任务三
公共关系

公共关系即公关，是一种成本低而收益高的促销手段。对公共关系的创造性运用可以帮助旅游消费者正确了解产品和树立对产品有利的态度。旅游产品丰富的内涵和繁多的形式使公共关系具有强大的吸引力，公共关系是旅游企业宣传产品、展示形象的一个理想途径，为旅游企业的营销人员提供了频繁地进行正面、公开宣传的机会，在有一些不利事件发生时，还能起到消除危机、缓解矛盾的作用。

一、公共关系的作用
（一）公共关系的定义

在旅游业中，公关指旅游企业与公众之间为建立和维持相互理解、良好的关系而特意进行的有计划的、持续的沟通活动。通过进行有利的公开展示，树立良好的企业形象，控制和阻止不利的谣言、传闻和事件等来与企业的不同公众之间建立良好的关系。这里的公众包括旅游企业员工及其家庭成员、工会组织、所有者、旅游消费者、旅游中间商、竞争对手、政府、媒体和金融机构等。与公众建立并长期维持良好的关系，实施有效的沟通，是旅游企业进行公共关系活动的主要任务。

（二）公共关系的作用

在旅游业中，由于旅游产品的无形性和旅游消费者在购买旅游产品时的情感因素，使得口碑效应的作用十分明显。因此，公关十分重要。

（1）它能在潜在旅游消费者心目中树立良好的企业形象和产品形象。

（2）旅游企业通过发布有新闻价值的信息，吸引相关人士的注意，宣传、报道企业产品的特色，强调竞争优势。

（3）改善旅游企业内部沟通和外部沟通，协调上下级之间的关系、雇员和股东之间的关系以及其他各类人际关系，处理好公共事务，了解竞争动态。

（4）进行危机管理。旅游企业在生产经营过程中，因多种因素的影响难免会遇到一些不利于本企业的反面宣传报道，给企业的形象和声誉造成严重的负面影响，如果不及时面对不利报道，会使危机进一步加深。公共关系活动能适时地对不利报道做出反应，消除一些对企业不利的影响并积极寻找解决问题、处理危机的途径。

（三）公共关系的特征

公共关系是社会关系的一种表现形态，公共关系与其他任何关系都不同，有其独特的性质，了解这些特征有助于我们加深对公共关系概念的理解。

（1）情感性。公共关系是一种创造美好形象的艺术，它强调的是成功的人和环境、和谐的人事气氛、最佳的社会舆论，以赢得社会各界的了解、信任、好感与合作。中国古人讲究"天时、地利、人和"，把"人和"作为事业成功的重要条件。公共关系就是要追求"人和"的境界，为组织的生存、发展或个人的活动创造最佳的软环境。

（2）双向性。公共关系是以真实为基础的双向沟通，而不是单向的公众传达或对公众舆论进行调查、监控，它是主体与公众之间的双向信息系统。组织一方面要吸取人情民意以调整决策，改善自身；另一方面又要对外传播，使公众认识和了解自己，达成有效的双向意见沟通。

（3）广泛性。公共关系的广泛性包含两层意思：一层意思是公共关系存在于主体的任何行为和过程中，即公共关系无处不在，无时不在，贯穿于主体的整个生存和发展过程中；另一层意思是其公众的广泛性。因为公共关系的对象可以是任何个人、群体和组织，既可以是已经与主体发生关系的任何公众，也可以是将要或有可能发生关系的任何暂时无关的人群。

（4）整体性。公共关系的宗旨是使公众全面地了解自己，从而建立起自己的声誉和知名度。它侧重于一个组织机构或个人在社会中的竞争地位和整体形象，以使人们对自己产生整体性的认识。它并不是要单纯地传递信息，宣传自己的地位和社会威望，而是要使人们对自己各方面都要有所了解。

（5）长期性。公共关系的实践证明，不能把公共关系人员当作"消防队"，而应把他们当作"常备军"。公共关系的管理职能应该是经常性与计划性的，这就是说公共关系不是水龙头，想开就开，想关就关，它是一种长期性的工作。

二、公共关系的主要形式

1. 新闻发布会

旅游企业将有新闻报道价值的信息提供给新闻媒体，进行公关宣传活动。新闻发布会或记者招待会是旅游企业与公众进行沟通的一种渠道，在旅游业中被广泛采用。新闻发布会可以发布新产品及产品的变化或发展的信息，也可用来发布年度报告，陈述组织所意识到的机会或问题。旅游企业在准备新闻发布会时，要向新闻媒体提供构成新闻信息的各个要素：包括"谁""什么""何时""何地""为什么"和"怎么样"。新闻发布会上所发布的信息，应具有新闻价值，主持人要做精心准备，以回答媒体提出的各种问题，以此来影响和"游说"目标旅游消费者。

2. 特别事件或活动

特别事件是旅游企业实施公共关系和宣传活动的一个很好的机会。围绕着特别事件的发生，旅游企业一般都会策划大型的公共关系及宣传活动，以吸引公众的注意力，建立与公众的正面关系。这些特别事件包括：

（1）产品宣传。旅游企业通过新闻媒介发布有关新产品的信息，解释产品的新颖、独特之处，为新产品打入市场、获得旅游消费者感知奠定良好的基础。

（2）庆典、开业或特别活动。当旅游企业举办有特别纪念意义的庆典活动，或者是开业仪式，或者是一项特别的活动时，企业通常会邀请新闻媒体参加，并通过新闻媒体的宣传报道向公众传递有关旅游企业的信息，以提升旅游企业形象，给公众树立良好的印象。

3. 公益事业

关注社会公益，热心于社会公益事业的旅游企业，总是会赢得社会公众的普遍好感，旅游企业也可选择赞助和支持一些公益事业来吸引公众的注意和偏好。旅游企业可以将利润的一部分拿出来，捐献给目标市场所支持的公益事业，如环保活动、教育事业、医疗事业或参加省市政府活动、社区活动。随着旅游消费者对环境保护的关注程度越来越高，旅游企业可以宣传企业的"绿色营销"，表明本企业不仅关注旅游消费者的需求和企业的经济效益，而且关心社会效益和未来的可持续发展。这样的公共关系及宣传活动，对于建立目标旅游消费者的偏好和忠诚度很有好处。

4. 赞助活动

旅游企业可以赞助一些具有新闻价值的事件和活动，来扩大其新闻覆盖面和提高企业知名度。这些赞助活动不仅包括对体育、音乐和艺术活动的赞助，而且也包括对灾区、希望工程、残疾人等的赞助。不仅企业内部可以组织一些活动以吸引员工的关注，也可在企业外部开展一些活动以吸引大众参加，吸引媒体做宣传、报道。

5. 对旅游消费者的教育活动

对于旅游业和旅游产品，旅游消费者不可能有足够深入的了解和调查。因此，旅游企业可以通过举办一些培训和教育活动，来帮助旅游消费者了解更多的旅游常识。比如，旅行社可以向旅游消费者提供一些有关旅游常识的介绍，旅行中意外事故的处理方法，使旅游消费者更多地了解产品，并最终影响其购买决策。

6. 处理反面宣传

旅游业公共关系部门应该以"政治家的沉着"来应对反面的宣传。反面的宣传报道对于旅游企业所造成的不良影响是不言而喻的，一味回避、推脱责任并不是解决问题的方式。公共关系在这种危急时刻应发挥主要作用，要讲实话，不掩盖事实真相，尽量说明事实，澄清对本企业不利的传闻，并表明本企业愿意采取实际行动来弥补损失。最佳的做法就是预见到可能出现的危机而构建可能的应急方案。

7. 旅游企业内部的公关

旅游企业内部的公关，有助于创造稳定的工作环境、和谐的工作气氛，加强旅游企业的凝聚力，提高工作效率。旅游企业内部公关的主要方式有：① 内部宣传刊物。其内容可包括旅游企业的经营理念、方针政策、战略目标、大的事件、员工心声、员工奖励和培训等。② 内部新闻推送。报道旅游企业管理层的管理动态，通知精神，业务调整，旅游消费者的感谢信，优秀员工的采访等。③ 员工活动。组织员工参加各种类型的文体活动，丰富业余生活，注重对员工的情感投资，如举办员工生日聚会等，提高员工对本企业的向心力。

8. 利用大众媒体、户外媒体、印刷媒体及特定媒体等进行宣传

9. 利用名人效应，获取信息或请名人到场以引起人们对某一产品或对本企业的普遍关注

三、公共关系活动的实施过程

1. 市场调查和研究

为保证公共关系活动的效果，在实施具体行动之前，应对与公共关系活动相关的环境、

公众、产品等方面的信息进行认真的分析和研究。在此过程中，应了解旅游企业的优势和劣势及其在公众心目中的形象、旅游消费者的意见和要求、竞争对手的情况、与该项公共活动相关的资料数据等，进而为制订切实可行的公共关系活动方案提供可靠的依据。

2. 制定公共关系目标

一旦通过调研和研究后找到公关活动的机会，就应优先考虑活动事项并设定目标。公关目标是提高知名度，通过媒体的新闻报道引起人们对产品、服务和组织的关注，还是建立信誉，通过媒体报道、公关活动来增进企业信誉？是激励推销队伍和旅游中间商，还是通过对新产品和服务的新闻报道给旅游消费者、员工、合作伙伴等留下深刻的印象？例如，美国加利福尼亚葡萄酒业公司雇用了丹尼尔·伊代门（Daniel J. Edelman）股份有限公司下属的公关公司为其开展一次宣传活动，使美国人相信喝葡萄酒是美好生活中令人愉悦的一部分，从而提高其在加利福尼亚州酒类市场上的份额。这家公关公司制定了以下宣传目标：① 写出关于葡萄酒的文章，并将其刊发于报纸（饮食栏目、特写专栏等）和顶级杂志（《时代》《美丽家居》等）。② 写出有关葡萄酒诸多健康价值的报道，并寻求医学根据。③ 针对中青年市场、大学市场、政府机构以及种族社区进行特定的宣传活动。

3. 界定主要目标群体

界定主要目标群体，再利用合适的媒体把相关信息传播给这些目标群体，对于公共关系的成功非常关键。有效的公关活动组织者会非常仔细地识别他们希望影响到的群体，然后研究这一群体，并找到可以用来传播公关信息的媒体。他们找出该群体关注的问题，形成相关的公关主题，并使得这一主题对于目标群体来说是自然的和符合逻辑的。

4. 选择公关信息和宣传公关信息的渠道

公关人员应随时准备为产品或服务做新闻报道。如果新闻性消息数量不足的话，公关人员就应提出一些本企业能予以资助的有新闻价值的活动事项的建议。公关人员此时面临的挑战不是发现新闻而是制造新闻。公关创意包括主办重大学术会议、邀请知名人士演讲、组织新闻发布会等。每一项活动都会有大量的事实可供报道，并分别受到不同群体的关注。宣传公关信息的渠道有：周年庆典，艺术展览，捐赠拍卖，义演晚会，图书销售，义务献血，各项竞赛，舞会晚宴，时装表演，旧物义卖，参观旅游以及电话、步行、骑自行车募捐等。

5. 实施公共关系活动方案

在实施公共关系活动方案之前要确定本次公共关系活动的基本原则。本着真实、准确、互惠互利的原则，客观、真实、全面、公正地报道事件，维护本企业与公众的利益。在选择此次公共关系的活动方式以及确立目标群体和公关目标的基础之上，选择向公众传递信息的媒体并结合各类媒体的特点来实施此次公关活动。

6. 评估公关宣传效果

（1）曝光率。最容易衡量公关活动效果的方法是统计其在媒体上的曝光次数。但这种曝光率统计方法不太令人满意。因为它没有表明实际上有多少人看过、听过并且记住公关信息以及事后他们是怎么想的。也无法获得所覆盖群体的净人数，因为媒体的受众有部分是重合的。由于宣传活动的目标是广度而非频率，所以知道非重复的曝光率才是有用的，即宣传要覆盖到目标群体。

（2）旅游企业的知名度和公众态度的变化。在企业的公关活动计划执行之前和之后，公众对于企业及其产品的观点和态度是否发生了有利于企业的变化；企业的形象是否被公众接受和肯定；在公共关系活动结束之后，是否树立了对企业有利的正面形象，是否加强和改善了企业与公众之间的沟通与交流。比如，有多少人记得新闻内容，有多少人把它告知别人（一种口头传播），有多少人在听说这一消息后改变想法，有多少新闻媒体愿意报道与企业有关的信息等。

（3）对销售额和利润产生的影响。衡量公关活动对销售额和利润的影响程度是最理想的评估公关宣传效果的方法。

（4）公关人员的工作效率。公关人员的工作效率对公关宣传效果有重要影响。在关键时刻，比如有重大事件发生和反面宣传时，公共关系人员要高效率地开展工作。在处理危机事件时，要有力地消除不利影响并弥补损失。此外要随时准备处理紧急事件。

7. 关于应急或危机管理[①]

大的航空公司每天有几千次航班，酒店每天24小时营业，大的快餐连锁店每天要为数百万的消费者服务。因此，总有出现危机的时候，有些是可控的，有时则是不可控的：人们吃了餐馆的食物可能出现食物中毒，小偷盗走了客人的钱财，遭遇地震、洪涝、海啸等灾难。管理者应该认识到一项应急或危机管理计划能减轻这些事件的负面影响。因此，应急或危机管理十分重要。

（1）下面是应急或危机管理中的"应该"和"不要"的事项。

①"应该"事项：

应该有一项包括自然灾害、保安、安全等问题的危机管理计划。

应该在必要时加强保安，使得旅游消费者放心。

应该定期加强员工安全训练并将过程记录备查，同时经常更新计划。

应该向媒体提供真实的信息并注意发布时间。

应该立刻照料伤者并与医院联系。

① Philip Kotler，John Brown，James Makens．旅游市场营销[M]．谢彦君译．旅游教育出版社．2017.

应该从容面对无法回答的问题。例如"我还没有那方面的信息"。

应该让旅游消费者了解情况。

应该向受危机影响的雇员表示关心。

应该证实来电询问者的身份。

应该接听前台、电话交换台及预订中心转来的关于危机问题的电话。

应该对公开的消息做详细记录。

应该与所有的政府机构合作良好。

应该着手更新信息或召开新闻发布会。

应该在任何时候都备有一位发言人以讨论危机问题，一般是总经理。

应该在有关报道不够准确时向记者提出意见。

应该表示对旅游消费者安全的关注，展示过去的安全记录。

应该在危机过后发起一次具有积极意义的后续行动。

② "不要"事项：

不要等到危机出现时才制订计划。

不要等到危机出现时才训练员工。

不要把受伤者当作累赘。

不要不回应任何质疑或负面印象。

不要偏袒某些记者，要一视同仁。

不要让指定的发言人之外的任何人回答问题。

不要等到被调查时才承认错误。

不要随意答应支付受伤人员的医疗费用。

不要在电视台记者面前表情呆板。

不要对任何人说出内部记录。

不要使用酒店行话发言。

不要在被人提问时戒心重重。

不要进行大肆渲染的描述。

不要说出受伤者的名字。

不要对记者说"无可奉告"。

（2）应急和危机管理的步骤：

① 采取各种预防措施防止危机发生。

② 建立危机预警机制。

③ 当危机确实发生时，与新闻界积极沟通，以降低负面宣传的影响。

在危机期间加强信息管理。第一，指定一名发言人。第二，这位发言人必须根据事实说话。第三，如果有公关机构，就应让它与外部人士打交道。第四，在处理危机事件时通知媒体并且保证其不断收到事件的进展情况。

任务四
旅游营业推广与人员推销

一、旅游营业推广的种类

旅游营业推广是一种能迅速刺激市场和旅游消费者的促销策略之一。它包括对旅游消费者、旅游中间商、销售队伍和企业员工开展营业推广。针对不同的对象，旅游企业根据不同的促销目的可选用以下十种不同的促销方式。

（一）价格优惠

价格优惠是在短期内刺激旅游消费者购买的有效工具，尤其当价格成为旅游需求的主要影响因素时，调价能收到明显的效果。价格优惠可以用于各类旅游产品、各种目标市场，适用范围十分广泛。旅游企业可根据旅游消费者的购买数量、购买时间、购买方式以及购买人的身份给予不同的奖励。

（二）包价组合

包价组合是将两项或两项以上的旅游产品／服务组合到一起，并将其以一个总价格向旅游消费者提供。也就是将多次购买简化为一次性购买，并且尽可能提供价格上的优惠。包价组合作为一项重要的市场营销工具，在旅游服务业中正在变得越来越流行。包价组合产品的范围很广，从仅包含食宿的简单"周末度假"直至包含多项服务内容的包价旅游产品，如"飞行—驾车—水上游"的包价旅游产品，其内容包括提供航空旅行、汽车租赁、游船舱位、饮食、娱乐以及其他各种服务项目。好的包价旅游产品既应有益于旅游消费者，也应有益于参与提供这一产品的旅游服务企业。它可以增加销售额；补充淡季或不景气时期的销售；使旅游企业的产品或服务比其单独出售时具有更大的吸引力；有助于实现规模经济，因为旅游企业的产品或服务可经由众多销售渠道出售；获得对市场的了解，引进新的产品或服务项目。

它分为包价旅游产品的零售和包价旅游产品的批发。① 包价旅游产品的零售。旅游产品的组织者可分别购买有关的旅游产品或服务，将其组合为一个包价旅游产品并将其直接卖给旅游消费者。② 包价旅游产品的批发。旅游产品的组织者可以订购有关的单项旅游产品或服务，将其组合成包价旅游产品，再批发给中间商，由这些中间商直接出售给旅游消费者。

包价组合包括以下几种类型：

1．全包型包价

它包括交通费、住宿费、地面接待服务费、景点门票费和有关的税费与小费等。如"拉斯维加斯狂欢三日全包游——399美元（包括机票、住宿、饮食、文娱演出等）"。全包型包价旅游产品适合于目的地旅游。由于淡、旺季价格的差异以及批量购买酒店客房或航班座位等原因，全包型包价旅游产品常常会实行价格折扣。

2．航空与自行驾车型包价

将航空旅行服务和汽车租赁服务组合起来。这种类型的包价旅游产品目前很流行，如某航空公司推出的"加利福尼亚州（简称加州）航空—自行驾车游"，包括提供往返洛杉矶或旧金山的机票、为期5天的租车。旅游消费者乘飞机飞往加州，自行驾驶汽车游历美国西海岸地区，然后返程回家，所有这一切的价格是每人4 000美元。

3．航空与游船型包价

它是航空与自行驾车型包价的一个变种，即旅游消费者乘坐飞机单程飞往海上巡游的出发地，然后从那里登船，开始海上巡游，一路返回原地。这种横跨大洋的航空与游船型包价旅游产品不仅可提供旅游消费者所追求的海上巡游经历，而且通过实行单程航空旅行的做法，使整个海上巡游过程的时间得以减少。

4．周末、假日包价

它是一种最为常见并且形式最为简单的包价旅游产品。这种包价服务除提供方便和价格优惠以外，还使旅游消费者获得放松、休整与家人团聚的机会。例如，"家庭周末包价"可以使儿童享用免费房，或者提供全家同住一个房间按1人收费的优惠；"蜜月周末度假"包括提供豪华客房、香槟酒、床上早餐等。

5．特殊兴趣包价

将某一基本的旅游服务产品（例如住宿）同旅游消费者的某一特殊兴趣结合起来。也就是针对人们的某些特殊兴趣，创造出相关的旅游产品。例如，将旅游消费者喜爱的划船、打高尔夫球、打网球、游泳、滑雪、骑马等项目与旅游企业的产品相结合。当然不一定局限于体育或娱乐活动，还可以同历史文化、风俗习惯、宗教信仰等方面的特殊兴趣活动联系起来。

6．特殊事件、盛会包价

围绕某一特殊事件或特别的盛会活动组织包价旅游产品。特殊事件和盛会的举办是人们前往该地旅游的原因，而这种包价产品的推出则为人们一次到位地购买所需要的有关服务提供了最方便的途径。每年都有数以万计的人通过购买特殊事件、盛会包价旅游产品去观看超级橄榄球大赛、国际或国内的足球联赛、自行车赛、重大的拳击比赛，参加许多特别盛会。

7. 目的地组合包价

旅行社、酒店、景点航空公司联合起来制定组合包价。有些特殊的地方，如著名的山地、海滩、森林、沙漠等，其本身就适合于通过旅游企业组织包价旅游去宣传。

8. 主题型包价

组织者往往通过有关产品主题的文字表述去点明其值得购买的原因。主题型的包价产品涉及艺术表演、在博物馆举办文化展示活动，以及围绕某一知名人士的到场露面组织的"周末会名人"的主题活动等。

9. 婚庆、蜜月包价

如亚太地区18家酒店和度假村联合起来为结婚纪念者搞的婚庆、蜜月包价比较成功，其中里面还包含 Aniversary（结婚周年）、Gold（金婚）、Diamond（钻石婚）三个小包价，其价格和优惠条件不一样，客人可以在不同地区的18家酒店和度假村挑选周末度假地点和享受该包价提供的优惠项目。

除上述所讲的包价外，还有许多包价，如会议旅游包价、商务研讨包价、生日包价等。

（三）奖励促销

它以赠品、赠券为诱饵，诱导旅游消费者采取购买行为，达到提高企业销售额的目的。因此，它在促销活动中起着特别重要的作用。奖励促销首先要求赠品必须适合其促销目标并力求与众不同。如果把不适合其目标旅游消费者口味的商品当作礼品，就很难发挥赠品的作用。其次，赠品应注意展现企业形象以达到宣传的目的，要精心安排设计。最后，要尽量降低赠品费用。一些企业从零售利润较高的商品中选取奖品并进行组合、改造，使价值不高的奖品看上去具有较高的价值。成功的奖励可以促进旅游消费者的重复购买行为。

奖励促销的形式包括：附赠产品和附加服务。旅游景点可在淡季时提供一些免费的游览项目；酒店可以提供包含接送机服务的住宿而不加价或是赠送小纪念品；航空公司则向旅客提供免费接送机场服务等。但是这些奖励的提供是以影响旅游消费者的购买行为为基础的，只有在旅游消费者发生了实际的购买行为之后，才能享受到这些额外的奖励。

1. 赠品

赠品是可以用较低的价格买到或可免费获得的物品。它可以刺激人们购买某一种产品。赠品应选择旅游消费者迫切需要的。如对于离家在外的旅游消费者，能够吸引其订票的赠品是什么？目前有的旅游公司推出向订票人赠送电子语音导览的服务。许多餐馆还发现，销售像帽子、T恤衫和衬衣这样的推广品都有可观的利润可赚，从而可以为公司开辟一个新的财源。还有些餐厅提供一种高价饮料或甜点，装在特殊的杯子或盘子里，旅游者实际上支付的是杯子或盘子的价格，将这种"礼品"带回家，以后每当看见杯、盘，就会回忆起在餐厅就餐时的美好体验。

2．赠券

赠券是提供给购买某种特殊产品的旅游消费者的一种优惠凭证。赠券可以连同其他产品一起邮寄，也可以置于广告当中。在餐馆业，赠券十分流行，酒店、出租车公司、游船公司也都使用赠券。但要避免滥用赠券，因为它会使促销产品的价格下降，从而使赠券最终不再具有竞争优势。除了能刺激成熟期产品的销售量之外，赠券对新产品引入阶段的推广也很有效。例如，一家快餐连锁店开发出一种新产品时，常常会利用印有赠券的广告来推介该产品。该赠券成了一种激励因素，同时也降低了消费者尝试新产品的风险。

3．积分奖励

积分奖励是保持客户，促使客户在一定时期内复合购买、连续购买的重要手段。例如，大多数航空公司都提供常飞计划，对乘机旅行的里程进行点数奖励，这种点数可以转换成免费的或升级的乘机旅行、出租车租赁和客房服务。有些餐厅向客人提供一种卡片，每次就餐都在卡片上打孔，累积10次就餐便可以得到一次免费餐或其他形式的奖励。

（四）趣味促销

趣味促销指为在激烈的竞争中保持地盘，扩大领地，改善销售结构，吸引和保留公众的注意力，旅游企业通过变换手段组织抽奖、竞赛等活动。从旅游消费者的角度来看，在竞赛、抽奖和游戏兴趣活动中中奖总是一件令人兴奋的事情，它可以极大地提高旅游消费者对产品的兴趣。竞赛需要参与的旅游消费者凭借一定的知识、技巧和能力，来回答一些与旅游产品有关的问题，或者是写一些有关旅游产品的文章等；抽奖只需提供参与的旅游消费者的姓名和地址，完全凭借机遇来获奖。旅游企业在安排竞赛和抽奖活动时，应使竞赛和抽奖的奖品能对目标旅游消费者产生吸引力。如太平洋喜来登饭店曾发动了一次抽奖促销活动，金奖是提供2个前往巴塞罗那奥林匹克运动会的免费旅行奖励，银奖是5个本地区之内的度假奖励，铜奖是10个在喜来登饭店入住两天的奖励。这次竞赛打出的口号是："眠在喜来登，醒在巴塞罗那。"

（五）参展促销

参展促销指通过参加各种各样的国际、国内的旅游产品介绍会、展览会或交易会，达到开拓市场，吸引潜在旅游消费者，检测市场对新产品的需求，收集市场信息等目的。在参展交易中，旅游企业通常会免费向旅游消费者提供企业的宣传资料、产品介绍，发放礼品，并且旅游产品的价格往往也比较优惠。参展一般被认为是展示企业形象的良好机会，有助于企业吸引旅游消费者的注意，引发购买欲望。如在西湖博览会期间举办的杭州旅游商品交易会，就吸引了许多慕名前来的旅游者参观选购。很多旅游企业都选择在旅游博览会上做展览。在展示会上，旅游产品的生产商和中间商都有机会向潜在旅游消费者展示旅游产品和提供相关服务。旅游交易展示会对于介绍旅游新产品特别有效。它更容易打开市场，吸引和发现潜在旅游消费者，收集竞争对手信息。当然参展促销通常需要支付较为昂贵的成本。在销售代表参加旅游交易会推销旅游产品时，企业应尽可能提供一些特产、视频、纪念品等帮助他们，使目标旅游消费者更好地了解本企业旅游产品。

（六）样品展示

旅游产品的无形性决定了产品无法在现场示范其使用效果，但是我们可以借助于一些有形的手段，来表现人们在购买旅游产品后会得到什么样的利益和满足。现在，已经有很多酒店推出了现场示范烹调手艺和现场调制鸡尾酒、制作各种食品的服务，而旅行社、旅游景区也可以通过播放宣传片来达到促销的目的。餐厅则设立一些非常醒目的展台、展厅向旅游消费者展示各种菜肴、烘焙食品和甜点，供旅游消费者购买。

数年前，夏威夷的法莱尔斯餐馆（Farrels Restaurant）发现，他们能在不降低价格或不增加新的消费者的情况下将利润率提高10%。法莱尔斯餐馆对那些有儿童的家庭进行了研究。该餐馆设计一种新的离店通道，客人在到达结账柜台之前会通过这条通道。沿着这条通道，一路摆放着数以千计的为儿童所喜欢的礼品、糖果和泡泡糖之类的东西，这条特殊而色彩斑斓的通道成了源源不断地直接增加利润的渠道。休斯敦的公园客栈曾邀请潜在的旅游消费者以及相关的社区成员免费入住某家豪华酒店，以此实现两个目标：很多潜在旅游消费者得以在该酒店亲身体验其服务；人们对酒店的口碑大大改善。当然这是一种最有效，同时也是最昂贵的引入新产品的方式。

（七）返还促销

返还促销指为激发旅游消费者购买某种特定产品或消费某项服务的积极性，在旅游消费者购买时，将现金代用券或优惠券返还给旅游消费者，此促销活动能利用旅游消费者想省钱的心理，刺激旅游消费者连续购买，回馈旅游消费者对品牌忠实度，同时该策略操作简单，相关成本低。

1. 现金返还

在返还方法中，这是容易被人们理解，也最容易被人们普遍接受的一种方法。旅游企业在与客户的业务往来中，往往直接从应付款中扣除事先商谈好的返还现金。

2. 优惠券/代用券返还

这种方法对于奖励那些忠实客户，吸引他们再次光顾，鼓励他们继续购买比较有效，而且企业可以借此节省总开支，推销一部分产品，争取客源，增加信誉。对比现金返还来说，虽然其吸引力小点，但成本要比消费者百分之百地拿走现金低得多。

3. 任选返还

它的做法既可以是现金返还，也可以是优惠券返还，其目的是让旅游消费者在购买了其主要商品后有机会免费挑选自己喜爱的附带商品。

（八）培训奖励

旅游企业为了向旅游中间商、销售人员通告信息和传授新的知识，以协助旅游中间商、销售人员更好地完成销售旅游产品的任务而开展的活动。目前这类培训活动主要有研究会、讨论会、招待会等。进行这类培训活动的成本很高，但却能产生深远的影响。

（九）表彰激励

表彰是对那些达到某一水平销售量的旅游中间商，完成销售指标的销售人员等给予一定的奖励和表彰，以激励他们更努力地工作，更好地实现销售目标。奖励既可以采取现金形式，又可采取非现金形式，如免费旅行、考察。对他们的表彰活动，会促使得到表彰的部门和人员更努力地工作，激发其积极性；而那些没有受到表彰的部门和人员也会通过反思，寻找原因，积极寻求业务量的上升。同时还可以在旅游中间商和企业的销售队伍之间开展销售竞赛，能有效地促进他们之间的相互竞争，促使他们为扩大销量而不断完善销售的方式、方法，不断建立、改善、维持和旅游消费者之间的良好关系。

（十）噱头促销/另类促销

即企业通过一些创意、噱头，满足旅游消费者的好奇心，招徕旅游消费者，以达到促销的目的。例如，如携程机票推出的邀请好友帮忙砍价的促销形式。

二、旅游营业推广的策划

（一）制定营业推广的目标

营业推广的目标建立在总的营销目标基础上，通过营业推广能在短期内促进产品销售或培育长期的市场份额。营业推广不仅鼓励旅游消费者去尝试购买旅游新产品，赢得新的旅游消费者，而且鼓励已有旅游消费者和旅游中间商更多地购买和使用旅游产品，同时拉拢旅游消费者离开竞争者，或者维持和酬谢忠诚旅游消费者。营业推广的目标是期望在规定的促销期内，通过促销活动实现既定的目标销售量。目标销售量在不同的旅游企业之间有不同的表现形式：酒店表现为客房预订量，航空公司表现为机位销售量，旅游景点表现为游客接待量。具体情况不同，营业推广的目标就各不相同。

（二）适合消费者的营业推广手段

有许多手段可以用来实现营业推广的目标。营业推广的策划人员应该考虑市场的类型、营业推广的目标、竞争状况以及每一种手段的成本与效果。前面已介绍了一些营业推广的种类，企业可以根据促销目标、市场竞争、产品形象和目标市场来选择对目标旅游消费者最有吸引力的促销手段。

（三）拟订营业推广方案

制订具体的行动方案，从开始到结束包括每个阶段、每个环节都做出详细具体明确的安排，使计划真正切实可行。营业推广方案要明确阐述将针对哪一目标市场的旅游消费者及推广的规模；确定有关活动的各项规定、活动进行的要求和规则；确定活动的各项设计工作，对有关促销活动各种印刷材料的设计做出最后的审定；确定活动需要的费用，并就广告宣传品和奖品的具体内容，具体数量做出决定；确定开展的时间及各项管理和辅助支援工作，对管理工作和辅助支援工作的各个细节做出具体安排；确定活动评价体系，随时掌握活动进展情况以及时纠正或解决活动中出现的情况；确定必要的应急计划，预先估计可能出现的非正常情况，制订相应的应急方案。

（四）小结评估营业推广结果

通常旅游企业可以将此次促销结果与旅游企业的目标、促销的实际成本与旅游企业的预算相互对照，并对结果进行评价，作为今后开展促销的依据。还可就此次促销引起的销量增加和此次促销的成本进行比较，以此来评价营业推广活动的效果。旅游企业也可对目标旅游消费者进行调查，包括在营业推广期间分析旅游消费者数量、购买量、重复购买率等指标；对旅游消费者构成中新老旅游消费者的比例、年龄层次进行调查；收集旅游消费者的建议要求和评价。通过以上调查分析，了解促销活动对旅游消费者购买行为的影响和作用。

三、旅游人员推销

（一）人员推销的定义

人员推销（Personal Selling)指通过旅游推销人员深入旅游中间商或旅游消费者中间进行直接的宣传介绍活动，使旅游中间商或旅游消费者采取购买行为的促销方式。它是人类最传统的促销方式。人员推销是一种具有很强针对性、个性化、独特的促销手段。它具备许多区别于其他促销手段的特点，可完成许多其他促销手段所无法实现的目标，其效果是极其显著的。相对而言，人员推销较适于推销性能复杂的产品。当销售活动需要更多地解决问题和说服工作时，人员推销是最佳选择。说服和解释能力在人员推销活动中尤为重要，它会直接影响推销效果。人员推销的基本要素为推销员、推销产品、推销对象。

（二）人员推销的基本形式

1. 上门推销

上门推销是由推销人员携带产品样品、说明书和订单等走访旅游消费者，推销产品。这种推销形式可以针对旅游消费者的需要提供有效的服务，方便顾客。

2. 柜台推销

又称门市推销，指旅游企业在适当地点设置固定门市，由销售人员接待进入门市的旅游消费者，推销旅游产品。门市的销售人员是广义的推销员。柜台推销与上门推销正好相反，它是等客上门式的推销方式。由于门市里的产品种类齐全，能满足旅游消费者多方面的购买要求，为旅游消费者提供较多的购买方便，并且可以保证产品完好无损，故旅游消费者比较乐于接受这种方式。

3. 会议推销

会议推销指利用各种会议向与会人员宣传和介绍旅游产品，进行推销活动。譬如，旅游订货会、旅游交易会、旅游展览会、旅游交流会等。这种推销形式接触面广、推销集中，可以同时向多个推销对象推销旅游产品，成交额较大，推销效果较好。

（三）人员推销的步骤

识别潜在客户—事前准备—接近—介绍—应付异议—成交—事后跟踪

（四）人员推销的特点

1. 销售的针对性

与旅游消费者的直接沟通是人员推销的主要特征。由于是双方直接接触，相互间在态度、气氛、情感等方面都能捕捉和把握，有利于销售人员有针对性地做好沟通工作，解除各种疑虑，引导购买欲望。

2. 销售的有效性

人员推销的又一特点是提供产品实证，销售人员通过展示产品，解答质疑，指导产品使用方法，使目标旅游消费者能当面接触产品，从而确信产品的性能和特点，易于引发旅游消费者购买行为。

3. 密切买卖双方关系

销售人员与旅游消费者直接打交道，交往中会逐渐产生信任和理解，加深双方感情，建立起良好的关系，容易培育出忠诚旅游消费者，稳定企业销售业务。

4. 信息传递的双向性

在推销过程中，销售人员一方面把企业信息及时、准确地传递给目标旅游消费者，另一方面把市场信息、旅游消费者（客户）的要求，意见、建议反馈给企业，为企业调整营销方针和政策提供依据。

（五）人员推销的不足

1. 推销成本过大

由于人员推销直接接触旅游消费者的有限性，销售面窄，人员推销的开支较多，增大了产品销售成本。

2. 对推销人员要求较高

人员推销的成效直接决定于推销人员素质的高低。尤其随着科技的发展，新产品层出不穷，对推销人员的要求越来越高。

本项目旅游产品促销较详细地介绍了成功促销的十大要诀、促销预算与促销组合、促销类型与促销效果衡量，并对旅游广告、公共关系、旅游营业推广与人员销售等主要促销手段进行了阐述。在旅游广告一节就广告的作用与种类、广告媒体类型与选择的原则、广告策划和实施过程、广告创意做了较详细的介绍。在公共关系一节就公共关系的作用、公共关系的主要形式以及公共关系活动的实施过程做了简单的介绍。在旅游营业推广与人员推销一节就旅游营业推广的种类、旅游营业推广的策划、旅游人员推销等进行了简单的阐述。

案例分析

荷兰"海平面下的艺术之光"

　　为更好地推广荷兰深度游产品，继成功推广"探访世界上最美丽的春天"及"海平面下的骑行"大型主题活动后，荷兰旅游局结合凯撒国际旅行社"缤纷荷兰6日体验之旅"产品，与荷兰5家著名旅游机构一起合作推出"海平面下的艺术之光"网络游戏推广活动，目的在于巩固并提高荷兰业者在中国市场中的知名度，促进更多本地业者参与荷兰旅游推广活动，同时吸引更多国际旅游消费者选择荷兰作为他们的旅游目的地。

　　第一，"海平面下的艺术之光"将通过网络游戏的形式将荷兰特色展示给参与游戏的旅游消费者，游戏简单、有趣、轻松，内容活泼、丰富。所有参与者都有机会获得丰富的奖品，数量多多，周周惊喜不断；另外，荷兰旅游局还将在活动最后通过抽奖的方式产生"荷兰双人游大奖"，中奖者可以亲身前往荷兰，领略这座海平面下国度的艺术魅力。清华大学总裁班网络营销专家刘东明认为网络时代的营销需要遵循网络营销4I原则（Interesting趣味原则、Interests利益原则、Interaction互动原则、Individuality个性原则），其中首当其冲的是Intersting趣味原则，网络营销要趣味化，而游戏恰恰是娱乐化程度最大的。旅游美景与游戏融合自然让参与者留连忘返。

　　第二，将艺术作为主线贯穿整个行程是产品的一大亮点，将参观阿姆斯特丹国立博物馆和凡·高美术馆作为重点，穿插乌特勒支音乐盒博物馆以增加产品的多样性及参观格调，使旅游消费者在花费较少的条件下，尽可能地享受更多精彩。此产品因其极具竞争力的市场价格，以及独特鲜明的旅游亮点，自投放市场以来，已经受到许多旅游消费者和业者们的高度关注。

 问题讨论

本案例成功促销的关键是什么？

 复习思考题

一、想一想

1. 简述旅游广告、公共关系、营业推广与人员推销的优点与不足之处。

2. 怎样衡量促销的效果？

3. 简述 AIDMA 模型的含义。

4. 怎样认识公共关系在旅游促销中的作用？

5. 简述公共关系的含义及其形式。

6. 旅游企业如何进行营业推广？

7. 什么是包价？旅游产品组合包价的类型有哪几种？

8. 怎样开展人员推销？人员推销有几种形式？人员推销中应注意哪些技巧？

二、练一练

深入旅游企业了解旅游广告、人员推销、公共关系在实践中的应用效果，在此基础上提出你个人的建议。

项目九

旅游市场营销管理

学习目标

1. 掌握旅游市场营销计划制定的过程
2. 掌握旅游组织实施控制的过程和途径
3. 了解旅游市场营销组织结构的演变
4. 熟悉营销计划实施步骤

案例导入

市场营销计划

刘易斯最近被任命为梅特卡夫集团的市场推广经理，梅特卡夫集团经营着沿昆士兰海滩的连锁酒店。刘易斯是一个经验丰富的市场工作人员，集团希望她能帮助企业组建一个正规的市场营销部门。

企业在市场上的营销曾经非常成功，但随着企业员工队伍的扩大，企业内部的沟通变得越来越混乱。由于缺乏明确的广告战略，市场获得的信息不确切，而且这些信息往往与销售人员推销的内容不匹配。

刘易斯熟悉了情况之后，与集团CEO就企业发展方向沟通了一次。刘易斯聘请了一家调查公司对目标市场进行调研。调查公司向各度假酒店的员工了解当前住店客人的特征，还对客人进行调查，找出目标市场及影响客人选择酒店的因素。

在一定的资金支持下，刘易斯根据所掌握的市场信息和未来六个月的目标任务制订了一份市场营销计划。然后，她召集了一次跨部门会议讨论计划的实施、效果评估和未来市场营销的思路。这时，她遇到了第一个困难，所有的员工都习惯于独立工作，不习惯长期加入某个合作项目。参加会议的每个人都为市场营销计划献计献策，但很少有人全面理解了整个文件，对各部门协作实施缺乏认识。大部分员工都已经了解企业CEO对经营目标的希望，但都各自以自己的方式去实施，丝毫没有意识到他们在向市场传递不统一的信息。刘易斯在会上发现很多员工对现在就做六个月以后的决策，而且要和很多其他部门合作的想法感到困惑。

刘易斯很快意识到她需要让员工们懂得市场营销计划的重要性，以及员工如何利用营销计划让整个项目运转起来。她决定给员工们几天时间来阅读这个报告，然后在本周晚些时候再召开一次会议。

 想一想

1. 市场营销计划对企业经营管理具有哪些作用？

2. 在你看来，还可以从哪些方面进一步完善刘易斯的营销计划？

一、旅游市场营销管理的定义及过程

任何市场均可能存在不同的需求状况，根据需求水平、时间和性质的不同，可归纳出不同的需求状况。在不同的需求状况下，市场营销管理的任务有所不同，要求通过不同的市场营销策略来解决。旅游市场营销管理是为了实现旅游企业目标，创造、建立和保持与目标市场之间的互利交换关系，对旅游市场营销方案进行分析、计划、执行和控制。

旅游市场营销管理过程，也就是旅游企业为实现企业任务和目标而发现、分析、选择和利用市场机会的管理过程。更具体地说，旅游市场营销管理过程包括如下步骤：① 发现和评价市场机会；② 细分市场和选择目标市场；③ 市场营销组合和决定市场营销预算；④ 执行和控制市场营销计划。

二、旅游市场营销管理的任务

旅游市场营销管理的任务是通过各种营销活动，影响旅游市场需求的水平、时机和构成，最终使旅游企业实现既定的目标。旅游市场营销管理涉及对旅游需求的管理以及旅游企业和旅游消费者关系的管理。

（一）旅游需求管理

把旅游市场营销管理只看作为旅游企业当前的产品找出足够数量的旅游消费者，是非常片面的，并有很大的局限性。旅游市场营销管理是通过营销研究、旅游营销计划、旅游营销执行和旅游营销控制找出适当的方式，来影响旅游市场需求的水平、时间和性质。它不仅涉及寻找和增加需求的问题，也涉及改变需求，甚至减少需求的问题。旅游市场营销管理的实质就是需求管理。

在旅游市场中，有着不同的需求状况：负需求、无需求、潜在需求、下降需求、不规则需求、充分需求、超饱和需求和不健康的需求。其中，充分需求是一种理想的市场状态，但是通常只在理论上存在。旅游企业的营销者要应针对不同的需求状态，制定不同的营销管理任务。

1. 负需求

如果某个旅游产品在市场上被绝大多数旅游消费者回避甚至厌恶，那么该旅游产品在旅游市场中就处于负的需求状态。

针对这一类型的需求，旅游市场营销管理的任务是，分析为什么该旅游产品在市场上不受欢迎；是否可以通过设计新产品、降低价格、运用各种促销方案等来改变当前市场的态度。

2. 无需求

当某些旅游产品的目标旅游消费者对其丝毫不感兴趣时，该旅游产品在旅游市场中处于无需求的状态。

针对这一类型的需求，旅游市场营销管理的任务是设法把该旅游产品的优点与人们的旅游需要进行联系，增强旅游消费者对该产品的知晓度。

3. 潜在需求

当市场上有相当一部分旅游消费者可能对某旅游产品有较强的渴望，而现有的旅游产品或服务又无法满足这些渴望时，该旅游产品在旅游市场中处于潜在需求状态。

针对这一类型的需求，旅游市场营销管理的任务是调查分析潜在市场的范围，开发有效的旅游产品及服务，来满足这些潜在需求。

4. 下降需求

当某些旅游产品在当前的市场上需求量开始下降时，该旅游产品在旅游市场中处于下降需求的状态。

针对这一类型的需求，旅游市场营销管理的任务是通过对现有的产品进行创新加工或再造，来扭转其需求量下降的趋势。

5. 不规则需求

许多旅游产品在不同的季节或时间段，其需求量都在不断地变化，这种类型的旅游产品在旅游市场中就处于不规则需求的状态。

针对这一类型的需求，旅游市场营销管理的任务是通过灵活的价格策略、促销方案改变旅游市场中对这些旅游产品需求的时间模式，使这些旅游产品在市场上的需求状况发生改变，由不规则逐渐变得规则。

6. 充分需求

当旅游消费者对市场上的某一旅游产品非常满意，并且旅游企业对自己产品的销售量也很满意时，该旅游产品在旅游市场中就达到充分需求的状态。这一类型的需求通常只在理论上存在。

针对这一类型的需求，旅游市场营销管理的任务是保证旅游产品的质量和企业自身的工作效率，努力维持现有的市场需求水平，及时发现旅游消费者需求偏好的变化，以适应市场需求的变化和竞争。

7. 超饱和需求

当某些旅游产品的需求水平高于其能够或是想要达到的水平时，这些旅游产品在旅游市场中就处于超饱和的需求状态。如"十一"黄金周时，我国各个知名旅游景区都处于这一需求状态。

针对这一类型的需求，旅游市场营销管理的任务是通过降低营销力度来相应地降低需求水平。可以采取提高价格、减少促销等手段。

8. 不健康的需求

某些旅游产品在市场上有时会引起旅游消费者的抵制活动。如狩猎旅游往往会遭到野生动物保护主义者的抵制。此时，该旅游产品在旅游市场中就处于不健康的需求状态。迎合不健康的需求，是一种短期效益行为，往往会给旅游企业带来负面影响。

针对这一类型的需求，旅游市场营销管理的任务是劝说喜欢这类旅游产品的旅游消费者放弃这种爱好，并且寻找新的替代物或开发新的旅游产品。

（二）旅游消费者满意度管理

1. 旅游消费者满意度概述

旅游消费者满意指对一个产品可感知的效果（或结果）与期望值相比较后，旅游消费者形成的愉悦或失望的感觉状态。

当前，旅游市场的竞争主要表现在对旅游消费者的全面争夺，而是否拥有旅游消费者取决于企业与旅游消费者的关系，取决于旅游消费者对企业产品和服务的满意程度。旅游消费者满意程度越高，企业竞争力越强，市场占有率就越大，企业效益就越好。

旅游消费者满意度是评价企业质量管理体系业绩的重要手段。为此，要科学确定旅游消费者满意度的指标和满意度的级度，并对旅游消费者满意度进行测量监控和分析，才能进一步改进质量管理体系。

2. 旅游消费者需求结构

要建立一组科学的旅游消费者满意度的评价指标，首先要研究旅游消费者的需求结构。经过对旅游消费者作大量调查分析，旅游消费者需求的基本结构大致有以下四个方面。

（1）品质需求。包括性能、适用性、使用寿命、可靠性、安全性、经济性和美学（外观）等。

（2）功能需求。包括主导功能、辅助功能和兼容功能等。

（3）外延需求。包括服务需求和心理及文化需求等。

（4）价格需求。包括价位、性价比、价格弹性等。

旅游企业在提供产品或服务时，均应考虑旅游消费者的这4种基本需求。但是，由于不同国家地区、不同的旅游消费人群对这些需求有不同的需求强度。在消费后又存在一个满意水平的高低。当旅游消费者需求强度高时，稍有不足，他们就会有不满或强烈不满，当需求强度要求低时，只需低水平的满足即可。

3. 旅游消费者满意级度

旅游消费者满意级度指顾客在消费相应的产品或服务之后，所产生的满足状态等级。旅游消费者满意度是一种心理状态，是一种自我体验。对这种心理状态也要进行界定，否则就无法对旅游消费者满意度进行评价。心理学家认为情感体验可以按梯级理论划分若干层次，相应地可以把旅游消费者满意程度分成七个级度或五个级度。

七个级度为：很不满意、不满意、不太满意、一般、较满意、满意和很满意。

五个级度为：很不满意、不满意、一般、满意和很满意。

管理专家根据心理学的梯级理论对七梯级（七个级度）给出了如下参考指标：

（1）很不满意

指标特征：愤慨、恼怒、投诉、反面宣传。

分述：很不满意状态指旅游消费者在消费了某种商品或服务之后感到愤慨、恼羞成怒难以容忍，不仅企图找机会投诉，而且还会利用一切机会进行反面宣传以发泄心中的不快。

（2）不满意

指标特征：气愤、烦恼。

分述：不满意状态指旅游消费者在购买或消费某种商品或服务后所产生的气愤、烦恼状态。在这种状态下，旅游消费者尚可勉强忍受，希望通过一定方式进行弥补，在适当的时候，也会进行反面宣传，提醒自己的亲友不要去购买同样的商品或服务。

（3）不太满意

指标特征：抱怨、遗憾。

分述：不太满意状态指旅游消费者在购买或消费某种商品或服务后所产生的抱怨、遗憾状态。在这种状态下，旅游消费者虽心存不满，但想到现实就这个样子，别要求过高吧，于是认了。

（4）一般

指标特征：无明显正、负情绪。

分述：一般状态指旅游消费者在消费某种商品或服务过程中所形成的没有明显情绪的状态。也就是对此既说不上好，也说不上差，还算过得去。

（5）较满意

指标特征：好感、肯定、赞许。

分述：较满意状态指旅游消费者在消费某种商品或服务时所形成的好感、肯定和赞许状态。在这种状态下，旅游消费者内心还算满意，但按更高要求还差之甚远，而与一些更差的情况相比，又令人安慰。

（6）满意

指标特征：称心、赞扬、愉快

分述：满意状态指旅游消费者在消费了某种商品或服务时产生的称心、赞扬和愉快状态。在这种状态下，旅游消费者不仅对自己的选择予以肯定，还会乐于向亲友推荐，自己的期望与现实基本相符，找不出大的遗憾所在。

（7）很满意

指标特征：激动、满足、感谢。

分述：很满意状态指旅游消费者在消费某种商品或服务之后形成的激动、满足、感谢状态。在这种状态下，旅游消费者的期望不仅完全达到，没有任何遗憾，而且可能还大大超出了自己的期望。这时顾客不仅为自己的选择而自豪，还会利用一切机会向亲友宣传、介绍推荐。

五个级度的参考指标类同，旅游消费者满意级度的界定是相对的，因为满意虽有层次之分，但毕竟界限模糊，从一个层次到另一个层次并没有明显的界限。之所以进行旅游消费者满意级度的划分，目的是供企业进行旅游消费者满意程度的评价之用。

4. 旅游消费者满意信息的收集与分析

收集旅游消费者满意信息的方式多种多样，包括口头的和书面的。企业应根据信息收集的目的、信息的性质和资金等来确定收集信息的最佳方法。收集旅游消费者满意信息的渠道有7个方面：

（1）顾客投诉；

（2）与顾客的直接沟通；

（3）问卷和调查；

（4）密切关注的团体；

（5）旅游消费者组织的报告；

（6）各种媒体的报告；

（7）行业研究的结果。

收集旅游消费者满意信息的目的是针对旅游消费者不满意的因素寻找改进措施，进一步提高产品和服务质量。因此，对收集到的旅游消费者满意度信息进行分析整理，找出不满意的主要因素，确定纠正措施并付诸实施，以达到预期的改进目标。

在收集和分析旅游消费者满意信息时，必须注意两点：

（1）旅游消费者有时是根据自己在消费商品或服务之后所产生的主观感觉来评定满意或不满意。因此，即使心中完全满意的产品或服务往往由于某种偏见、情绪障碍和关系障碍，旅游消费者也可能说很不满意。此时的判定也不能仅靠旅游消费者主观感觉的报告，同时也应考虑是否符合客观标准的评价。

（2）旅游消费者消费产品或服务后，遇到不满意时，也不一定都会提出投诉或意见。因此，企业应针对这一部分旅游消费者的心理状态，利用更亲情的方法获得他们的意见。

任务二
旅游市场营销组织、计划与实施

一、旅游市场营销组织

旅游市场营销组织指旅游企业内部涉及市场营销活动的各个职位及其结构。旅游市场营销组织的目标是对旅游市场需求做出快速反应使市场营销效率最大化，代表并维护旅游消费者利益。

市场营销组织运作好坏可以从效率和效果两个方面来考察。效率通常是结果与努力的比率，要通过企业内部的专业化和程序化来实现；效果反映的是实现目标的程度，它是实际结果同预期结果的对比。

有效的符合市场导向观念的营销组织是旅游企业经营发展的根本保证。它通常具有三方面的特征：适应性、灵活性和系统性。营销组织的适应性指旅游企业的营销组织能够根据营销环境和目标市场的具体情况制订出及时、有效的营销计划；灵活性指旅游企业的营销组织能够根据营销环境和目标市场的变化，迅速调整自己，以适应环境和市场；营销组织的系统性指旅游企业的各个部门如市场营销、研究与开发、生产、广告宣传、财务、人事等部门，以及营销所属的各个部门等在市场调研、广告宣传、人员推销、实体分销等过程中，均能够相互配合，具有整体协调性，实行整合营销。

（一）旅游市场营销组织的演变

当代较理想的市场营销组织是经过长期的演化而形成的。营销组织的演变经历了5个阶段：简单销售部门阶段、销售部门兼有营销职能阶段、独立的营销部门阶段、现代市场营销公司阶段和跨职能、外向型的公司营销阶段（图9-1）。

1. 简单销售部门阶段

小型企业的营销组织通常由一名主管销售的经理负责管理销售队伍，他本人直接从事推销活动。若企业规模扩大，需要进行大范围的市场调研或广告宣传，则由销售经理负责聘请

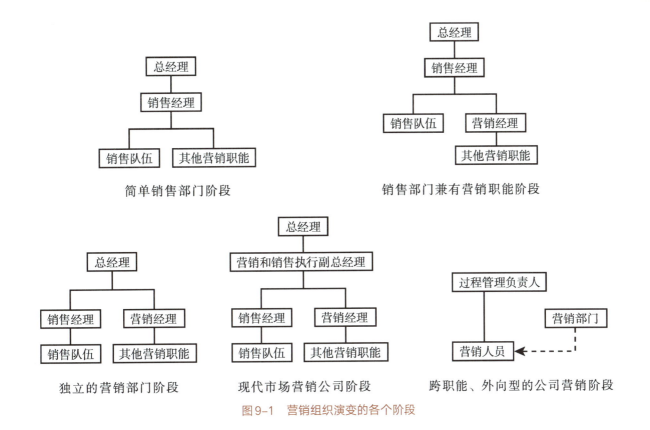

图9-1　营销组织演变的各个阶段

外部力量协助进行。

2. 销售部门兼有营销职能阶段

销售经理负责管理销售队伍和市场营销工作。随着企业规模的扩大，营销管理工作量也随之增大，于是，销售经理聘用专门的营销经理从事营销管理工作，营销经理负责市场调研、广告宣传、旅游消费者服务等各项工作。

3. 独立的营销部门阶段

由于企业的不断发展，营销组织在企业中的作用越来越大，企业开始设置独立的营销部门。营销经理与销售经理一道向总经理负责，销售和营销是两个既密切合作又相对独立的部门。

4. 现代市场营销公司阶段

受宏观市场和企业内部环境的影响，此时企业营销部门和销售部门的工作都成效可观，销售经理与营销经理之间的工作配合较默契。营销经理的任务是制定营销战略和计划，而其所制定的战略和计划是交由销售经理来执行的。他们之间也存在着竞争。销售经理希望他所率领的销售队伍在企业营销组合中仍处于核心地位，但是营销经理希望不断地扩大非销售队伍、增加非销售预算。这样，他们之间的竞争就会日益激烈。为了解决这一矛盾，就形成了"现代化的市场营销公司"的营销组织形式。总经理可以将营销工作置于营销经理的管理之下，也可以亲自处理出现的矛盾，还可以设立营销经理全权处理此类事件，包括对销售队伍的管理，即由营销和销售副总经理领导营销部门。

5. 跨职能、外向型的公司营销阶段

在现代市场营销理念的指导下，许多规模庞大的公司或跨国经营的集团公司不再由具体的营销部门负责营销工作。以往的部门化营销组织被看成是执行营销战略和计划的障碍。微软公司是采用这一营销组织模式的典型。该公司任命某一过程管理的负责人来负责领导跨职能的小组，小组成员由营销人员和销售人员构成，每个小组定期对营销人员的工作业绩进行评价。营销部门负责对全体营销人员的培训，安排他们加入与其相适应的小组，并评价他们的总业绩。当某一过程结束时，该小组解散。当新的过程开始时，新的小组又组成。

（二）旅游市场营销组织的类型

现代市场营销组织的构成是与各类市场营销活动相适应的，通常有六种类型：职能型营销组织、地理区域型营销组织、产品与品牌型营销组织、市场型营销组织、产品与市场型营销组织和事业部型营销组织。

1. 职能型营销组织

职能型营销组织是最常见的营销组织类型（图9-2）。在这种类型的营销组织中，聚集着许多的营销职能专家，他们各自对外独立开展工作，由销售和营销总经理负责协调他们之间的关系。旅行社大多采用这一营销组织形式。职能型营销组织的最大特点是简便易行。但是随着目标市场范围的扩大，这一组织方式的效率就显得低下，因为没有具体的职能部门对某一具体的产品或市场负责，每个职能部门都在为更多的预算和更有力的地位而竞争，导致种种矛盾、纠纷难以解决。

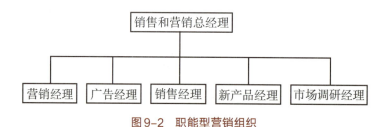

图9-2　职能型营销组织

2. 地理区域型营销组织

在地理区域型营销组织中（图9-3），通常设一位全国销售经理，负责领导各个区域的销售经理工作。各区域销售经理掌握该区域各项市场环境的信息资料。在各区域销售经理之下设地区销售经理，地区销售经理负责为在该地区打开产品销路制定长期、短期计划，并负责计划的执行，同时负责领导销售主任开展工作。各销售主任负责领导销售人员开展工作，并帮助本地的销售人员制订新的销售方案。旅游交通运输业和酒店集团大多采用这一营销组织形式。

3. 产品与品牌型营销组织

在产品与品牌型营销组织中（图9-4），由一名产品经理负责制定产品开发计划并监督

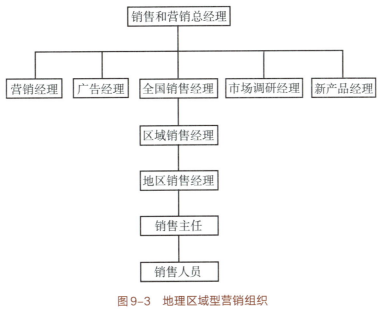

图9-3　地理区域型营销组织

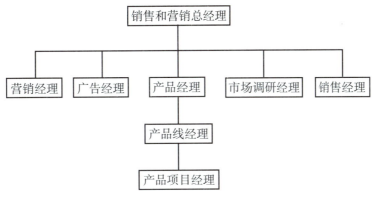

图9-4　产品与品牌型营销组织

执行。下设几大产品线经理，之下再设具体产品项目经理负责具体的产品个体。这一营销组织形式适用于拥有产品类别差异很大或产品品种数量太多的企业。如泛美航空公司，既经营航空运输企业，又经营酒店业。在此类企业中，按职能设置的营销组织无法处理其复杂的事务，所以需要建立新型的产品与品牌型营销组织。这一营销组织形式并没有取代职能型营销组织，只是增加了一个管理层次。

4. 市场型营销组织

在市场型营销组织中（图9-5），由一名市场经理负责，下设若干市场开发经理。市场经理的职责与产品经理类似，负责制定宏观市场的长期计划和年度计划，分析市场动向和所需的新产品。这一营销组织形式注重长远的市场占有率，而非短期的经济效益。其最大的优点是市场经理统筹安排各种营销活动，满足不同目标市场的消费者需求，符合现代市场营销理念的需要。

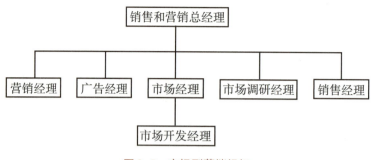

图9-5 市场型营销组织

5. 产品与市场型营销组织

产品与市场型营销组织是一种矩阵式组织，同时设置产品经理和市场经理，将产品式与市场式结合起来。产品经理负责制定销售计划，市场经理负责开发现有的和潜在的市场。这一营销组织形式适用于多角化经营的企业，其缺点是费用大、冲突多、权利与责任难以落实。

6. 事业部型营销组织

从事多角化经营的企业，由于规模不断扩大，常把不同的产品或市场部门升格为独立的事业部。各事业部下设自己的职能部门和服务部门。这样各事业部的权利不断扩大，独立性较强，但企业总部与各事业部之间营销职能的划分就成了较突出的问题。通常可以采取三种方法：

（1）企业总部拥有强大的营销部门。由总公司的营销部门向各事业部提供各种营销服务，如广告服务、市场调查服务、销售促进服务、销售行政服务、咨询和人员培训服务。

（2）企业总部设有营销部门，但规模较小，只承担很少部分的职能，如协助最高管理层评价营销机会，应事业部的要求为其提供咨询和协助，帮助营销力量不足或没有营销部门的事业部解决营销问题，协助企业其他部门树立营销观念、实现整合营销。

（3）企业总部不设营销部门，营销职能完全由各事业部自行完成。

（三）营销部门在旅游企业中的作用

旅游业作为新兴的产业，在它产生之初，就将市场营销的原理应用于企业经营。但是，有相当数量的旅游企业，对市场营销的重要性持疑问的态度。它们认为，企业的所有职能都均衡地影响着经营战略的成功和旅游消费者的满意程度，没有哪一种职能处于领先地位，如图9-6A所示。由于市场需求的下降，企业的销售量也随之下降，营销部门的重要性就越来越突出，如图9-6B所示。还有一些非常热衷于营销的人士，认为营销才是旅游企业的核心功能，它规定着旅游企业的经营目标、效益和其他部门的职能，如图9-6C所示。但这一观点容易引发营销部门与企业其他部门的矛盾冲突。理智的营销者把旅游消费者满意而不是营销置于企业各项职能的核心地位，认为企业的全部职能都应围绕着旅游消费者满意这个核心来进行，如图9-6D所示。还有一些营销企业认为，使旅游消费者满意是企业的核心任务，但是在正确地判断和有效地满足旅游消费者的各种需要的过程中，营销部门在企业的诸多职能部门中仍处于核心地位，如图9-6E所示。

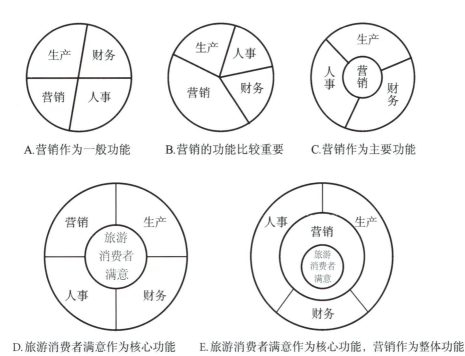

A.营销作为一般功能　　B.营销的功能比较重要　　C.营销作为主要功能

D.旅游消费者满意作为核心功能　　E.旅游消费者满意作为核心功能，营销作为整体功能

图9-6　营销组织在企业中的作用的演变

（四）旅游企业中市场营销部门与其他部门的矛盾冲突及解决办法

在一个旅游企业中，营销部门会因其强调的重点与其他部门不同，并力图按照其观点制定经营目标而与其他部门有很多的冲突（表9-1）。

对于研发部门与营销部门，前者感兴趣的是技术，后者感兴趣的是旅游消费者满意。但通常，二者要均衡发展。每项新产品的开发都由这两个部门派人员协作，沟通信息，交换观点，甚至互换人员。如果仍旧发生冲突，则由上级主管人员根据明确的程序进行处理。

工程部与营销部门的冲突，通常由于营销人员的技术水平不足造成的，如果营销人员有工程技术背景，冲突就迎刃而解了。

制造部门最希望的是均衡、标准化的生产，采购部门喜欢品种少、大批量的进货，营销部门则希望他们能以旅游消费者的需要为出发点。要调节这些冲突，就要在企业内部树立整合营销的观念，使制造部门、采购部门有意识地把旅游消费者需要放在首位。

财务部认为自己最懂得估算和预算，对于营销部门所提出的增加预算的要求不能理解，甚至予以否定。解决此类冲突的办法是使财务人员更多地理解营销活动，让营销人员接受更多的财务训练。

总之，从长远的角度来看，建立一个市场营销导向组织，创建一种持久的有生命力的企业文化，是解决企业内部部门之间矛盾冲突的最好办法。

表9-1　旅游企业中市场营销部门与其他部门强调重点的差异

部门	强调重点	市场营销部门强调的重点
研发部门	基础研究 产品内在品质 产品功能特点	应用研究 产品外观品质 产品销售形象
工程部	注重长期设计 较少的规格品种 标准化结构	注重短期设计 较多的规格品种 根据客户要求
采购部	较窄的产品系列 标准化零部件 材料价格 经济采购批量 较长间隔采购	广泛的产品系列 非标准化零部件 材料质地 大批采购避免库存不足 根据客户需要随时采购
制造部门	长期生产单一品种 不改变产品式样 标准订货量 产品结构 一般的质量控制	短期内生产许多品种 经常改变产品式样 由客户决定订货量 符合审美观的产品外形 严格的质量控制
财务部	按标准严格控制支出 刚性预算 定价能补偿成本	根据判断讨论决定支出 适应旅游消费者需求的灵活预算 定价要促进市场开发
信贷部	很低的投资风险 严格的信贷条款和手续 对客户进行全面财务审查	中等的投资风险 灵活的信贷条款和手续 对客户做中等的信用审查

二、旅游市场营销计划

（一）旅游市场营销计划的定义

　　旅游市场营销计划指旅游企业为满足旅游消费者的需求而制定的关于该企业的产品、定价、分销或品牌等方面的战略规划和策略。它是对未来市场营销活动的规划和行动策略。它能使企业最大限度地避免和减少市场风险，使企业的营销活动变得更经济、更合理，促使企业营销目标的最终实现。

（二）旅游市场营销计划的内容

　　旅游市场营销计划是营销过程中最重要的产出之一。不同企业的市场营销计划的详略程度不同，尤其是产品线和品牌计划。旅游企业的营销计划内容涉及两个方面的基本问题：一是企业营销的最终目标是什么，二是通过什么方式和手段来实现营销目标。一个具体的旅游市场营销计划通常包括表9-2所示的内容。

表9-2　一个具体的旅游市场营销计划的内容

项目	目的
计划概要	使管理层迅速了解计划的核心内容
当前营销状况	分析市场、产品、竞争、分配和宏观环境
机会和问题	分析机会与威胁、优势与劣势、计划中必须处理的问题
营销目标	明确计划中关于销售量、市场份额和利润的目标
营销战略	选择为实现具体目标而采用的主要营销方法
行动方案	解决计划中关于做什么，谁来做，何时做，需要多少成本等问题
营销预算	概述计划所预期的财务收益情况
控制	规定如何对营销计划的执行过程进行监控

（三）旅游市场营销计划的编写

旅游市场营销计划编写的程序包括制订营销计划的概要、分析当前营销状况、分析市场机会和问题、确定营销目标、制定营销战略、制订行动方案、进行营销预算、进行营销控制八项内容。

1. 制订营销计划的概要

任何一个市场营销计划的最开头部分，都应该有一个关于该计划的主要营销目标和具体措施的简要概括。

营销计划概要的目的是使管理层迅速了解和掌握计划的内容。在概要之后应是计划的内容和目录。

例如，某酒店集团2019年客房营销计划——概要如下。

预计使该酒店集团的销售额和利润比2018年有大幅度的增加。其中利润目标为18亿元，比上一年增幅20%；总销售额目标为112亿元，比上一年增幅12%。这些增幅的实现可以通过开发新产品，改进定价策略，发布广告，开发分销渠道等方法来进行。

2. 分析当前营销状况

在营销计划的这一部分，提出关于市场、竞争、产品、分销、宏观环境等因素的相关背景材料。

市场背景，主要分析市场的规模、过去几年的市场增长情况、旅游消费者需求与购买行为及趋势等内容；竞争背景，主要明确竞争对手，分析每个竞争对手在产品特色、定价、促销、渠道等方面的策略，研究他们各自的市场占有率及其变化趋势；产品背景，主要说明最近几年来企业各主要产品的销售量、价格、利润水平等情况；分销和宏观环境背景，主要说明各主要的经销商最近几年在销售额、经营能力和地位等方面的变化。

例如，某酒店集团2019年客房营销计划——营销状况分析如下。

该酒店集团在2014年到2016年期间的市场份额一直徘徊在3%，到2017年达到4%。2018年该酒店集团客房的估算销售额为60亿元，占国际旅游市场的25%。估算销售额在以后几年内呈稳定的趋势。该酒店集团的销售渠道主要有：全球预定系统、集团预定系统、分销商等。集团在所有的渠道上有支配权，但是重要性正在下降，如在旅行社经销商的渠道上，与其他竞争者一样，为旅行社提供45%的毛利。该集团的主要目标市场是商务旅游消费者和会议旅游消费者。他们的年龄在25岁到60岁不等。他们需要快速、安静、舒适、方便、现代化设备齐全、极具个性化服务的房间。该酒店集团的主要竞争对手是锦江酒店集团和华住集团。这些对手都有一套特定的战略，并在市场上占有相当的地位。

3. 分析市场机会和问题

市场机会和问题包括机会与威胁、优势与劣势以及计划中必须处理的问题。

机会指营销环境中对企业有利的因素；威胁指营销环境中对企业不利的因素。在营销计划中找出这些因素，并分出轻重缓急，以便使其中较重要的问题得到关注和解决。

本企业经营的优势和劣势指对于竞争对手而言的长处和短处。优势指企业可以利用的要素；劣势指企业应加以改进的部分。

例如，某酒店集团2019年客房营销计划——市场机会和问题分析如下。

在当前的旅游市场中，旅游消费者对具有个性化的客房感兴趣，作为酒店企业可以考虑提供更具个性化服务的客房产品、利用额外的广告或折扣吸引更多的旅游消费者。但是这些竞争对手也可以做到。该集团还可以利用自己的品牌效应和受过良好培训的销售队伍给旅游消费者以愉悦的消费体验。美好的体验是旅游消费者评价旅游企业或旅游产品的唯一准则，也是竞争对手无法仿造的。

4. 确定营销目标

营销目标是营销计划的核心部分。它将指导其后的营销战略的制定和营销方案的拟订。营销目标有两项内容：财务目标和市场营销目标。

财务目标主要有近期利润指标和长期投资收益率目标两部分。市场营销目标主要有销售额、市场占有率、分销网覆盖面、价格水平等。无论是财务目标，还是市场营销目标，都应以定量的形式表达，并具有可行性和一致性。

例如，某酒店集团2019年客房营销计划——市场营销目标如下。

（1）财务目标：

▲ 在2019年净利润达到12亿元。

- 在2019年现金流量达到14亿元。
- 在未来3年内获得15%税后年投资报酬。

（2）市场营销目标：

- 在2019年获得总销售收入112亿元，比上年提高9%。
- 在2019年，计划销售客房为160万间，预期的市场份额为5%。
- 经过该计划的实施，该饭店集团在旅游消费者中的知名度从10%上升到15%。
- 扩大7%的分销网点数量。

5. 制定营销战略

每一个营销目标都可以通过多种途径去实现。营销管理者要与采购部门和制造部门的人员协作，了解他们的工作能力和效果，从而确定计划中的销售量水平等指标；营销管理者还要与销售人员协作，并取得他们的鼎力支持，最后确定市场调查、目标市场、产品定位、营销策略等的选择；营销管理者尤其要与财务部门加强协作，以获得足够的营销费用。

例如，某酒店集团2019年客房营销计划——营销战略如下。

市场调研：增加15%的费用，用来了解旅游消费者选择的过程和竞争者的动向。

目标市场：商务旅游消费者和会议旅游消费者。

产品：快速、安静、舒适、方便、现代化设备齐全、极具个性化服务的房间。

价格：略高于竞争者。

广告：开展系列广告活动，直接针对目标市场；增加15%的广告预算。

促销：增加10%促销预算，用以发展经销商的产品展销。

6. 制订行动方案

营销战略要转化成具体的行动方案，包括做什么，谁来做，何时做，需要多少成本等。营销行动方案就是将这些问题按时间顺序排列后形成的可行性方案。

例如，某酒店集团2019年客房营销计划——营销方案如下。

2月份，该酒店集团在各大媒体做广告，由广告部负责，预计成本450万元。

6月份，开展销售竞争活动。对在该酒店集团旗下，出租率连续半年保持在65%以上的酒店给予奖励：酒店总经理和客房部经理免费去夏威夷度假。销售经理负责筹划，预计成本1 000万元。

9月份，参加中国国际服务贸易交易会，由营销经理筹备，预计成本50万元。

7. 进行营销预算

营销预算就是进行营销计划的损益计算。首先，指出预算收入：计划价格、计划销售量、计划销售额；其次，指出预算支出：生产成本、分销成本、营销费用；最后，计算出利润，并编制营销损益表。

营销预算完成后，要送交上一级管理层进行审核。结合审核的结果，对该预算进行削减或补充。当预算通过再审核后，就成为具体行动，如购买原料、安排生产、支出费用的依据。

8. 进行营销控制

营销控制是对营销计划执行过程的控制。具体做法是将营销计划所规定的目标和预算指标，按季度、月份、周次或更小的时间单位加以分解，以便主管部门或人员能对计划的执行情况随时监督、检查。

（四）旅游市场营销计划有效执行的保障

1. 制度保障

（1）基础性管理制度。基础性管理制度包括绩效考核制度和部门协作制度。绩效考核制度是将营销计划要达到的目标，与营销人员的绩效考核联系起来，由此来规范营销人员的行为围绕营销目标开展工作，使营销计划落到实处。比如营销计划要开展深度分销，可以制定一个铺货率[①]的考核要求，使营销人员的工作重点放到提高铺货率上来。部门协作制度是围绕营销计划的重点，解决好各部门之间的协作关系，在部门之间确立合同关系，明确责权利，另外也可以采取项目小组的形式开展工作，提高营销计划的运作效率。比如在营销计划中的新产品开发业务，关系着企业持续竞争力的提升，其参与的部门涉及市场、生产、技术、供应等，要提高新产品开发的速度和效率，一方面要确立市场部在新产品开发过程中的领导关系，另一方面又可以通过责任书的确认，使其他部门都能按照要求完成新产品开发各环节的工作。

（2）职能性管理制度。重点是提高营销计划实施效率的管理制度，如营销推广管理制度、区域管理制度、渠道管理制度、销售业务管理制度等，这些制度一方面是为销售人员提供了开展工作的规范，另一方面则是为衡量销售人员的工作成效提供了标准，此外，管理制度还影响着销售人员的思想意识和行为模式，其根本点都是围绕着营销计划的有效执行而进行的。

2. 流程保障

（1）围绕营销计划的关键业务内容优化运作流程。营销关键业务流程的优化甚至重组，对营销计划的有效实施有着重要的作用，往往一份营销计划是好的，但在实际运作过程中，由于业务流程的运作不合理，造成营销计划实施的效率低下，直接影响到营销目标的实现。

（2）通过重组业务流程调整部门结构。在一些关键性的业务流程中，如产品研发流程、营销推广流程、营销计划流程、订单处理流程等，其运作效率的高低，反映着整个组织结构和部门职能是否合理，因此要真正做到业务流程重组后企业能够高效运转，就要根据业务流程的要求，从组织和职能上加以保障，确保业务流程能为企业带来根本性的利益。

---

① 铺货率：指在所在区域的适合产品销售的目标零售商总数中，有多少家零售商在销售本公司的产品，这些已经铺入产品的零售商占目标零售商总数的比例，即为铺货率。

3. 权限保障

（1）权限保障是对各部门业务职能的落实。营销计划的有效执行有很大程度上取决于各部门能否充分发挥各自的职能，营销计划在实施时，一定要赋予各职能部门相应的权限，否则将会影响到营销计划执行的效率。

（2）总部和分部之间的权限分配。总部对于营销计划应该强化专业方面的权限，而分部对于执行营销计划则应该加强针对性方面的权限，使营销计划在执行过程中可以得到很好的整体配合。

（3）营销计划各项业务活动的权限分配。也就是对营销计划中的业务内容进行合理分配，使各个职能部门都能找到相对应的工作内容，主要是解决业务活动开展过程中的决策权限，比如新产品研发由哪个部门领导和推动，销售计划由哪个部门分析、整合和落实等。

4. 资源保障

（1）为达成营销计划的目标所必需配备的各种资源。营销计划的制定是一回事，而在执行中对计划的资源保障又是一回事。虽然营销计划中包含了费用预算，但往往有些项目所分配到的资源并不能保障计划的实现，而且有的企业在面对销量下滑的状况时，往往不能坚持按计划进行，总是会把费用倾斜到能立即提升销量的项目上，比如渠道返利促销。这只是一种短期行为，并不会对企业的长期发展带来根本的帮助。

（2）对关键项目的资源保障。比如有的企业在营销计划中准备实施深度分销，但在区域市场只派驻了少量的人员（如一省一人或数人），根本无法做到深度分销，只能采用依靠经销商的粗放经营模式。因此在营销计划实施中，一定要通过制度对关键项目进行确定，并与绩效考核结合起来，通过政策来加以保障，使营销目标能够得以顺利实现。

（五）旅游市场营销计划执行的目标管理

1. 目标管理是营销计划有效执行的良好工具

（1）使营销计划评估具体可行。营销计划执行的效果如何，营销计划是否应该调整，这些问题的答案涉及对营销计划的评估，而评估的一个重要标准就是营销计划的目标，如果将目标从结果转变为过程中的一个环节，就能客观准确地评估营销计划的实施效果。

（2）使营销计划执行成效得以控制。其要点在于透过对目标的管理，把握营销计划执行的重点，并掌握评估的依据，使目标可以成为指导营销计划执行或者调整的方向。目标管理作为有效的工具，将与营销计划的分解结合起来，配合对营销分解计划的评估，使营销计划的执行过程能够得到控制。

2. 目标的分类管理

（1）硬性目标。销量目标、占有率目标、费用目标、利润目标、铺货率目标等，对硬性目标的管理容易衡量，在这些目标中，有的能反映结果（如销量和利润目标），有的能反映过程（如铺货率和费用目标），良好的目标管理，其关键在于对目标进行综合评估，但在实际过程中，很多企业只关心销量目标，也相应地引导销售人员只看中销量，而忽视了其他目标的实现，最终也无法体现营销计划的效果。

（2）软性目标。管理制度、客情关系、价格体系、市场秩序、信息分析等，这些目标可以说是为了达成硬性目标的保障。如果说硬性目标是结果，那么软性目标就是过程，只有将过程管理起来，才能确保结果的有效达成。

3. 目标的绩效管理

（1）对目标结果的绩效管理。其衡量绩效的重点是将结果与目标对比，通过这种差异性来判断营销目标的完成程度。如果企业的营销目标包含了结果型和过程型两种，那么这种结果与目标的差异，可以反映出一定的原因，但是如果只采用结果型的目标，那么绩效考核就无法反映真实的状况。

（2）对目标过程的绩效管理。其衡量绩效的重点是将过程与目标对比，看看营销计划所要求的工作有无做到位，有什么因素影响到了硬性目标的实现。这种软性目标的绩效考核，能够比较真实地反映实际状况，但是它在促进销售人员动力方面不如硬性目标直接。因此最好是将其与硬性目标绩效考核结合起来，更全面地反映销售人员的业绩。

4. 目标的细分管理

（1）分阶段目标管理。根据营销计划的阶段分解实施过程，根据营销计划的要求设置相应的营销目标，并规定完成的时间进度。阶段可以按照市场发展阶段来分解，也可以按照市场推广的阶段来分解，比如淡季目标和旺季目标，其目的在于使各个阶段的衡量标准能够统一。

（2）分时期目标管理。将营销计划目标的完成分成不同的时期，在每个时期设定相应的标准，比如月度目标和季度目标，然后对这些目标进行管理和评估。

（3）分项目目标管理。通过设置一些项目类型，比如费用和销量项目，推广项目如广告和促销，将每类项目的目标完成状况进行整理统计，分析各项目在整个营销计划中所占的比例是否合理，是否满足了营销计划的要求。

（4）分产品目标管理。对产品实行类别目标管理，衡量每类产品为企业带来的利益，可以按新老产品分类，也可以按产品性质分类，衡量的目标有销量、利润、费用、时间、完成率等。

（5）分渠道目标管理。对不同性质的渠道实行分类管理，衡量不同渠道为企业带来的效益，比如批发渠道和零售渠道、商业渠道和特殊渠道、线上渠道和线下渠道等，评估各种渠道的价值，为企业制定渠道开发策略和管理政策提供依据，同时也为营销计划的有效实施提供一种工作指导。

三、旅游市场营销的实施

（一）营销实施

一个好的营销战略计划如果实施不当，不但见不到成效，而且还会带来许多负面影响。可见，营销实施也是至关重要的。

营销实施（Marketing Implementation）是将营销计划转化成具体的行动和任务的过程。在这一过程中，营销部门要调动企业的全部资源，投入到营销活动中，以保证这一系列任务的顺利完成，从而实现营销计划所制定的目标。

实施营销计划，首先要制订一个行动方案。该方案要比营销计划书中的行动方案详细、具体、明确得多，要规定具体的营销活动是什么、为什么要设计该营销活动、由何人负责、营销活动的地点及时间等，如某旅游公司的营销计划规定，组织一次与支持希望工程有关的公关活动。在资金分配得到保证之后，要安排具体的负责人去组织完成该项计划。

（二）影响营销实施的因素

营销实施和营销计划在某一战略层或策略中是紧密相关的。能够影响有效地实施营销计划的因素主要有：营销组织结构、营销管理人员的技能和企业文化。

1. 营销组织结构

有效的营销组织应具有灵活性，其组织结构必须与营销战略计划、营销目标紧密相连。有关营销组织结构的决策主要有：

（1）集中化或分权化程度。通常情况下，旅游企业的营销部门采用分权化的管理，这样会更有助于鼓励创新和发挥营销部门的灵活性。

（2）正规化程度。旅游企业营销部门的正规化程度指在该企业内部是否鼓励员工之间进行非正式的信息沟通与交流，以及这类现象是否大量存在。在一个企业组织中，存在着正式的系统和非正式的系统。只重视正式系统的作用，而忽视甚至抵制非正式系统的作用，对企业的经营极为不利。只有二者相互作用，才能实现企业计划实施的最高效率。

（3）精简化程度。旅游企业营销部门要做到精简化，就要在该企业的营销部门采用少而精的行政人员并采取简单的职能、产品、地区等组成的组织结构，而不是采用复杂的"矩阵式"组织结构。

2. 营销管理人员的技能

实施环节在市场营销的各个层次上都存在，有总体战略计划的实施，有职能部门计划的实施，也有单项产品或市场开发计划的实施。营销人员是否具备相关的技能，对有效地实施各个层次的营销计划有着深远的影响。

（1）分析判断技能。当营销计划实施的结果未达到预期的目标时，就意味着营销战略计划和实施之间的紧密关系出现了一些问题，需要营销者进行分析判断。首先，分析低销售率究竟是由于计划欠佳造成的，还是由于实施不当造成的？其次，判断究竟是什么问题或是应该为此做些什么。最后，指出针对这些问题的解决办法和措施。如果有多种办法和措施，要指出多种不同的组合。

（2）执行技能。营销者必须掌握一整套能够有效执行营销计划的基本技能，包括分配、监控、组织和配合。

① 在制订营销实施行动方案时，营销者要能够在不同的营销活动上合理分配人力、物力和财力。如某旅行社计划参加2020年中国国际旅游交易会，营销人员要决定究竟要花费多少资金投入到会议宣传和展览，要委派何人为代表参加会议，随行人员有哪些。② 对于营销活动的结果，营销者可以通过建立一系列的制度来评估。例如，利用报酬制度来评估包括营销部门在内的企业各个职能部门的工作绩效。③ 营销者还可以利用组织技能开发出一个有效的工作组织。④ 营销者利用相互配合的技能，推动自己企业内部的人员去有效地实施营销战略计划，此外，还要通过影响企业外部的力量，如市场调研公司、广告公司、代理商、经销商、批发商等，使他们与自己共同完成本企业的营销战略计划。

3. 企业文化

企业内部的全体成员所共同遵循的基本信条和行为，以及其员工的工作态度和工作作风，统称为企业文化。

企业文化具有相对的稳定性和连续性。在现代企业经营管理中，企业文化是影响企业经营战略实施成败的关键因素。

任务三
旅游市场营销控制

营销管理实际上是一个周而复始的循环过程。每一个新的周期都应较前一个周期有所进步。在这个循环过程中包括计划、实施、控制三个环节。控制环节既是前一个周期的结束，又是后一个周期的开始。

旅游市场营销控制是将市场营销管理应用于跟踪旅游企业营销活动的每一个环节，以确保旅游企业的经营按照预计的战略目标运行而实施的一整套工作程序或工作制度，包括为使营销实施效果与预期目标相一致而采取的一系列措施。常见的营销控制有四种类型：年度计划控制、赢利能力控制、效率控制和战略控制。

一、年度计划控制

年度计划控制，指企业在本年度内采取控制步骤，检查实际绩效与计划之间是否有偏差，并采取改进措施，以确保市场营销计划的实现与完成。

年度计划控制的中心是管理目标，包括4个环节（图9-7）。首先，由企业的管理层制定出各个月份或季度的营销目标，作为年度计划控制的基本指标。其次，由管理层负责监督营销计划的实施，评估企业各职能部门的工作绩效。再次，当营销实施与战略计划发生偏差时，由管理层分析偏差产生的原因。最后，管理层必须采取一系列的措施，弥合或改进营销实施与战略计划之间的偏差。可以采取改进实施方式的措施，也可以采取修正营销目标的措施，应视具体情况而定。

建立目标 ——→ 绩效衡量 ——→ 偏差分析 ——→ 弥合或改进措施

图9-7　年度计划控制过程模式

市场营销年度计划控制模式遵循的是发现问题、分析问题、解决问题的规律，适用于企业内部的每一个层次。不同的是，企业的最高管理层控制的是整个企业的年度计划的实施结果，较低层次的管理层控制的是企业经营局部的具体目标。

年度计划控制的方法如表9-3所示，主要有以下4种。

表9-3　营销控制类型

控制类型	主要负责人	控制目的	方法
年度计划控制	① 高层管理层 ② 中层管理层	检查计划目标是否实现	① 销售分析 ② 费用与销售额分析 ③ 财务分析 ④ 消费者满意度追踪
赢利能力控制	营销审计人员	检查公司赢利与亏损情况	① 利润分析 ② 成本分析
效率控制	直线管理层	评价和提高经费开支与营销开支的效率	① 销售队伍效率 ② 广告效率 ③ 促销效率 ④ 分销效率
战略控制	① 高层管理者 ② 营销审计人员	检查企业是否在寻求市场、产品和渠道的最佳机会	① 营销效益等级评估 ② 营销审计

1. 销售分析

销售分析是由销售差异和市场份额两项指标构成的。销售差异分析可以衡量实际销售情况与预计销售目标的偏差。例如，某酒店第三季度客房部的平均房价为350元，销售量为1 500间，销售额为525 000元。而实际是，在这个季度末，只实现了1 000间的销售量和300 000元的营业收入，而且平均房价是300元。销售绩效差异为225 000元，即为预期销售额的43%。此时的问题是：在这一未完成的销售额中，有多少是由于平均房价的下降造成的？就这一问题的偏差分析可以通过计算来进行：

由于房价的下降所造成的差异额 =1 500 ×（350–300）=75 000 30%

由于销售量下降所造成的差异额 =350 ×（1 500–1 000）= $\dfrac{175\,000\quad 70\%}{250\,000\quad 100\%}$

经过计算可知，该酒店在第三季度，有70%的差异额是由于没有实现销售目标造成的。该酒店的营销管理者应对其预期的销售目标为什么没能实现进行分析研究，找出原因，并提供解决措施。

对销售额的差异分析，有时并不显示本企业在市场竞争中的偏差，此时就需要进行市场份额分析。衡量市场份额有4项指标：总市场份额、服务市场份额、相对于三个最大的竞争对手的市场份额以及相对于最大竞争者的市场份额。

（1）一个企业的总市场份额指它的销售绩效在全行业的总销售绩效中所占的比例。可以用销售量来表示，也可以用销售额来表示。

（2）服务市场指对企业的产品感兴趣、被企业营销活动锁定的市场。服务市场份额指它的销售额占其所服务的市场总销售额的比例。营销管理的首要任务是要尽最大的努力，使本企业在服务市场中占据绝对的领先地位，并不断地扩大其服务市场。

（3）相对于三个最大的竞争对手的市场份额指企业的销售绩效占其最大的三个竞争对手的销售绩效总和的比例。若某一企业的此项指标高于竞争者的平均市场份额，则该企业在市场竞争中居强势地位。

（4）在诸多的竞争者中，若某一企业的市场份额高于所有的对手，它就是所有对手的最大的竞争者。若某企业的此项指标为100%，则该企业被称为市场领先者。这一数据表明该企业与其头号竞争对手的业绩不相上下。若该企业的相对市场份额上升，就意味着该企业的市场成长速度快于其头号的竞争对手。

2. 费用与销售额分析

费用与销售额分析是研究和控制营销费用支出的分配比例，保证企业不会为实现预期的销售目标而支出过多的营销费用。通常，企业将其销售收入的30%用于营销费用支出。各项营销费用支出的分配比率如表9–4所示。

表9-4　营销费用支出的分配比率

支出项目	占销售收入的比率（%）	占营销费用的比率（%）
销售人员队伍	15	50
广告	5	16.7
销促	6	20
营销调研	1	3.3
营销管理	3	10

以上各项比率指标可以在正常范围内进行波动，当波动超出正常的范围时，就要引起注意，并做进一步的跟进调查，分析原因，提出改进措施。

3. 财务分析

财务分析就是研究和控制企业的资产报酬率。资产报酬率等于企业资产周转率与企业的利润率的乘积。资产报酬率和财务杠杆率直接影响净资产报酬率。其公式为：

利润率（净利润/净销售额）× 资产周转率（净销售额/总资产）=资产报酬率

资产报酬率（净利润/总资产）× 财务杠杆率（总资产/资产净值）=净资产报酬率

若某旅游连锁公司的利润率为1.5%，资产周转率为3.2，资产报酬率为4.8%，财务杠杆率为2.6，则该旅游公司的净资产报酬率为4.8%×2.6=12.48%。这一数据表明该公司的利润率偏低，而资金周转率正常。为改变这一现状，营销人员可以采取增加销售额或削减销售费用的措施来提高利润率，也可以采取增加销售额或减少存货与应收账款的措施来加快资金的周转速度。

4. 旅游消费者满意度追踪

上述的方法注重于财务数据，对营销控制指导作用不容忽视，但仅有这些是不够的。为了尽早发现市场变化的趋势，企业还应对旅游消费者的满意度进行追踪。有关旅游消费者满意度追踪调查的方法在本项目的任务一已详细介绍。

二、赢利能力控制

赢利能力控制是通过分析不同产品、销售地区、消费者群、销售渠道、订单大小等分类的实际获利情况，从而使企业决定哪些营销活动应当适当扩大，哪些应缩减，以至放弃。

赢利能力控制由营销审计人员完成，其目的是检查企业在什么地方赢利，在什么地方亏损。主要有利润分析和成本分析两种方法。

1. 利润分析

利润分析通常用来分析销售渠道的获利能力。例如：某酒店客房部的利润表如表9-5所示。该酒店的营销经理要测算该酒店的客房产品在旅行社、航空公司、饭店协会的预定系统这三种不同销售渠道中的赢利能力。具体做法是：第一步，要将营销费用均摊到各项营销支出上，将按照性质划分的费用转化成按职能划分的费用，如表9-6所示。第二步，要将职能型费用分配给各个营销渠道。假设这一时期销售访问次数为400次，则其平均每次访问的费用为19.5元。为完成营销任务做104个广告，则其广告的平均成本为50元。为了解市场需求的波动，做了150次市场调研，则其调研的平均成本为10元。分配结果如表9-7所示。第三步，为每一个销售渠道编制一个利润表，如表9-8所示。从表9-8中可以看出，该酒店通过航空公司销售客房将亏损955元。

利润分析只表明企业在不同的销售渠道、产品、地区或营销实体的有关利润的情况，不能作为各销售渠道所获得的净利润的可靠指标。它既不能说明可以放弃当前亏损的营销实施，也不能说明当前赢利的营销实施就是最佳的绩效。要解决这一问题，还需进行成本分析。

表9-5 简化的利润表

元

销售额	60 000
销售成本	40 000
毛利	20 000
费用	14 500
薪金	8 000
租金	4 000
消耗品	2 500
净利	5 500

表9-6 利润分析A

元

费用项目	总金额	销售	广告	调研
员工薪金	8 000	6 000	1 200	800
租金	4 000	—	3 500	500
消耗品	2 500	1 800	500	200
合计	14 500	7 800	5 200	1 500

表9-7　利润分析B

元

费用项目	销售	广告	调研
旅行社	200	60	30
航空公司	90	30	20
预定系统	110	14	100
职能性支出	7 800	5 200	1 500
分配值	400	104	150
平均成本	19.5	50	10

表9-8　利润分析C

元

费用项目	旅行社	航空公司	预定系统
销售额	30 000	10 000	20 000
销售成本	17 000	7 500	15 500
毛利	13 000	2 500	4 500
费用			
销售（平均成本19.5元）	3 900	1 755	2 145
广告（平均成本50元）	3 000	1 500	700
调研（平均成本10元）	300	200	1 000
总费用	7 200	3 455	3 845
净利润/净亏损	5 800	−955	655

2. 成本分析

企业营销成本包括直接成本、可追溯的共同成本和不可追溯的共同成本。

（1）直接成本（Direct Cost），指直接分配给那些引起这些费用的营销实体的成本。如销售佣金就是销售地区、销售代表、目标市场的一项直接成本。

（2）可追溯的共同成本（Traceable Common Cost），指只能依据一定原则间接地分配给引起这些费用的营销实体的那一部分成本。表9-5中的租金就属于此类成本。饭店租用场地为三个不同的营销活动所使用，就要事先估算出每项营销活动所需要的场地费用。

（3）不可追溯的共同成本（Non-traceable Common Cost），指高度主观地分配给各营销实体的成本。为创建企业文化、树立企业形象而支出的费用就属于此类成本。这笔费用将平均地分摊给企业所有的产品，尽管各种产品从企业文化和企业形象中所获得的好处并不均等。此外，诸如管理人员的薪金、企业税金等均属于此类成本。

三、效率控制

效率控制，就是通过评价企业经费开支与营销开支的效率，找出有效的方法来管理销售队伍、广告、促销和分销等营销实体。

效率控制的方法主要有：销售队伍的评价、广告效率、促销效率、分销效率。

（一）销售队伍的评价

企业销售队伍的绩效可以通过下列指标来评价：

（1）每个销售人员平均每天进行销售访问的次数；

（2）每次销售人员访问平均所需的时间；

（3）每次销售人员访问的平均收入；

（4）每次销售人员访问的平均成本；

（5）每次销售人员访问的费用支出；

（6）每100次销售人员通过访问所获得的订货单百分比；

（7）每一期初次购买客户的数目；

（8）每一期流失消费者的数目；

（9）销售成本占总成本的百分比。

通过以上指标的分析，可以发现一系列的改进销售队伍的方法和策略。

（二）广告效率

要具体衡量企业从广告中所获得的效益是不可能的，但是至少可以通过一系列的指标来反映广告的效应：

（1）每一种媒体类型、媒体工具、每千人的广告成本；

（2）阅读到和注意到广告的人在该广告受众中所占的百分比；

（3）消费者对于广告内容和有效性的意见；

（4）对于产品态度的事前、事后衡量；

（5）由广告所激发的询问次数；

（6）每次调查的成本。

营销管理者可以通过以上指标分析广告的效率，做好产品定位，明确广告目标，预示广告信息，选择最适合本企业宣传的广告媒体以及处理好广告事后的测验工作。

（三）促销效率

企业促销的方法花样百出，并仍在不断地翻新。衡量企业促销效率的指标主要有：

（1）优惠销售占全部销售的百分比；

（2）每一个单位的销售收入中所包含的商品陈列成本；

（3）优惠券的回收率；

（4）一次销售活动所引起的询问次数。

营销管理者要高度重视促销费用的效益。他们可以通过上述指标来考察企业所有销售活动的结果，从而总结出最有效的促销措施。

（四）分销效率

营销管理者要对分销环节进行分析研究。在这一环节中，最常见的问题是企业的销售量在增长，分销的效率却在下降。如果任由事态发展，将最终导致销售量的下降。营销管理者要认识到问题真正的症结在哪里，并加大在生产和分销环节的投资，从而保证销售量的稳定和进一步的增长。

四、战略控制

旅游市场营销战略，指旅游企业根据自己的市场营销目标，在特定的环境中，按照总体的策划过程所拟订的具有可行性的一系列行动方案。

战略控制指市场营销管理者采取一系列行动，使市场营销实施绩效与原规划尽可能一致，在控制中通过不断评审和信息反馈，对战略进行修正。

由于市场变化的无常，营销的目标、策略和方案随时会出现这样或那样的问题，甚至会遭到市场的淘汰。因此，每一个企业都十分重视战略控制，定期地对其进入市场的总体战略进行重新评估，以保证它与外部环境的协调发展。战略控制的工具有两个：营销效益等级评估和营销审计。

（一）营销效益等级评估

营销效益等级评估通常采取问卷表的形式进行。在一份营销效益等级评估表中，通常要考察5个方面的情况：是否以旅游消费者为核心、是否实施整合营销、营销信息是否充分、营销战略是否合理、营销人员的工作效率是否高（表9-9）。

表9-9　营销效益等级评估表

（1）是否以旅游消费者为核心？

① 企业管理层是否认识到应根据其所选的目标市场的需要和欲望来设计企业的业务？

A. 管理层主要考虑把现有产品或新产品销售给任何愿意购买的人

B. 管理层考虑为范围较广的市场和服务提供等同效率的服务

C. 管理层考虑为目标市场的需要和欲望服务，管理层对目标市场的选择十分慎重

② 企业管理层是否为不同的细分市场开发不同的产品并制定不同的营销计划？

A. 没有

B. 做了一些

C. 做得很好

（2）是否实施整合营销？

① 对于诸多营销功能是否有高层次的营销整合和控制？

A. 没有

B. 有一点

C. 有且做得很好

② 企业营销部门的管理层是否与其他部门的管理层进行有效的合作？

A. 否

B. 还可以

C. 是

（3）营销信息是否充分？

① 最近依次研究旅游消费者、产品、渠道、竞争者、营销调研是何时？

A. 多年以前

B. 一二年前

C. 最近

② 在衡量不同营销支出的效益时，是否采取了措施？

A. 没有

B. 采取了一些措施

C. 采取了大量的措施

（4）营销战略是否合理？

① 正规营销计划工作的程度如何？

A. 很少或者没有

B. 管理层制定一个年度营销计划

C. 管理层精心制定年度营销计划和每年更新的长期计划

② 现有营销战略如何？

A. 不明确

B. 只是对传统的营销战略的延续

C. 富有创新性

（5）营销人员的工作效率是否高？

① 在传播和贯彻最高领导层的营销思想方面做得如何？

A. 很差

B. 一般

C. 很成功

② 管理层利用各种营销资源的效果如何？

A. 不好

B. 一般

C. 好

总分：

  该表格的运算方法：每一个问题选定一个正确答案，把每题的分数加起来，总分在 30 之间。下列分数分别表示不同水平的营销效果：

0~5：无；16~20：良；6~10：差；21~25：很好；11~15：普通；26~30：优秀。

（二）营销审计

  营销审计是对一个企业的营销环境、目标、战略和活动所做的全面的、系统的、独立的、定期的检查，是企业管理层高层次的控制。其目的是确定营销实施过程中所出现问题的范围和机会，并提出解决问题的行动方案，提高营销实施的绩效，最终保证营销目标的实现。

1. 营销审计的特征

  营销审计具有四个特征：全面性、系统性、独立性、定期性。

  ① 营销审计的全面性，指营销审计并不限于若干出现问题的营销实施过程，而是涉及一个企业的全部营销活动。对销售队伍或价格或其他营销活动的审计只能称为功能性审计，而非营销审计。营销审计能更有效地发现企业营销问题的真实原因。② 营销审计的系统性指审计过程包括一系列的环节。③ 营销审计的独立性主要表现在审计途径上。营销审计可以通过6种途径来进行，包括：自我审计、交叉审计、上级审计、企业审计处审计、企业审计小组审计、局外人审计。最好的途径是局外人审计，这些审查者都是企业外部具有丰富经验的营销专家和顾问，具有广泛的从业经验。他们在审计过程中具有客观性和独立性，能够集中时间和精力从事审计活动。④ 营销审计的定期性指在营销计划实施的固定阶段所进行的审计。有些企业不重视营销审计，只有当其销售量下降时才考虑进行审计。这样就把自己置于种种麻烦之中。坚持定期的营销审计，对企业业务的正常发展有很大促进作用，同时还能够使当前处于问题之中的企业尽早地摆脱困境。

2. 营销审计的主要构成要素

  营销审计的主要构成要素包括营销环境审计、营销战略审计、营销组织审计、营销制度审计、营销生产率审计、营销功能审计。

  （1）营销环境审计，包括对宏观环境和任务环境的审计（表9–10）。

  （2）营销战略审计，包括对企业使命、营销目标、营销战略的审计（表9–11）。

表9-10 营销环境审计

审计项目		考查内容
宏观环境审计	人文统计	人文环境的发展变化趋势 人文环境中有哪些机会和威胁 企业采取了哪些措施
	经济	收入、价格、储蓄、信贷等方面因素对企业的影响 企业采取了哪些措施
	生态	企业所需的自然资源和能源的成本与可获取性 企业是否对环保表示关心 企业采取了哪些措施
	技术	企业在产品技术方面有哪些变化 企业在这些技术领域的地位如何 是否有新产品
	政治	哪些法律将影响企业的营销战略 污染、就业机会、产品安全、广告、价格机制等因素对营销战略的影响
	文化	公众对企业及其产品的态度 旅游消费者的生活方式和价值观念的变化对企业营销战略的影响
任务环境审计	市场	市场规模、成本率、地理分销的变化 有哪些主要的细分市场
	旅游消费者	潜在旅游消费者如何评价本企业与竞争者的产品、服务、价格、声誉？ 不同的旅游消费者群体是如何做出购买决策的
	竞争者	有哪些竞争者 竞争者的战略、目标、市场份额、优势、劣势都是什么
	公众	哪些是机会公众，哪些是问题公众 企业采取了哪些措施

表9-11 营销战略审计

审计项目	考查内容
企业使命	是否可行
营销目标	营销目标是否明确 营销目标是否与其竞争地位、资源、机会相适应
营销战略	营销战略表述是否清楚 营销战略是否有说服力 是否运用可靠的准则进行市场细分 完成营销战略目标的资源是否充足

（3）营销组织审计，包括对组织结构、功能效率、部门间联系效率的审计（表9-12）。

表9-12　营销组织审计

审计项目	考查内容
组织结构	营销者是否有足够大的权力来做出使旅游消费者满意的决定 营销活动是否按照功能、产品、最终用户、地区来组织
功能效率	营销部门与其他部门是否保持良好的沟通与协调关系
部门间联系效率	营销部门与其他部门是否存在着需要注意的问题

（4）营销制度审计，包括对营销信息系统、营销计划系统、营销控制、新产品开发的审计（表9-13）。

表9-13　营销制度审计

审计项目	考查内容
营销信息系统	营销情报是否及时、足够、真实 是否进行充分的市场调研 调研结果是否被正确利用
营销计划系统	是否有效 销售任务的制定是否建立在有效的基础上
营销控制	控制程序是否可行 营销成本是否定期进行检查
新产品开发	是否进行新产品的开发 推出新产品之前是否进行市场试销

（5）营销生产率审计，包括对赢利率分析、成本效益分析的审计（表9-14）。

表9-14　营销生产率审计

审计项目	考查内容
赢利率分析	企业不同产品、市场、地区、分销渠道的赢利率是多少
成本效益分析	哪些营销活动的成本相对较高 能否采取降低成本的办法

（6）营销功能审计，包括对产品、价格、分销、广告/促销/公共宣传、销售队伍的审计（表9-15）。

表9-15　营销功能审计

审计项目	考查内容
产品	产品线目标是什么 产品线策略是什么 是否有产品战略改进措施
价格	价格目标、政策、战略以及定价程序是什么 定价的依据和标准是什么 管理层是否具备有关需求的价格弹性等方面的常识
分销	分销目标和战略是什么 分销渠道是否能充分发挥其有效性 企业是否应考虑改变其分销渠道
广告/促销/ 公共宣传	企业的广告目标是什么 广告是否合理 广告主题是否有效 公众与旅游消费者对企业广告的感想如何 促销预算是否足够 是否充分利用了各种促销手段 公共宣传预算是否足够 公关人员是否具有创造性
销售队伍	销售队伍的目标是什么 销售队伍是否按照适当的专业原则加以组织 制定份额和销售业绩的程序是否合理 与竞争者比较，有哪些特点

 项目小结

　　旅游市场营销管理的任务是通过各种营销活动，影响旅游市场需求的水平、时机和构成，最终使旅游企业实现既定的目标。旅游市场营销组织指旅游企业内部涉及市场营销活动的各个职位及其结构。营销实施是将营销计划转化成具体的行动和任务的过程。在这一过程中，营销部门要调动企业的全部资源，投入到营销活动中，以保证这一系列任务的顺利完成，从而实现营销计划所制定的目标。旅游市场营销控制是将市场营销管理应用于跟踪旅游企业营销活动的每一个环节，以确保旅游企业的经营按照预计的战略目标运行，而实施的一整套工作程序或工作制度。

案例分析

丽思卡尔顿酒店：照顾好那些照顾客人的人

丽思卡尔顿酒店以其杰出的服务闻名于世。酒店的信条是提供一流的对客服务："在丽思卡尔顿酒店，给客人以关怀和舒适是我们最大的使命"。

丽思卡尔顿酒店连续多年获得了多项服务质量奖，高水平的服务质量带来了高水平的客户保持率。饭店对服务人员的挑选极为严格，丽思卡尔顿酒店的职员还被授权当场解决问题的权力，而不用请示上级，丽思卡尔顿酒店承认和奖励表现杰出的职员。

丽思卡尔顿酒店的成功基于一条简单的哲理：要照顾好顾客，首先就必须照顾好那些照顾客人的人。

 问题讨论

1. 丽思卡尔顿酒店的成功得益于什么？
2. 对于如何"照顾好那些照顾客人的人"，你有什么建议？

 复习思考题

一、想一想

1. 旅游市场营销管理的任务是什么？
2. 如何对旅游消费者满意度进行跟踪调查？
3. 对旅游市场营销计划的基本控制有哪几种？
4. 旅游市场营销计划由哪些组成部分？
5. 旅游市场营销计划的作用是什么？

二、练一练

挑选一家你感兴趣的旅游企业，调研其营销管理的相关情况，请以报告的形式说明结论，并提出改进营销管理的建议。

主要参考书目

［1］林南枝.旅游市场学［M］.3版.天津：南开大学出版社，2010.

［2］刘德先.旅游市场营销学［M］.2版.北京：旅游教育出版社，2006.

［3］Alastair Morrison.旅游服务营销［M］.朱虹等，译.北京：电子工业出版社，2003.

［4］吴健安，聂元昆.市场营销学［M］.6版.北京：高等教育出版社，2017.

［5］吴金林.旅游市场营销［M］.3版.北京：高等教育出版社，2014.

［6］Philip Kotler，John T. Bowen，James C. Makens.旅游市场营销［M］.6版.谢彦君等，译.北京：清华大学出版社，2002.

［7］杨青，周良淳.饭店市场营销［M］.南京：江苏教育出版社，1999.

［8］钱炜.饭店营销学［M］.北京：旅游教育出版社，2000.

［9］谢彦君.旅游市场营销学［M］.北京：旅游教育出版社，2002.

［10］周德明.旅游经济学［M］.大连：辽宁师范大学出版社，2001.

［11］邹统钎.旅游开发与规划［M］.广州：广东旅游出版社，1999.

［12］田戈.改变世界的100个营销故事［M］.北京：朝华出版社，2004.

［13］陶卓民，胡静.旅游市场学［M］.北京：高等教育出版社，2001.

［14］赵西萍.旅游市场营销学（第二版）［M］.北京：高等教育出版社，2011.

［15］徐坚白.俱乐部的经营管理［M］.沈阳：辽宁科学技术出版社，2002.

［16］威廉·瑟厄波德.全球旅游新论［M］.张广瑞等，译.北京：中国旅游出版社，2001.

［17］赵晓燕.旅游经济学［M］.北京：经济管理出版社，2001.

［18］范能船，朱海森.城市旅游学［M］.上海：百家出版社，2002.

［19］田里.旅游经济学［M］.北京：科学出版社，2004.

［20］黄荣鹏.旅游销售技巧［M］.广州：南方日报出版社，2002.

［21］叶全良.旅游经济学［M］.北京：旅游教育出版社，2002.

［22］张辉.旅游经济论［M］.北京：旅游教育出版社，2002.

［23］厉新建，张辉.旅游经济学——理论与发展［M］.大连：东北财经大学出版社，2002.

［24］张广海，方百寿.旅游管理综论［M］.北京：经济管理出版社，2004.

［25］俞慧君.旅游市场营销［M］.天津：南开大学出版社，2005.

［26］苏日娜.旅游市场营销［M］.北京：机械工业出版社，2007.

［27］李翠微.旅游市场营销学［M］.北京：经济科学出版社，2008.

［28］马勇，刘名俭.旅游市场营销管理［M］.大连：东北财经大学出版社，2008.

［29］舒伯阳.实用旅游营销学教程［M］.武汉：华中科技大学出版社，2008.

［30］崔晓文.旅游经济学［M］.北京：清华大学出版社，2009.

［31］王伟，浮石.活动的力量［M］.长沙：湖南科学技术出版社，2012.

［32］邓超明.网络整合营销实战手记［M］.北京：电子工业出版社，2014.

［33］邓爱民，孟秋莉.旅游学概论［M］.武汉：华中科技大学出版社，2017.

［34］厉新建.旅游市场营销［M］.北京：中国传媒大学出版社，2017.

［35］王月辉，杜向荣等.市场营销学［M］.北京：北京理工大学出版社，2017.

郑重声明

高等教育出版社依法对本书享有专有出版权。任何未经许可的复制、销售行为均违反《中华人民共和国著作权法》，其行为人将承担相应的民事责任和行政责任；构成犯罪的，将被依法追究刑事责任。为了维护市场秩序，保护读者的合法权益，避免读者误用盗版书造成不良后果，我社将配合行政执法部门和司法机关对违法犯罪的单位和个人进行严厉打击。社会各界人士如发现上述侵权行为，希望及时举报，本社将奖励举报有功人员。

反盗版举报电话　　（010）58581999　58582371　58582488

反盗版举报传真　　（010）82086060

反盗版举报邮箱　　dd@hep.com.cn

通信地址　北京市西城区德外大街4号　高等教育出版社法律事务与版权管理部

邮政编码　100120

防伪查询说明

用户购书后刮开封底防伪涂层，利用手机微信等软件扫描二维码，会跳转至防伪查询网页，获得所购图书详细信息。也可将防伪二维码下的20位密码按从左到右、从上到下的顺序发送短信至106695881280，免费查询所购图书真伪。

反盗版短信举报

编辑短信"JB，图书名称，出版社，购买地点"发送至10669588128

防伪客服电话

（010）58582300

学习卡账号使用说明

一、注册／登录

访问 http:// abook.hep.com.cn/sve，点击"注册"，在注册页面输入用户名、密码及常用的邮箱进行注册。已注册的用户直接输入用户名和密码登录即可进入"我的课程"页面。

二、课程绑定

点击"我的课程"页面右上方"绑定课程"，正确输入教材封底防伪标签上的20位密码，点击"确定"完成课程绑定。

三、访问课程

在"正在学习"列表中选择已绑定的课程，点击"进入课程"即可浏览或下载与本书配套的课程资源。刚绑定的课程请在"申请学习"列表中选择相应课程并点击"进入课程"。

如有账号问题，请发邮件至：4a_admin_zz@pub.hep.cn。